政治変動期の圧力団体

辻中 豊 編

Japanese Pressure Group Politics in Flux:
Evidence from 4 Systematic Surveys

有斐閣

　　　　　　　は　し　が　き

　本書,『政治変動期の圧力団体』は, 日本の圧力団体を包括的に扱い, かつ圧力団体と銘打った書物の 2 冊目であり, 学術雑誌の特集を入れると 4 冊目に当たる。
　最初は, 安保闘争の最中の 1960 年 5 月 25 日に「年報政治学 1960」として出版された日本政治学会編『日本の圧力団体』(岩波書店) であり, 2 冊目が村松岐夫・伊藤光利・辻中豊『戦後日本の圧力団体』(東洋経済新報社) として中曽根政権末期の 1986 年 12 月 11 日に出版された。3 冊目は, 橋本内閣期の『レヴァイアサン』1998 年冬臨時号「特集　政権移行期の圧力団体」である。編者は, 最初の 1 冊を除いてすべてに関与してきた。
　しかし, 本書を手にとって圧力団体という言葉に少し違和感を覚える研究者もいるかもしれない。というのは, 編者は, 利益集団, 社会集団, 利益団体, ロビー, 団体政治, NPO (非営利組織), 市民社会といった他の用語を用いてこれまで多くの研究書, 論文を出版してきたからである。その背景には, 政治学の理論的, 実証的な視角と体系化の問題が横たわっている。この点については, 序章や第 1 章でやや詳しくふれた。
　いずれの用語法を用いるにせよ,「圧力団体」など集団をめぐる現象が政治の本質を突くものであることは, 古今東西同じであり, このことはとりわけ大衆社会を迎えた 20 世紀以降において鋭く認識されてきた。しかし, その実証的分析の難しさから, 日本においても研究書は少なく, 上記の諸著作を除けば, ジャーナリズムが個々の「圧力団体」(医師会や財界, はてはフリーメーソンまで) を記述するにとどまっている。
　そうした中で, 政治と集団を扱う際, 比較的イメージされやすい用語が「圧力団体」であり, 私たち研究者も, 新聞記者などのメディア関係者や官僚, 政治家などと会話する際に,「いわゆる圧力団体ですね」と説明してきた経緯がある。といっても一般の読者にとっては, NPO, NGO (非政府組織), 市民団

体のわかりやすさの比ではない。圧力団体，利益団体，利益集団，ロビーなどがメディアで使用される頻度は今も限られている（例えば，新聞での使用頻度に関して，辻中豊「はじめに」『年報政治学　2012-Ⅱ　現代日本の団体政治』木鐸社，2012年，7頁を参照してほしい）。

　こうした集団，団体をめぐる政治把握の難しさに対して，一つの方法的突破口を開いたのが中央における頂上団体への調査，つまり団体指導者・幹部への質問票を用いた面接調査である。これを「圧力団体調査」と呼んでいる。この調査は後述のように1980年の第1次圧力団体調査以来，約250の主要な頂上団体を対象に，毎回ほぼ同様の規模で行っている。今回は私たちが主体となり，4回目の調査を2012年に行った。本書は，その調査報告の性格を有している（辻中豊編『第四次　団体に関する調査報告書』筑波大学，2014年を基礎としている）。

　すでにふれたように，編者およびこの研究グループの研究視野は，頂上団体としての圧力団体に限られるものではない。この圧力団体調査以外に，電話帳を基礎とする包括的な社会団体調査（利益団体調査もしくは市民社会組織調査。以下，JIGS調査と略称）やNPO法人調査，自治会・町内会調査，さらには地方自治体調査もこの10年の間に遂行してきた（それぞれ「現代市民社会叢書」〈木鐸社〉の第1巻から第4巻として，『現代日本の自治会・町内会』〈2009年〉，『現代社会集団の政治機能』〈2010年〉，『ローカル・ガバナンス』〈2010年〉，『現代日本のNPO政治』〈2010年〉という書物にまとめられている）。本書では，それらすべてを利用することはできなかったが，JIGS調査は利用している。JIGS調査は1997年以後，2006-07年，2012-13年と規模は異なるが，3回行っており（最新の調査報告として，辻中豊編『第三次　団体の基礎構造に関する調査〈日本・社会団体調査〉報告書』2015年，筑波大学），草の根レベルの団体を含めた利益団体世界を把握できる。本書においても，こうしたより広い利益団体世界という視角から圧力団体世界の特徴を把握しようと努めている（特に第1章）。実は，一連の調査研究には，地球環境を焦点とした政策ネットワーク調査（辻中豊編『平成24-25年度地球温暖化への取り組みに関する調査報告書』2015年，筑波大学）も含まれており，今後，圧力団体調査との接合，より包括的な総合も重要な課題である。全体の調査を総合した著作も準備中である（編者は，日本の特徴を比較によって析出するために，1997年以来，15カ国の市民社会調査を継続的に遂行しており，それについて

は木鐸社から刊行中の「現代世界の市民社会・利益団体研究叢書」を参照されたい）。

　このように本書は，21世紀，とりわけ2010年代の日本政治の特徴を，国家・市民社会関係への複合的接近によって把握するという，より大きな視野のもとに進められてきた一連の調査研究のうち，頂上の圧力団体部分に焦点を当てた研究である。

　本書『政治変動期の圧力団体』の名称について，ふれておこう。調査がなされたのは，主として2012年の5月から8月である。当時は野田佳彦内閣であり，2009年9月から12年12月まで続いた民主党連立政権の末期に当たる。この政権は衆議院議員総選挙において野党が過半数を占め，政権交代が生じた結果であり，こうした形の政権交代は明治期以降の日本において初めてのことであった。また調査の数カ月後に自民党が政権に復帰するとはいえ，調査時点の野田内閣は，支持率は高くないものの比較的安定していた時期であった。つまり，本書は，自民党以外の政権下における，体系的な圧力団体分析である。その意味で本書は「変動期」の圧力団体の分析であるという点で，特徴的である（ちなみに後述するように第2次圧力団体調査は，1994年3月から7月に実施された。細川，羽田，村山内閣にわたる時期であり，やや類似するが，変動期というより，流動期の圧力団体調査であった）。自民党政権という要因を外したとき，圧力団体はどのような行動，態度を示すのか，という興味深い状況を記述し，自民党政権下での状況と比較分析しようとする。

　一つ一つの圧力団体，しかも有力な頂上団体のリーダーにアポイントをとり，質問票に従いつつ，なるべくDK（無回答）を出さないように丁寧に聞いていくという面接調査は，実は大変な労力と費用が必要である。

　圧力団体調査やJIGS3調査は科学研究費助成事業（基盤研究〈S〉）2010-14年度，「政治構造変動と圧力団体，政策ネットワーク，市民社会の変容に関する比較実証研究」（代表　辻中豊）に基づくものである。それ以前にも，特別推進研究（2005-09年度「日韓米独中における3レベルの市民社会構造とガバナンスに関する総合的比較実証研究」）として，大型の研究資金を提供していただいた。これらによって世界的にも希少な市民社会の包括的な構造データが蓄積された。また，本書の出版にあたっても，研究成果公開促進費（16HP5139）の補助を得た。

こうした調査や出版を可能にする資金を提供していただいた日本学術振興会関係者各位（審査委員，事務担当者）に心から感謝する。

　圧力団体調査について実際の調査業務に当たったのは中央調査社である。調査員の皆さんには心から御礼を申し上げたい。いうまでもないが，調査は答えていただいた団体の指導者なしには成り立たない。250以上の団体指導者各位に，貴重な時間と情報を提供していただいたことに深謝する。

　先に述べたように村松岐夫先生が中心となって行われた第1次の圧力団体調査は，さまざまな団体調査の出発点であり，画期的なものであった（ほぼ同時期にやや方法論は異なるが，三宅一郎先生を中心とするエリート調査が行われた）。その後，3回目まで，いずれもこの調査を基本として実施された。合計3回の調査と今回の調査を比較することで，日本政治のさまざまな面が浮き彫りになった。研究方法についての学恩に加えて，データの使用をご快諾された村松先生に私たちの研究は最も大きく負っている。

　なお本書の編集業務では有斐閣・岩田拓也氏のご尽力にも敬意を表したい。

　最後に，特別推進研究から基盤研究（S）の実施に際して場所を提供し，さらに人文社会国際比較研究機構（ICR）という学術センターを設置し，常にこうした国際大型共同研究に助力を惜しまない筑波大学本部（特に永田恭介現学長，山田信博前学長，岩崎洋一元学長），人文社会系，人文社会エリア支援室に感謝の気持ちを伝えたい。また，現在の辻中共同研究室のスタッフである森本行人URA研究戦略推進室リサーチ・アドミニストレーター，阿部弘臣研究員，三森留美職員，さらに小橋洋平前研究員，舘野喜和子前職員，小杉香前職員，さらに多くの大学院生各位にも心から感謝する。

　2016年10月

　　　　　　　　　　　　　　　　　　　　　　　　　　　　　　編　　者

執筆者紹介 （執筆順）

辻　中　　豊（つじなか　ゆたか）　　　　　　　［編者。序・終章担当］
　1954 年，大阪府生まれ。
　1981 年，大阪大学大学院法学研究科単位取得退学，博士（法学，京都大学）。
　現在，筑波大学人文社会系教授（政治過程論，比較市民社会分析）。
　主な著作に，『利益集団』（現代政治学叢書 14）（東京大学出版会，1988 年。中国版〈経済日報出版社，1989 年〉，台湾版〈中日文教基金會印行，1990 年〉），『現代日本の市民社会・利益団体』（現代世界の市民社会・利益団体研究叢書 I）（編著，木鐸社，2002 年。韓国語版〈아르케，2006 年〉），*Neighborhood Associations and Local Governance in Japan* (co-authored with Robert J. Pekkanen and Hidehiro Yamamoto) (Routledge, 2014)，ほか。

森　　裕　城（もり　ひろき）　　　　　　　　　　　　［第 1 章担当］
　1971 年，広島県生まれ。
　2000 年，筑波大学大学院国際政治経済学研究科修了，博士（国際政治経済学）。
　現在，同志社大学法学部教授（政治過程論）。
　主な著作に，『日本社会党の研究——路線転換の政治過程』（木鐸社，2001 年），『現代社会集団の政治機能——利益団体と市民社会』（現代市民社会叢書 2）（辻中豊と共編，木鐸社，2010 年），ほか。

久　保　慶　明（くぼ　よしあき）　　　　　　　［第 1・2・6・終章担当］
　1983 年，栃木県生まれ。
　2011 年，筑波大学大学院人文社会科学研究科博士課程修了，博士（政治学）。
　現在，琉球大学法文学部准教授（政治過程論，公共政策学）。
　主な著作に，『現代社会集団の政治機能——利益団体と市民社会』（現代市民社会叢書 2）（分担執筆，木鐸社，2010 年），『ローカル・ガバナンス——地方政府と市民社会』（現代市民社会叢書 3）（分担執筆，木鐸社，2010 年），ほか。

山 本　英 弘（やまもと　ひでひろ）　　　　　　　［第 3・8 章担当］

　1976 年，北海道生まれ。

　2003 年，東北大学大学院文学研究科博士課程修了，博士（文学）。

　現在，山形大学学術研究院准教授（政治社会学，市民社会論）。

　主な著作に，「サミット・プロテストの受容可能性──質問紙調査からみる傍観者の態度」野宮大志郎・西城戸誠編『サミット・プロテスト──グローバル化時代の社会運動』（新泉社，2016 年），『現代日本の NPO 政治──市民社会の新局面』（現代市民社会叢書 4）（辻中豊・坂本治也と共編，木鐸社，2012 年），ほか。

竹 中　佳 彦（たけなか　よしひこ）　　　　　　　［第 4・7 章担当］

　1964 年，東京都生まれ。

　1991 年，筑波大学大学院博士課程社会科学研究科修了，法学博士。

　現在，筑波大学人文社会系教授（政治学，日本政治論）。

　主な著作に，『日本政治史の中の知識人──自由主義と社会主義の交錯』上・下（木鐸社，1995 年），『イデオロギー』（現代政治学叢書 8）（蒲島郁夫と共著，東京大学出版会，2012 年），ほか。

濱 本　真 輔（はまもと　しんすけ）　　　　　　　［第 5 章担当］

　1982 年，兵庫県生まれ。

　2009 年，筑波大学大学院人文社会科学研究科博士課程修了，博士（政治学）。

　現在，大阪大学大学院法学研究科准教授（議員・政党論，現代日本政治論）。

　主な著作に，「首相と党内統治」『選挙研究』31 巻 2 号（2015 年），「民主党政権下の政府人事」前田幸男・堤英敬編『統治の条件──民主党に見る政権運営と党内統治』（千倉書房，2015 年），ほか。

目　次

はしがき　i

序章　圧力団体調査の継承と発展　　1
政治の実質への接近
1　圧力団体調査の継承　1
2　圧力団体調査の困難さとその克服　3
3　圧力団体調査実施時期の政治状況　5
4　本書の構成　7

第1章　圧力団体政治の前段階　　13
有権者調査と利益団体調査の分析
1　利益集団・利益団体・圧力団体　13
　　利益集団・利益団体・圧力団体の定義（13）　考察の焦点（14）
2　日本人の組織関与の現状　15
　　日本社会における脱組織化の趨勢（15）　組織関与のグラデーション（17）
3　現存する利益団体の存立様式　19
　　JIGS 調査の知見の紹介（20）　新しく登場した団体にみられる傾向（21）　ガバナンスの転換が団体に与える影響（23）
4　政治過程における団体──2009 年政権交代のインパクト　25
　　政党か行政か（25）　団体－行政関係の諸相（26）　政党接触における自民党の優位（28）　頂上レベルでの変化（29）
5　利益集団・利益団体・圧力団体のずれ　32

第2章　圧力団体調査の対象確定方法　　39
参院選，国会，審議会に注目して
1　どの団体を調査対象とするか　39

2 調査対象団体の確定方法　41
　　基本方針（41）　情報収集に用いた資料（42）　調査者の判断による対象団体の追加（43）

3 回答団体の特性　44
　　対象団体との比較（44）　過去の圧力団体調査との比較（45）　JIGS調査との比較（47）

4 2009年政権交代に伴う変化　48
　　参院選（48）　国会（49）　審議会（49）

第3章　社会過程における圧力団体　55
　　　　　形成・リソース・団体間関係

1 社会過程における団体　55

2 団体の形成過程　57
　　社会変動と団体形成（57）　個人の団体参加（58）　個体群生態学アプローチ（60）

3 団体のリソース　60
　　会員数（61）　収入規模（62）

4 団体間関係　63
　　団体間関係の視座（63）　政策領域における対立（65）　団体間の協力と対立（66）　主要団体との協力（70）

5 社会過程における団体の揺らぎ　73

第4章　圧力団体リーダーのイデオロギー　79
　　　　　選好伝達経路の変容

1 圧力政治とイデオロギー　79
　　「団体にイデオロギーはない」（79）　民主党政権下の社会（有権者），団体，政党（80）

2 圧力団体リーダーによる自己および政党の位置づけ　81
　　圧力団体リーダーのイデオロギー分布（81）　団体分類とリーダーのイデオロギー（83）　圧力団体リーダーによる政党の位置づけ（84）

3 団体リーダーと団体加入者のイデオロギー　85

4 社会（有権者），団体，政党の選好　87
　　政党，支持者，支持団体リーダーのイデオロギー（87）　政党，支持者，

支持団体リーダーの政策選好（88）

5 圧力団体リーダーのイデオロギーと政治アクターへの接触　91
　圧力団体リーダーのイデオロギーと内閣・官僚への接触（91）　圧力団体リーダーのイデオロギーと政党支持，政党への接触（92）

6 社会－政党の選好伝達経路　95

第5章　団体－政党関係の構造変化
希薄化と一党優位の後退
　　　　　　　　　　　　　　　　　　　　　　　　　　　　101

1 本章の目的　101
　団体，政党をめぐる環境の変化（101）　日本における団体－政党関係（102）　本章の問いとその意義（103）

2 団体－政党関係のモデル　104
　団体－政党関係のモデル（105）　団体－政党関係の視点と指標（106）

3 希薄化する団体－政党関係　107
　減少する団体からの政治資金（108）　縮小する選挙運動（110）　人的関係の弱まり（110）　政党に接触しない団体の増加（112）

4 団体の政党接触パターン　113
　政権交代の影響（113）　疑似階級的配置の変容（115）

5 団体の行動様式　118

6 団体－政党関係の構造変化　122
　知見のまとめ（122）　含意の検討（123）

第6章　団体－行政関係の継続と変化
利益代表の後退，議会政治への応答と中立
　　　　　　　　　　　　　　　　　　　　　　　　　　　　127

1 圧力団体からみる日本の行政　127
　戦後日本の行政と民主党政権（127）　官民関係の変質（128）　本章の目的（129）

2 団体－行政関係の重層性　131
　行政手法別の概観（131）　許認可等の増加（131）　諮問機関の二層構造内の変化（133）　改革後も続く天下り（134）　情報の動員範囲の維持（135）

3 予算編成と税制改正をめぐる変化　137
　接触の制約（138）　政治家接触の増加と官僚接触の維持（139）　政党

　　　　（ないし議会）政治の部分的な増大（140）

　4　団体 – 行政関係の偏り　142
　　　　考察の方法（142）　　政党支持との関係（143）　　政策選好との関係（146）　　官庁別の特徴（148）

　5　団体 – 行政関係の変質　150
　　　　知見のまとめ（150）　　利益代表の後退，議会政治への応答と中立（152）

第7章　マスメディアと圧力政治　159
メディア多元主義の現況

　1　メディア多元主義　159
　2　圧力団体リーダーによる政治アクターの影響力評価　161
　3　圧力団体の政治アクターへの接触度　163
　　　　圧力団体の政党および行政への接触度（163）　　圧力団体のメディアへの接触度（168）
　4　圧力団体の影響力と権力集団への接触　170
　5　マスメディアに対する感情の悪化　174
　6　失敗の代償　177

第8章　ロビイングと影響力の構造　183
政権交代前後の持続と変容

　1　ロビイング戦術と利益表出　183
　　　　圧力団体のロビイング活動（183）　　日本におけるロビイング（185）
　2　政策選好にもとづく圧力団体の分類　186
　　　　団体の分類方法（186）　　政策選好にもとづく団体分類の析出（187）
　3　圧力団体の接触パターン　190
　　　　働きかけの有効性（192）　　政党との接触（194）　　行政との接触（195）
　　　　マスメディアとの接触（196）
　4　影響力と政権評価　199
　　　　政策実施／阻止経験と自己影響力認知（199）　　主要政策に対する評価（201）　　歴代政権に対する評価（201）
　5　ロビイングと影響力構造の持続と変容　204

終章　政治変動期の圧力団体　211
過渡期を迎える圧力団体政治

1　圧力団体政治の継続と変化　211
　　社会過程における圧力団体 (211)　　政治過程における圧力団体 (212)
　　日本の自由民主主義における圧力団体 (215)

2　圧力団体からみた民主党政権　217
　　民主党政権への期待と不満 (217)　　歴代政権の中の民主党政権 (220)

　　　索　　引　227

図表一覧
　図 1-1　団体設立年の国際比較　22
　図 1-2　設立年（5年単位）別にみる事業型団体の割合　23
　図 1-3　団体分類別政党との接触率　30
　図 2-1　回答団体に占める団体分類の割合　46
　図 3-1　4時点の圧力団体調査における団体設立年の推移　58
　図 4-1　圧力団体リーダーと一般有権者のイデオロギー分布　82
　図 4-2　団体分類別のリーダーのイデオロギー位置と団体リーダーによる政党の位置づけ　83
　図 4-3　圧力団体リーダーと団体加入者のイデオロギーの平均値　86
　図 4-4　自民・民主・社民各党の代議士，支持団体リーダー，支持者の政策争点態度の平均値　89
　図 4-5　圧力団体リーダーのイデオロギーによる接触度の増減　93
　図 5-1　政治資金収入総額（中央分＋地方分）と各種団体による献金の割合　107
　図 5-2　各種団体の選挙運動への接触率と団体非加入率の推移　111
　図 5-3　政権交代前後（2009年）の民主党，自民党への接触　114
　図 6-1　予算編成の各段階への働きかけ　138
　図 6-2　予算編成・税制改正への働きかけと政党（ないし議会）・行政への働きかけ　141
　図 7-1　政治アクターの影響力評価の比較　162
　図 7-2　団体別の政党接触度の増減　164
　図 7-3　団体別の内閣接触度の増減　165
　図 7-4　団体別の官僚接触度の増減　166

図7-5 団体と行政機関との関係　167
図7-6 団体別のメディア接触度　169
図7-7 メディアへの働きかけの有効性認識　170
図7-8 保革イデオロギーごとのマスメディアへの感情温度　176
図8-1 政策領域にもとづく分類と政策選好にもとづく分類　189
図8-2 政権交代前後での政党（議会），行政への働きかけの有効性（第4次調査）　192
図8-3 4時点での政党（議会），行政への働きかけの有効性（第1～4次調査）　194
図8-4 歴代政権に対する評価（10点満点の平均値）　203
図終-1 支部の有無と東日本大震災支援活動　219
図終-2 支部の有無と東日本大震災をめぐる政府との接触　219
図終-3 歴代政権に対する評価　220

表1-1 団体分類別にみる有権者の団体加入率の推移　17
表1-2 年齢層別にみる有権者の団体非加入率の推移　17
表1-3 団体加入と活動参加　19
表1-4 団体分類分布　21
表1-5 団体分類別にみる設立年分布　22
表1-6 外部からの設立支援　25
表1-7 政党か行政か　27
表1-8 団体と行政との関係　28
表1-9 活動上の情報源として最も重要なもの　28
表1-10 自民党および民主党と接触する団体　32
表2-1 対象を確定するための資料　42
表2-2 対象団体選定理由ごとのパターン　45
表2-3 団体分類の構成比　47
表3-1 団体の会員数　62
表3-2 団体の収入規模　62
表3-3 政策領域ごとの利益対立の程度　66
表3-4 団体分類ごとの協調と対立　68
表3-5 主要団体との協力　72
表4-1 圧力団体リーダーのイデオロギーと政党支持・政党接触とのイータ値　94
表5-1 団体-政党関係の視点とモデル　106
表5-2 自民党，民主党本部の収入総額と内訳の割合　108

表 5-3　参議院議員の経歴（1980-2010 年）　112
表 5-4　政党接触，接触数の傾向　113
表 5-5　上位 2 政党への接触の相関係数　116
表 5-6　上位 2 政党への支持の相関係数　117
表 5-7　政党の影響力評価（平均値）　119
表 5-8　政党との政策一致度合い（平均値）　120
表 5-9　団体のリスク感度（団体分類別）　121
表 6-1　団体と行政との関係　132
表 6-2　行政機関等からの相談　136
表 6-3　行政接触と政党支持　144
表 6-4　行政手法と政党支持　145
表 6-5　政策選好の主成分分析　147
表 6-6　行政関与団体における主成分得点の平均値　148
表 6-7　相談元の行政機関と政党支持　149
表 6-8　相談元の行政機関と主成分得点　149
表 7-1　影響力評価と自己影響力評価の違い　172
表 7-2　圧力団体の自己影響力評価による政治アクターへの接触の単回帰分析　173
表 7-3　自己影響力と行政・メディアとの関係（スピアマンの順位相関係数）　175
表 8-1　政策選好のクラスター　188
表 8-2　政党接触の平均値（政権交代前後）　195
表 8-3　行政接触の平均値（政権交代前後）　196
表 8-4　マスメディアとのかかわり　197
表 8-5　政権交代前後の影響力認知　198
表 8-6　4 時点での影響力認知　200
表 8-7　主要政策に対する評価　202
表終-1　選挙活動，政党候補者への支持・推薦・支援　215
表終-2　民主党への期待度と満足度　218
表終-3　民主党への満足・不満の理由　218
表終-4　政策分野別の政権に対する肯定的評価の割合　221
表終-5　政権評価の相関係数　222

本書のコピー，スキャン，デジタル化等の無断複製は著作権法上での例外を除き禁じられています。本書を代行業者等の第三者に依頼してスキャンやデジタル化することは，たとえ個人や家庭内での利用でも著作権法違反です。

序章

圧力団体調査の継承と発展

政治の実質への接近

辻中 豊

I 圧力団体調査の継承[1]

　現代の政治が，かつて19世紀の政治理論が構想したように，個人（市民）を単位として形成されているのではなく，団体（集団行動）を中心に構成されていると認識されるようになって久しい。[2]政治過程における団体の活動を分析することは，「政治の実質部分」を描くこと（村松・伊藤・辻中 1986: 1）にほかならない。しかし，団体政治の動態は依然として不透明である。政治過程の公的なアクターである議員や官僚とは異なり，制度的な規定が明確でないがゆえに，団体の政治活動は不明な点が多いからである。

　私たちは，それゆえ，常に政治過程における団体の活動に関する情報を収集するところから始めなければならない。団体へのアプローチとしては，特定団体の行動を詳細に追跡する事例研究，質問票に基づくサーベイ調査（質問紙調査）[3]，国勢調査や事業所統計等の集計データに着目するもの，の3つが挙げられる。団体の活動に関する生き生きとした情報を引き出すという点で事例研究

は有力だが，議論の一般化という点ではサーベイ調査が優れている。

　日本における本格的な団体調査は，村松岐夫らによって実施された圧力団体調査（1980年）を嚆矢とする。その成果は，1986年12月に刊行された，村松岐夫・伊藤光利・辻中豊『戦後日本の圧力団体』（東洋経済新報社）に結実している。『戦後日本の圧力団体』は「1980年にトヨタ財団学術助成金を得て行った252の利益団体の指導者に対する面接調査結果を材料とした圧力団体論」であったが，山口定はその書評論文の中で，「おびただしい貴重なデータ，問題提起，知的刺激力に満ち満ちており，単なる圧力団体研究の域を越えた広範な問題提起と政治学の実証科学化への寄与において，戦後日本の政治学の歴史の中での一つの画期を示す好著と言えよう」と賛辞を記している[4]。

　調査は継続してこそ意味を持つ。筆者も参加する村松らのチームは，第2次団体調査（調査時期は1994年）と第3次団体調査（調査時期は2002-03年）も実施している。その成果は『レヴァイアサン』（特集「政権移行期の圧力団体」，木鐸社，1998年），村松岐夫・久米郁男編『日本政治　変動の30年——政治家・官僚・団体調査に見る構造変容』（東洋経済新報社，2006年）にまとめられている[5]。当初は抽象度の高い政治理論（多元主義とコーポラティズム）との関係性が強く意識されていたが，次第に中範囲レベルの論点をその時々の政治状況との関係性において語ることに重心を移していった。そこには，一度の調査で団体世界のすべてを断定的に語り尽くすよりも，同一形式の調査を定期的に継続していくことによって，団体世界の実像を丁寧に叙述していくことのほうが重要であるという研究展開上の判断があった。

　ここまで述べてきたように，現在までのところ，自民党一党優位期の団体政治（第1次圧力団体調査），非自民政権（から自社さ政権）期（1993-94年）の団体政治（第2次圧力団体調査），制度改革期以降の団体政治（第3次圧力団体調査）と先行研究が積み重ねられている。本書は，これら3つの調査・研究を継承するものであり[6]，2012年の第4次圧力団体調査の結果に基づいて，政治変動期（自民連立政権から民主連立政権へ）に「過渡期」を迎えている圧力団体政治の姿を浮き彫りにすることをめざしている。

2 圧力団体調査の困難さとその克服

　団体政治研究の中でも圧力団体の調査・研究には独特の難しさがある。有力団体の責任者に調査の趣旨を理解してもらい，長時間の面接を実施する過程自体も困難に満ちたものであるが，データ収集後の段階においても，さまざまな困難がある。この点に関して『戦後日本の圧力団体』での分析を振り返って気づくのは，意外と思われるほど調査データに基づいて議論が展開できなかったという事実である。同書のかなりの部分は，他の情報源に依拠したものである。圧力団体調査の結果だけから団体世界を論じることの難しさを，村松は次のように述べた。

　「サーベイリサーチにおいてまず行うべきことは，データが何をいっているかを確定することであろう。そして，その上で，データが間接的に語ることを洞察するために想像力を駆使しなければならない。そして，この段階でわれわれは，様々のマクロ・モデルにも関連させて観察を一般化することにつとめ，データの意味の解釈に迫ることになる。データのもつ情報の確定には統計学における諸検定を利用する必要もあろう。しかし，本調査におけるように，無作為抽出というよりも，一種の評判法でサンプリングをしたような場合，分析に使う各グループの母集団との関係における統計学的な意味での代表性もさることながら，そこにくくられた団体名を個別に頭に描くことによって，彼らの意見と行動の意味を考察し，サンプルに入らなかった団体群の行動との違いを確認するといった作業が重要となる。そうなれば，そういうレベルの分析のために，他の形態（ケーススタディ，新聞，雑誌記事など）をとって現われる情報が多ければ多いほどよいということになる。少なくとも，抽象度を高め，そのレベルで意見を固めるには他の諸研究やジャーナリズムがときにもたらす有効な情報のなかの圧力団体の像とのつき合わせをやらねばならない」（村松・伊藤・辻中 1986: 266-267）。このようにみれば，圧力団体調査は，いわば探索的研究の性格を免れないといえる。

　圧力団体という用語は「自称」ではなく「他称」である。この社会には自ら

圧力団体であると称する団体は，自虐的に語る場合を除けば，まず存在しないし，ほとんどの団体は何らかの法人格を有している。研究者が圧力団体であると考える団体が調査対象として選定され，調査が実施された結果が圧力団体調査のデータとなっているのである。それゆえ，そこで収集されたデータに関しては，常に恣意性の疑念が生じることになり，調査データを内在的に処理することだけから結論を導くことに抑制的にならざるをえなくなる。

本書では，以上の困難さを克服し，調査によって圧力団体世界を論じきるために，次のような工夫を試みている。第1は，調査対象とする団体の選定についての工夫である。調査団体の選定にあたって，先行する調査に学びながら，それを越えるために徹底した団体抽出基準を設けた。その方法は第2章で詳述する。

第2は，無作為抽出調査・全数調査による調査データの併用である。筆者は過去3回の圧力団体調査にかかわってきたが，その一方で利益団体（市民社会組織全般）調査も積極的に進めてきた。団体世界の中でも頂上に位置する圧力団体の活動の意味は，草の根の基礎団体を中心とする利益団体全体との対比においてこそみえてくると考えたからである。[8]

利益団体（市民社会組織全般）への調査としては，まず，1997年（橋本龍太郎内閣期，1997年3月から6月）にJIGS (Japan Interest Group Study, JIGS 1) 調査と称する団体調査を行った。この調査は，東京都と茨城県の職業別電話帳（いわゆる『タウンページ』）に掲載されている団体から無作為に抽出された4247団体（東京3866, 茨城381）に調査票を郵送し，1635の有効回答を得た（東京1438, 茨城197, 回収率38.5％）ものであった。その分析結果は，辻中豊編『現代日本の市民社会・利益団体』（2002年）にまとめられた。

さらに辻中は，2007年（第1次安倍晋三内閣期，2006年11月から07年3月）にも同様の調査をより大規模に実施した。いわゆるJIGS2調査の実施である。JIGS2調査においては，NTT番号情報株式会社のiタウンページに登録されている「組合・団体」（2005年12月現在，19万9856件）から，重複して掲載されている団体や，解散した団体，団体と認められない登録情報（店舗，工場，診療所などの施設類）などを除く9万1101団体に調査票を郵送し，最終的に1万5791団体から有効回答を得た（回収率・抽出率：17.3％）。その分析結果は，

辻中豊・森裕城編『現代社会集団の政治機能——利益団体と市民社会』（2010年）として発表された。

その後，2009年の政権交代，および，2011年の東日本大震災後の政治社会状況をとらえることを目的として，2012年11月から13年3月，すなわち野田佳彦内閣末期から第2次安倍晋三内閣（2012年12月26日発足）初期にかけて調査を実施した[9]。この調査では，JIGS2調査の母集団リストから岩手県，宮城県，山形県，福島県，茨城県，東京都，愛知県，京都府，大阪府，福岡県，沖縄県所在の社会団体を抽出し，母集団としたうえで，「組合・団体」欄の28の下位カテゴリごとに50％無作為抽出を行った（層化二段無作為抽出法）。調査対象となった1万4477団体のうち，3296団体から有効回答を得た（回収率：22.8％）。この調査をJIGS3調査と位置づけている[10]。

本書は，第4次圧力団体調査の結果を分析するものであるが，その結果を相対化するために，ここで紹介した利益団体（JIGS）調査の結果を積極的に参照している。団体政治の構造を重層的にとらえ，それぞれの局面でなされた調査データを突き合わせることにより，団体政治の全体像を描く戦術が採用されているのである。

3 | 圧力団体調査実施時期の政治状況

圧力団体政治は，働きかけを行う対象である政権の枠組みがどのようなものであったか，政権がどのような課題を追求していたかによって，大きな影響を受けると考えられる。ここで，本書が扱う第4次圧力団体調査が実施された頃の政治状況をまとめておきたい。参考として，第1次調査から第3次調査までについても，本論を読むにあたって最低限必要となる情報を，以下に記しておくことにする。

第1次調査は，55年体制と呼ばれた自民党一党優位期の調査である。ただし，具体的な調査時期は大平正芳内閣期の1980年4月から5月までであり，保守回帰に結び付いた80年衆参ダブル選挙の直前であったことには留意して

おきたい。政局の状況はなお保革伯仲であり，石油危機後の低成長期の自民党一党優位下における圧力団体の姿をとらえるデータであるといえよう。なお低成長期ではあるが，この時期の集計データをみると，団体事業所数・従業者数や団体財政規模の観点からは急速な拡大が記録されている。[11]

　第2次調査は，1994年3月から7月にかけて実施されており，細川護熙，羽田孜，村山富市の3つの内閣の時期に重なっている。細川・羽田内閣は非自民（連立）政権，村山内閣は自社さ（自民党，社会党，さきがけ）政権であり，55年体制が崩壊し，政権が流動したときの圧力団体政治の姿をとらえるデータであるといえよう。冷戦が終焉しバブル経済が弾けた後の状況下で，団体事業所数・従業者数は緩やかに増大しているものの，団体財政は伸びが頭打ちになった時期である。

　第3次調査は，自公連立を基盤とした小泉純一郎内閣期の調査である。ただし，具体的な調査時期は2002年6月から03年6月までであり，小泉政権の前半期に当たる。郵政解散（2005年8月）での勝利以降，圧倒的な政治権力をもつに至った小泉であるが，この当時は，いわゆる「抵抗勢力」も健在であったことに留意したい。政治改革（1994年）の効果が徐々にあらわれつつある中で，経済財政諮問会議を司令塔に構造改革（公共投資予算の縮減，国債縮減，特殊法人改革，規制改革等）が進められた時期の圧力団体政治の姿をとらえるデータであるといえよう。この時期の団体事業所数・従業者数は横ばいであるが，注目すべきことに団体財政は著しく減退し，ピーク時（1980年代初め）の3分の2の規模にまで縮小した時期である。

　第4次調査は，民主党（連立）政権期において実施されたものである。民主党政権は，鳩山由紀夫，菅直人，野田佳彦の3つの内閣によって担われたが，調査は野田内閣期の2012年5月から8月にかけて集中的に実施された。自民党政権期の政治を否定する動きと，民主党政権になってからの変化に対する揺り戻しが混合してあらわれている複雑な時期である。[12] この時期，団体事業所数と従業者数は横ばいである一方で，団体財政は好転している。[13]

　ここで，第4次調査を行った時期のイメージを得ることを目的として，民主党政権成立以降の流れを簡単にたどっておきたい。2009年総選挙に勝利した民主党は，国民新党，社民党と連立を組み，鳩山内閣を発足させた。「コンク

リートから人へ」や「政治主導」といったフレーズを掲げ，政策面だけでなく運営面においても自公政権からの変革を試みた。しかし，内政・外交の全般にわたる改革志向の政権運営は必ずしも順調に進まなかった。最終的には，沖縄県の普天間基地移設問題をめぐる混乱を経て，鳩山は辞意を表明することになった。

2010年6月に菅直人内閣が発足した。当初は順調に進むかと思われた政権運営は，菅の消費増税への言及によって一変した。民主党は早くも2010年7月の参議院議員通常選挙（参院選）に敗北し，その結果として生じた「ねじれ国会」の対応に苦慮し続けることになる。さらに，2011年3月の東日本大震災と福島第一原子力発電所事故の発生は，民主党政権に大きな打撃を与えた。菅内閣は，震災・原発事故の対応に一定の見通しを付けた後に総辞職した。

野田佳彦内閣は2011年9月に成立した。野田内閣は「ねじれ国会」の状況にあって，谷垣禎一が総裁を務める自民党，山口那津男が代表を務める公明党との三党合意を重視した。社会保障と税の一体改革に取り組み，一定の成果をあげた。第4次調査が実施されたのは，この頃である。3年半にわたる民主党政権の中でも，民自公三党合意路線の下で政治が相対的にみて軌道に乗っていた時期であったことを強調しておきたい。

4 本書の構成

本書では，第1章で圧力団体政治の前段階を議論した後，第2章で第4次圧力団体調査の対象確定方法を示し，第3章と第4章で社会過程における圧力団体政治の姿を，第5章から第8章で政治過程における圧力団体政治の姿をとらえている。各章の執筆者が，それぞれの関心に応じて先行研究を整理し，それを踏まえた検討を行っている。

第1章「圧力団体政治の前段階」（森裕城・久保慶明）では，圧力団体調査以外の有権者調査や利益団体調査の結果を活用しながら，人々の組織化や団体の政治的活性化の状況を検討している。年齢別にみると若年世代よりも老年世代

において，分野別にみると非生産セクターよりも生産セクターにおいて組織化が進んでいる。団体の設立年別にみると，古い団体が依然として残っている中で，新興団体による利益表出は限定的である。こうした状況下で起こった2009年の政権交代が，政治過程における団体の行動に起因するものであるとは考え難いこと，さらに，圧力団体レベルでは（逆に）政権交代による影響が大きいことを指摘している。

第2章「圧力団体調査の対象確定方法」（久保慶明）では，第4次圧力団体調査データのもつ意義と限界を論じる。過去の圧力団体調査（特に第1次）では，高級官僚への面接調査等の情報に依拠する割合が大きく，評判法による対象選定を基本としてきた。これに対して今回の第4次調査では，過去の調査との連続性を考慮しつつ，2009年前後の時期を対象として国政選挙，国会，審議会，税制改正にかかわる団体の情報を集めた。それにより，データに恣意性が入り込まないよう，これまで以上に留意した。その方法を示すとともに，収集したデータに基づいて2009年の政権交代前後の動向を比較している。

第3章「社会過程における圧力団体」（山本英弘）では，団体の形成とリソース，および団体間関係という観点から，社会過程における圧力団体の実態を描写している。日本の団体世界は終戦直後に形成された生産セクター優位の構造が頑強であったが，近年ではそれも徐々に変化しリソースも縮小している。さらには団体間の相互関係も弱化している。しかし，このように活動基盤が揺らぐ中でも，現状における不利益に対抗する団体間連合の存在をみてとることができる。

では，社会の選好は，団体を通じて政党に伝えられ，実現しているのだろうか，それとも直接，政党を通じて実現しているのだろうか。第4章「圧力団体リーダーのイデオロギー」（竹中佳彦）では，団体リーダーのイデオロギーを概観するとともに，社会（有権者）-団体間，社会（有権者）-政党間，団体-政党間のイデオロギーや政策選好の一致・不一致を分析している。それを通じて，政党が，団体を通じて支持者を固めるよりも，有権者と直接，結び付こうとしていることを指摘している。

第5章「団体-政党関係の構造変化」（濱本真輔）では，1980年代以降の団体-政党関係を分析している。長期的には政治資金，人材，選挙運動，接触の

各側面で団体と政党の関係が弱まっている。また，2009年の政権交代を受けて，団体が自民党と民主党の双方と接触，支持する傾向を強め，疑似階級的配置が大きく変化した。さらに，多くの団体は二大政党との政策上の差異が小さく，政権交代のリスクを回避する志向が強いことを明らかにしている。

第6章「団体-行政関係の継続と変化」（久保慶明）では，圧力団体と行政との関係を重層的に記述したうえで，その偏りを分析している。まず，かつて日本の行政の特徴の一つであった，行政官僚による利益代表は後退傾向にある。また，2007年参院選，2009年衆議院議員総選挙の結果，政策決定過程が変容し，それに応じて団体の認識や行動も変化した。ただし，行政手法別にみると現在の圧力団体と行政との関係には，政党（ないし議会）政治に応答しやすい部分と，応答しにくい部分があることを明らかにしている。

第7章「マスメディアと圧力政治」（竹中佳彦）では，マスメディアが，自民党と官僚からなる権力集団の核外に位置し，そこから排除される傾向のある集団の選好を政治システムに注入しているという「55年体制」当時の「メディア多元主義」が，民主党中心の連立政権下で存在していたのかを検証している。それによると，政権交代があれば，権力集団から排除される傾向のある集団の選好をマスメディアが政治システムに注入する必要はなく，民主党連立政権下の圧力政治は，「メディア多元主義」と異なる様相を示していたとされる。

第8章「ロビイングと影響力の構造」（山本英弘）は，圧力団体のロビイングのパターンと影響力行使という観点から，団体による利益表出の構造とその変容を検討している。所得格差是正や社会福祉の充実を志向し，平和主義的なリベラル系団体は，民主党政権において政策形成の主要アクターとの接触が可能となった。しかし，影響力の発揮という点では十分ではなく，主要政策や政権への満足度も低い。むしろ，自らの利益が満たされないがゆえに，ロビイングを活発に行っているようである。

終章「政治変動期の圧力団体」（辻中豊・久保慶明）では，各章の知見を踏まえて圧力団体政治の継続と変化を整理する。さらに，過去30年間の主要歴代政権に対する評価と対比させつつ，圧力団体調査からみた民主党政権の評価づけを行って，結びとする。

注

1) 本研究の基になった第4次圧力団体調査は，科学研究費助成事業（基盤研究〈S〉）2010～14年度，「政治構造変動と圧力団体，政策ネットワーク，市民社会の変容に関する比較実証研究」（代表　辻中豊）においてなされた一連の調査の一つである。本書の出版に関しては，平成28年度科学研究費助成事業（科学研究費補助金）（研究成果公開促進費）の助成を受けている。
2) 筆者による理論史的検討として，辻中（1985）を参照。
3) 例えば，日本政治学会編（1960）の第二部，第三部の諸論文を参照。
4) ただし，内容の詳細に関しては「率直に言って，私は，さまざまな問題点をも感ぜざるを得なかった」と山口が評している点にも留意しておきたい（山口 1988: 248）。『戦後日本の圧力団体』においては，研究手法のユニークスが評価の対象にはなりえたが，その内容すべてが額面通りに受け入れられたわけではなかったのである。
5) 実証研究としての評価については，辻中・森（2002）を参照。
6) 本書の基礎となる研究成果として，辻中編（2014a）を参照。
7) 村松岐夫は，「第3回の調査は，第1回が実質1カ月，第2回が5カ月なのに対し，2002年6月から2003年6月まで足かけ13カ月を要したことにわかるように，相当な困難を伴った。全農協〔ママ，JA全中〕をはじめ，圧力団体の中央組織のうち，明らかに協力困難を訴える団体が増加した」（村松 2010: 288）と述べている。
8) 機能的概念である利益団体と市民社会組織は実態的には区別できないので，草の根から頂上レベルまで社会団体一般を利益団体ととらえて，包括的に調査してきた。なお，圧力団体とは，「政治過程や政策過程において，その戦術や存在感ゆえに，非常に顕著な目立った利益集団」である。利益集団はきわめて多様で，「国家と社会の実質をなすすべての媒体が含まれる可能性をもつ」が，そのうち「政治・政策関心を有した市民社会組織」が利益団体である（辻中編 2002: 20-27）。利益集団，利益団体，圧力団体の定義については，第1章も参照。
9) 調査票では「衆議院解散による第46回衆議院議員総選挙以前（2012年11月頃）を念頭にご回答ください」と求めている。
10) 辻中編（2014b），辻中編（2015）を参照。
11) 総務省統計局「事業所統計」ならびに内閣府経済社会研究所「民間非営利団体実態調査報告書」を集計した辻中・山本・久保（2010: 36-37）による。以下の第2次調査，第3次調査時のデータも同資料に依拠している。
12) 第4次圧力団体調査に向けた準備は2010年に始まった。当初は2011年度に実施予定であったが，2011年3月に東日本大震災と福島第一原子力発電所の事故が起こったため，2012年度に調査を実施・完了できるよう計画を変更した。
13) 総務省統計局「経済センサス」による。「事業所統計」のもととなってきた「事業所・企業統計調査」は，2009年から「経済センサス」に統合された。統合に伴って調査対象が約2割増えている。その集計結果をみると，2010年以降，団体財政は増加傾向に転じている。増加傾向そのものは2009年から観察できるが，それ以前とは調査方法が異なるため単純に比較することはできない。

引用・参考文献

辻中豊 1985「ベントリー政治過程論の成立・挫折・展開」安部博純・石川捷治編『危機の政治学——ファシズム論と政治過程』昭和堂,155-239頁。

辻中豊編 2002『現代日本の市民社会・利益団体』(現代世界の市民社会・利益団体研究叢書Ⅰ)木鐸社。

辻中豊編 2014a『第四次 団体に関する調査報告書』筑波大学。

辻中豊編 2014b『第三次 団体の基礎構造に関する調査(日本・社会団体調査)コードブック』筑波大学。

辻中豊編 2015『第三次 団体の基礎構造に関する調査(日本・社会団体調査)報告書』筑波大学。

辻中豊・森裕城 2002「日本における利益団体研究と JIGS 調査の意義」辻中豊編『現代日本の市民社会・利益団体』(現代世界の市民社会・利益団体研究叢書Ⅰ)木鐸社,37-62頁。

辻中豊・山本英弘・久保慶明 2010「日本における団体の形成と存立」辻中豊・森裕城編『現代社会集団の政治機能——利益団体と市民社会』(現代市民社会叢書2)木鐸社,33-64頁。

日本政治学会編 1960『日本の圧力団体』岩波書店。

村松岐夫 2010『政官スクラム型リーダーシップの崩壊』東洋経済新報社。

村松岐夫・伊藤光利・辻中豊 1986『戦後日本の圧力団体』東洋経済新報社。

山口定 1988「日本における団体政治の特質解明のために——村松岐夫・伊藤光利・辻中豊著『戦後日本の圧力団体』に寄せて」『法学雑誌(大阪市立大学)』34巻3・4号,248-257頁。

第1章

圧力団体政治の前段階

有権者調査と利益団体調査の分析

森　裕城・久保慶明

I　利益集団・利益団体・圧力団体

利益集団・利益団体・圧力団体の定義

　この社会には無数の団体が存在するが，自らを「圧力団体」と自称する団体は存在しない。我々が圧力団体と呼んでいる団体は，すべて何らかの個別名称で自らの団体を自称している。つまり圧力団体とは，政治学者側の都合で認定された当該団体の他称もしくは別称であり（森 2003; 辻中・森編 2010），この点で，政治家，政党，官僚，市民とは異質な存在といえる。

　圧力団体とはどのような団体を指すのか。すべての考察の端緒として，利益集団・利益団体・圧力団体という用語が意味するものを明確にしておきたい（辻中 1988: 14-17; 辻中編 2002: 第1章）。これらの用語は，必ずしもその相違が意識されずに用いられてきたが，近年ではその用語法も確立されつつある。

　まず「利益集団」だが，これは組織化されているかいないかを問わず，特定の利益の共有が推定される人々の集まりを指す用語である。例えば，サラリー

マン，学生，女性，高齢者，都市住民……といった人々には，一定の態度の共有や利益の共有が存在する。このような状態にある人々のことを，利益集団と呼ぶのである。利益集団という用語は，3つの用語の中で，対象とする範囲が一番広い用語であるといえる。

これに対して「利益団体」は，利益集団の中でも，継続的でかつ形式的な規則を有している実体的な組織を指す。ただし，中央政府や自治体などの国家関連領域の団体，企業などの市場関連領域の団体，伝統的共同体関連領域の団体は，一般的に除外される。

最後に「圧力団体」だが，これは，利益団体の中でも，政府の諸決定とその実施に影響を与えようとする団体を指す。ただ，利益団体と圧力団体を明確に区別することは難しい。なぜなら，恒常的に圧力団体である団体もあれば，何か問題が発生したときにだけ圧力団体として行動する団体もあるからである。

考察の焦点

以上のように利益集団・利益団体・圧力団体を定義すると，政治過程における集団現象の考察の焦点が定まってくる。

第1は組織化の問題である。この社会に存在すると想定される利益集団のどの部分が，どの程度，組織化され利益団体化しているかという点を確認する作業が求められる。利益集団の利益団体化を促進する要因，抑制する要因は何かという点が大きな論点になるだろう。

第2は政治的活性化の問題である。組織化された利益団体のすべてが政治過程に参入するわけではない。社会過程に存在する利益団体が，政治過程・政策決定過程に圧力団体として参入するのは，どのようなときか，どのようなルートを活用して影響力を行使しようとしているのか，その活動の活性化・停滞化を規定する要因は何かという点が大きな論点となる。

第3は循環の問題である。辻中豊は1988年刊行の書籍『利益集団』において「構造転換期の中でどのような集団が『活性化する上昇集団』であり，どのような集団が『衰退もしくは停滞する集団』であるか」(3頁)を議論したが，それは2010年代の現在においても重要な研究課題となるはずである。かつて影響力を保持していた団体群は，大きな転換期の真っ只中において，衰退もし

くは停滞の傾向をみせているのだろうか。新しく活性化している勢力は生まれているのだろうか。

　本書全体の課題は，団体世界の中でも特に政治的に活性化していると考えられる団体に焦点を当て，日本の圧力団体政治を描くことにある。この課題を追究するにあたっては，一見迂遠なようであっても，同時期の利益集団・利益団体がどのような状況にあったかを確認する作業が重要となる。必ずしも政治的に活性化しているわけではない部分の動向を確認することによって，圧力団体の動向が相対化され，その位置づけが了解しやすくなるからである。

　そこで本章では，圧力団体政治の「前段階」の姿を素描する。具体的には，現代日本において①人々はどの程度組織化されているのか，②組織化の現状にはどのような偏りがみられるのか，③現存する団体はどの程度政治に関与しているのか，④そこに構造的な偏りは発生していないか，という問題群に関して，調査データを用いて実証的に検討していく。

2 ｜ 日本人の組織関与の現状

　本節が焦点を当てるのは，有権者調査で明らかになった日本人の組織化の現状である。データからみる限り，日本社会では急速に脱組織化が進んでおり，利益団体世界が縮小しつつある。ここでの具体的な論点は，どの程度の人々が実際に組織に所属し，その活動に関与しているのか，その分布にはどのような偏りがあるのか，である。

日本社会における脱組織化の趨勢
　特定の利害を共有する人々が，具体的な組織をもつに至るプロセスについては，多くの政治学・社会学・経済学者が議論してきた（辻中 1988; 丹羽 1996; 辻中・山本・久保 2010）。本書でも第3章で取り上げるが，ここでは論点を簡単に整理しておこう。

　マクロなレベルでは，社会変動が起これば自ずとそれに合わせて組織化が起

こるというベントリーやトルーマンの議論（Bentley 1908 = 1994; Truman 1951）がある。それに対して，高度に組織化がなされている社会では，既存の勢力が新興勢力の動きを抑制する働きをするととらえるロウィの議論もある（Lowi 1979 = 1981）。

ミクロのレベルでは，集合行為の困難さを指摘したオルソンの議論が有名である（Olson 1965 = 1983）。さらに，その流れを継いでリーダーとフォロワーの間で成立する交換に着目したソールズベリーの議論（Salisbury 1969），あるいは外部環境からの支援の有効性に目を向けたウォーカーの議論などがよく取り上げられる（Walker 1983; King and Walker 1991）。

以上は利益集団・利益団体の研究史で必ずふれられる研究であるが，非決定権力論，資源動員論，政治的機会構造論，寡頭制論，エリートデモクラシー論，市民社会論といった現代政治学・社会学の主要理論も，集団の組織化とそこに介在する権力の問題を何らかの形で取り上げてきた。こうした古典的な議論にふれて再認識しなければならないのは，一つの国の団体世界を政治学の立場から考察するにあたっては，現存する団体だけでなく，団体化する手前の人々，すなわち組織化されていない人々の動向をも常に視野に入れる構えが求められる，という点であろう。

では，現代の日本において，量的にみて，どの程度の人々が組織化されているのだろうか。そして，組織化されている利害には，どのような偏りが生じているのだろうか。以下では，こうした点を有権者調査のデータで確認していく。

表1-1は，有権者に対する世論調査（明るい選挙推進協会〈明推協〉）の中で判明した人々の団体加入率の推移である。「非加入」をみると，どの時代にも有権者の2割から4割が団体に加入していないことがわかる。特に近年は団体加入率の低下傾向が生じており，1970年代の水準かそれを下回る状況にある。中でも注目されるのは，加入単位が個人であることの多い婦人会・青年団，労働組合での低下傾向である。唯一加入率の上昇が明確なのは同好会・趣味グループである[1]。

さらに注目されるのは，日本社会の脱組織化の趨勢が年齢層別に異なる様相を呈していることである。大雑把な傾向を把握するために，1972年，1983年，1993年，2003年調査の結果（明推協データ）を活用して表1-2を作成した。特

第1章 圧力団体政治の前段階

表 1-1 団体分類別にみる有権者の団体加入率の推移

[単位:%]

	1972年	76年	79年	80年	83年	86年	90年	93年	96年	2000年	03年	05年	07年
自治会・町内会	52.0	57.1	60.5	64.9	67.5	69.7	67.6	67.3	66.5	47.8	41.3	46.1	40.4
婦人会・青年団	17.1	13.8	14.9	11.7	12.0	11.4	13.1	10.6	9.8	9.2	6.9	7.2	6.6
PTA	17.2	17.9	18.7	15.6	17.3	16.5	14.3	12.0	11.8	8.2	7.3	7.6	7.6
老人クラブ	—	—	—	—	—	—	—	7.1	8.8	8.4	9.6	8.7	8.7
農林水産団体	8.8	7.9	9.9	9.7	10.3	9.4	10.6	8.0	5.3	5.0	3.5	5.4	4.3
労働組合	11.5	10.0	10.4	12.2	12.1	11.0	8.2	8.3	7.6	5.0	3.7	4.4	4.5
商工組合	6.4	6.2	5.4	5.8	7.3	5.1	6.9	5.0	4.5	4.2	4.1	2.6	2.8
宗教団体	3.7	4.9	4.4	5.5	3.9	4.3	3.6	3.5	3.7	2.9	2.9	3.3	3.5
同好会・趣味	8.0	9.3	10.4	10.1	14.0	11.7	17.1	12.3	14.2	15.7	12.1	13.9	14.1
市民団体・NPO	—	—	—	—	—	—	—	1.5	1.0	1.6	1.2	1.1	2.2
その他の団体	1.9	1.8	2.3	2.3	1.9	1.3	0.4	0.6	0.7	0.8	0.8	1.4	1.1
非加入	25.6	25.3	21.4	18.2	15.4	17.0	18.3	19.1	20.0	31.9	38.3	34.1	36.4
不明・わからない	1.2	0.9	0.8	0.8	1.0	0.6	0.5	0.1	0.3	0.7	1.2	0.4	0.9

[注] 老人クラブと市民団体・NPO は 1993 年から調査項目に加わった。
[出所] 明るい選挙推進協会の調査より筆者作成。

表 1-2 年齢層別にみる有権者の団体非加入率の推移

[単位:%]

歳 年	20-24	25-29	30-39	40-49	50-59	60-69 (60-)	70-79	80-	全体
1972	45.6	37.4	16.7	16.4	22.4	35.7	—	—	25.6
83	37.9	30.1	11.8	8.0	11.6	14.9	21.7	37.0	15.4
93	53.4	43.5	21.4	12.0	15.1	16.5	15.6	27.3	19.1
2003	75.6	66.3	48.4	35.9	33.0	33.9	27.0	39.6	38.3

[出所] 明るい選挙推進協会の調査より筆者作成。

に脱組織化が進んでいるのは若い世代である。例えば 20-24 歳では,2003 年の時点で4人に3人が団体に加入していない。こうした層が年齢を重ねていけば,日本社会全体として脱組織化がさらに進む可能性がある。[2]

組織関与のグラデーション

以上は団体加入の問題である。ここで注意しなければならないのは,個人の団体加入と団体活動への参加は,必ずしも一致するわけではないという点である。

例えば日本には数多くのボランティア団体やグループが存在するが,そこで

活動する人は団体メンバーに限られず，メンバー以外が参加する場合も少なくない。その一方で，団体に加入しているすべての人がその活動に積極的に参加しているとも考えにくい。地域の自治会や町内会を例にとれば，ほとんどの世帯が加入していたとしても，その活動に積極的な世帯と消極的な世帯が存在しているのが一般的だろう（辻中＝ペッカネン＝山本 2009）。

また，現在は団体に加入していなくても，将来的に加入したいと考えているかどうか，という問題にも注意を払いたい。団体に加入したいと考えている人が多ければ，その団体は将来的に発展することが見込まれるだろうし，加入したいという人が少なければ，その団体は衰退していくかもしれない。このように，個人と団体のかかわりはいくつかの基準に沿って段階的にとらえる必要がある。

これらの点を明らかにするため，団体基礎構造研究会（代表・辻中豊筑波大学教授）は 2013 年 12 月に有権者調査を実施した。表1-3 に示したのは，団体加入と活動参加の程度である。団体加入については，過去の加入経験や今後の加入意欲についても答えてもらった。活動参加については，その程度が把握できるように設問した[3]。

まず，団体加入と活動参加を比べると，日本人の団体活動への参加は団体加入よりも低い数値が計測されている。いわゆる「幽霊会員」が各種の団体に存在することがうかがえる。唯一の例外は趣味・スポーツ団体であり，加入者と積極的な活動参加者がほぼ同程度である。ただし，団体非加入者の中にも活動参加者が全くいないわけではない。団体加入と活動参加を規定する要因は，今後，探求されるべき論点である。

次に，団体に加入したいと思っている人はどの程度いるのだろうか。団体加入について「機会があれば加入したい」(2) と答えた人の割合をみると，趣味・スポーツ団体，婦人会・青年会・消防団・老人クラブなどで多い。他の団体で注目されるのは福祉団体と学術・文化団体である。規模は小さいものの，現在の加入者 (4) よりも多くの人が「機会があれば加入したい」と答えている。教育団体，専門家団体，市民団体も同様の傾向にある。全体からみて割合は小さくとも，各団体からみれば小さくないインパクトをもつように思われる。各分野での組織化が今後どの程度進むのか，継続して観察する必要があろう。

表 1-3 団体加入と活動参加

	団体加入					活動参加				
	1	2	3	4	不明	1	2	3	4	不明
地域住民組織（町内会・自治会・区会など）	21.5	4.8	6.8	65.6	1.3	26.4	20.2	33.4	19.7	0.4
婦人会・青年会・消防団・老人クラブ（会）	65.8	10.2	8.1	13.8	2.1	75.2	11.6	7.4	5.5	0.3
PTA	43.5	6.8	33.8	14.1	1.8	48.9	37.4	7.1	6.3	0.3
同窓会	39.9	8.3	21.9	28.3	1.5	45.2	31.8	14.7	7.9	0.4
農林水産業団体	93.9	1.3	0.9	2.1	1.8	96.0	1.9	0.8	0.8	0.6
経済団体（商工会議所・経営者協会・業界団体など）	90.2	2.5	1.9	3.8	1.7	93.7	3.0	1.8	1.1	0.5
労働団体（労働組合）	81.9	2.8	8.9	5.0	1.4	86.0	9.3	3.3	1.1	0.3
教育団体	92.8	3.2	1.1	1.3	1.6	95.4	2.8	0.5	0.7	0.6
福祉団体	89.2	4.8	1.4	2.7	2.0	94.2	2.7	0.8	1.9	0.3
専門家団体	93.5	2.4	0.4	1.4	2.3	96.7	1.3	0.7	1.0	0.4
政治家の後援会	90.8	1.6	3.3	2.8	1.5	92.7	4.8	1.3	0.9	0.3
その他の政治団体	95.7	1.2	0.6	0.5	2.0	97.3	1.8	0.3	0.2	0.4
市民団体	92.7	2.8	1.5	1.1	1.9	96.2	2.2	0.5	0.5	0.6
学術・文化団体	90.3	4.6	1.3	1.8	2.0	94.8	2.5	1.1	1.2	0.4
趣味・スポーツ団体	59.3	12.6	10.2	16.6	1.3	69.7	12.8	3.2	13.9	0.3
宗教団体	91.6	0.6	1.0	5.6	1.3	92.9	2.1	1.4	3.2	0.4

[注] $N=1,199$ ＊選択肢は下記
団体加入　1＝加入したことはないし，これからも加入しないと思う。
2＝加入したことはないが，機会があれば加入したい。
3＝これまでに加入していたことがある。
4＝現在加入している。
活動参加　1＝参加したことはない。
2＝これまでに参加したことがある。
3＝現在参加しているが，消極的な活動にとどまっている。
4＝現在参加していて，積極的に活動している。
[出所] 2013年有識者調査より筆者作成。

3　現存する利益団体の存立様式

　本節では，前節とは視点を変えて，現存する団体を観察対象とする。具体的には，日本社会にはどのような団体が存在するのか，そこで発生している偏りは何を示唆しているのかを議論する。

JIGS 調査の知見の紹介

　政治過程における団体の行動を論じるにあたっては，団体に関する基礎的情報の収集それ自体が重要になる。団体基礎構造研究会は，1997 年，2007 年，2012 年に JIGS（Japan Interest Group Study）調査と称する団体調査を行ってきた。以下ではそれぞれ，JIGS1 調査，JIGS2 調査，JIGS3 調査と称する。

　これらの調査に共通する発見は，現存する団体の分布に大きな偏りがみられることである。それを端的に述べれば，①生産セクターの優位，②古い団体の優位ということになる。それぞれ調査結果の要点のみを記そう。[4]

　社会の中に無数に存在する団体には，どのような種類があるだろうか。団体の分類方法にはさまざまなものがあるが，JIGS 調査では団体自身が関心を有する政策分野ごとに分類する方法を採用している。JIGS2 調査では，調査に回答した団体の 84％ が，経済・業界団体，労働団体，農林水産業団体，専門家団体，教育団体，行政関係団体，福祉団体，政治団体，市民団体，学術・文化団体，趣味・スポーツ団体，宗教団体という 12 分類のどれかに該当するという結果を得た（表 1-4）。経済・業界団体，農林水産業団体といった生産セクターの比重が群を抜いて高いことがわかるだろう。日本人の職業構成との乖離（かいり）が注目される。また紙幅の都合で図表は省略するが，国際的にみると，日本における営利セクターの割合は，アメリカ，ドイツ，韓国など JIGS 調査対象国の中で最多であることがわかっている（辻中・崔・久保 2010: 69-71）。

　では，人間に寿命があるのと同じように，団体にも寿命があるのだろうか。JIGS 調査では，調査対象団体に団体の設立年を尋ねており，この項目から当該団体の年齢を知ることができる。図 1-1 は，現存する団体の中でどの年代に生まれた団体が多いかを示したものである。これをみると，多くの国では，最近になって設立された団体が多く現存するが，日本だけは特徴的な分布をとっている。戦後直後に設立された団体がきわめて多く残存しており，他国でみられる 1980 年代以降の団体設立の波はみられないのである（辻中・崔 2002; 辻中・山本・久保 2010）。

　ただし，団体分類別にみると様相は異なってくる。表 1-5 は，団体分類別に設立年を分析した結果である。戦後から高度経済成長期にかけて設立された団体の残存する分類が多い中で，福祉，政治，市民団体は近年になって設立され

表 1-4　団体分類分布

	N	%	2013年有権者調査での加入率
農林水産業団体	2,695	17.0	2.1
経済・業界団体	3,948	24.8	3.8
労働団体	1,150	7.2	5.0
教育団体	562	3.5	1.3
行政関係団体	832	5.2	
福祉団体	1,152	7.2	2.7
専門家団体	830	5.2	1.4
政治団体	330	2.1	2.8
市民団体	694	4.4	1.1
学術・文化団体	584	3.7	1.8
趣味・スポーツ団体	451	2.8	16.6
宗教団体	133	0.8	5.6
その他	1,941	12.2	
不明	596	3.7	
合計	15,898	100.0	

［出所］　JIGS2調査より筆者作成。

たものが多い。この表は，団体分類によっては団体設立の波があった可能性を示唆している。

新しく登場した団体にみられる傾向

市民団体や福祉団体といった分類において，近年設立された団体が多いことは，どのような含意をもっているのだろうか。

1980年代までの圧力団体研究は，市民団体や福祉団体のもつ価値推進（アドボカシー）機能に注目していた。例えば村松・伊藤・辻中（1986）は，団体を「セクター団体」「政策受益団体」「価値推進団体」の3つに類型化したうえで，価値推進団体には市民団体，政治団体，労働団体が該当し，さらに，政策受益団体の典型である福祉団体も価値推進団体に近いと論じた。ここでいう価値推進団体とは，その団体がもつイデオロギーや価値体系が体制や政策体系の中に深く根を下ろしていない団体のことである。言い換えれば，市民団体や福祉団体は社会の多元化を担う存在として位置づけられたのである。

図 1-1　団体設立年の国際比較

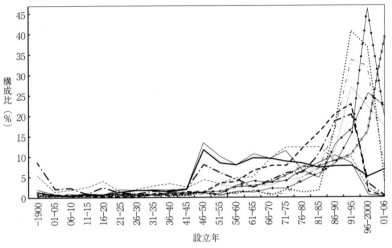

―――日本(2007年)　―――日本(1997年)　----韓国(1997年)　……米国(1999年)
―‥―ドイツ(2000年)　-‥-中国(2004年)　……ロシア(2004年)　―――トルコ(2004年)
―◆―フィリピン(2005年)　―●―ブラジル(2006年)　―※―バングラデシュ(2006年)

［注］　（　）内は，調査完了時期である。
［出所］　辻中・山本・久保 2010：図 2-4。

表 1-5　団体分類別にみる設立年分布

［単位：％］

	-1945	46-55	56-65	66-75	76-85	86-95	96-2007	N
農林水産業団体	6.4	**31.3**	13.6	15.0	8.5	9.8	15.3	2,695
経済・業界団体	3.6	19.8	**29.0**	19.9	13.0	8.2	6.5	3,948
労働団体	3.5	**27.0**	19.1	16.3	8.3	17.0	8.7	1,150
教育団体	8.4	**27.4**	14.8	16.5	10.5	10.7	11.7	562
行政関係団体	2.9	**21.2**	15.0	17.4	17.2	17.7	8.7	832
福祉団体	3.9	12.9	13.1	15.9	13.5	15.3	**25.3**	1,152
専門家団体	6.6	**29.0**	11.6	15.3	13.1	10.8	13.5	830
政治団体	4.2	8.5	8.8	7.3	12.7	24.5	**33.9**	330
市民団体	3.2	9.8	12.7	11.8	9.9	15.0	**37.6**	694
学術・文化団体	12.2	14.7	13.5	12.3	13.9	**19.9**	13.5	584
趣味・スポーツ団体	9.1	**21.5**	13.3	14.6	12.6	14.2	14.6	451
宗教団体	**33.8**	20.3	12.0	9.0	14.3	6.8	3.8	133
その他	4.7	14.8	16.4	**21.1**	15.0	14.7	13.2	1,941

［注］　太字は各団体分類で最も多い時期。
［出所］　辻中・山本・久保 2010：表 2-2。

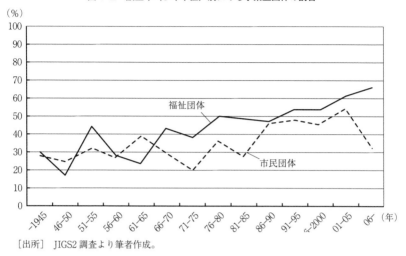

図1-2 設立年（5年単位）別にみる事業型団体の割合

[出所] JIGS2調査より筆者作成。

　しかし，近年増加している市民団体や福祉団体は，必ずしも価値推進を目的とする団体ばかりではない。図1-2は，調査項目中の活動目的の設問に対する回答を活用したもので，「一般向けに有償でサービスを提供する」と「一般向けに無償でサービスを提供する」という回答が占める割合の合計を設立年（5年単位）ごとに算出したものである。これをみて了解できるように，近年，一般向けのサービス提供を目的とする事業型団体の増加が顕著になっている。[5]

　もちろん，この間に価値推進機能をもつ市民団体や福祉団体が設立されてこなかったわけではない。しかし，全体としてみるとサービス提供を目的とする事業型団体の割合が高まっている。こうした団体の増加を，戦後政治におけるかつての市民団体や福祉団体のイメージに引きずられて，新しい価値を推進する団体の増加ととらえることには慎重である必要があるだろう。

ガバナンスの転換が団体に与える影響

　市民団体や福祉団体が設立される要因として，他にどのようなものが考えられるだろうか。

　第1に，政府の財政資源の枯渇である。財政資源が不足する中で，政府は十

分な公共サービスを提供できなくなった。営利企業はその間隙(かんげき)を埋める候補となるが,利益を生み出すことのできる事業にしか参入しない。営利性を追求しない団体が公共サービスの提供を担うようになったと考えられる。

　第2に,政府による政策転換である。1998年のNPO法の成立や2008年の公益法人制度改革によって,団体が法人格を取得しやすい環境が整えられた。また,政府部門によるさまざまな団体支援策は,団体が組織を形成し維持する際に発生するフリーライダー問題を軽減する役割を果たしてきた。特に福祉団体では政府から支援を受けて設立された団体が多い(表1-6)。これらの公共政策を通じて,政府は団体の組織化を促してきたものと評価できる。

　ただし,こうした団体の増加は,日本が各種支援に積極的になるのに先駆けて1980年代から全世界的に始まっていた。この現象をとらえて,サラモンは「アソシエーション革命」と呼んだ(Salamon 1994)。その背後にあったのは政府部門と民間部門の分業に関するガバナンス観の転換であり,その影響は福祉団体や市民団体のみならず多様な分野に及んでいると考えられる[6]。

　もっとも,市民社会に対する社会の期待が高まり,政府が制度環境を整備したとしても,団体が形成されるためには,組織化を主導するリーダーの存在が不可欠である(Salisbury 1969)。さらに,形成された団体が活動を続けていくためには,各団体内におけるリーダーの世代交代をいかにして進めるかという問題を避けて通ることはできない。現在,世代交代問題に直面する団体の一つは,1998年に法人格が創設されたNPO法人である。対照的に,戦後直後に設立され現在も活動を続ける諸団体は,リーダーの世代交代に成功してきたものと推察される。しかしながら,それらの実態はこれまでに十分解明されてきたとは言い難い。個別団体内におけるリーダーの世代交代という事象は,団体世界の再生産と密接にかかわるテーマであり,今後,研究を蓄積していかなければならない[7]。

表 1-6 外部からの設立支援

[単位：%]

	支援あり	支援元（複数回答）					N
		行政	団体	企業	個人	その他	
農林水産業団体	31.4	23.4	10.0	0.6	0.2	0.3	2,495
経済・業界団体	27.0	14.3	12.8	0.7	0.0	0.2	3,687
労働団体	20.5	2.7	17.3	0.3	0.1	0.1	1,061
教育団体	30.3	18.5	9.6	2.1	0.4	0.8	531
行政関係団体	43.6	33.0	10.9	3.0	0.3	0.3	737
福祉団体	42.3	28.5	13.3	1.7	0.3	0.4	1,090
専門家団体	14.8	3.9	10.4	0.6	0.0	0.0	805
政治団体	12.1	0.6	11.1	0.0	0.0	0.3	323
市民団体	26.0	10.2	15.7	1.2	0.8	0.5	650
学術・文化団体	23.6	11.9	8.0	4.0	0.5	0.7	547
趣味・スポーツ団体	20.3	11.8	8.3	1.4	0.0	0.2	434
宗教団体	8.4	0.8	6.9	0.0	0.8	0.0	131
その他	28.1	12.5	14.7	1.5	0.4	0.3	1,818
全体	28.0	15.6	12.3	1.2	0.2	0.3	14,309

［出所］ 辻中・山本・久保 2010：表 2-3。

4 政治過程における団体

2009年政権交代のインパクト

　本節では，組織化された利益団体が政治過程でどのように行動しているのかに焦点を合わせる。自民党単独政権時代に各種団体は，政治家や行政官僚とともに利益共同体を形成していた。しかし，その構造は 2000 年代に入るまでに崩れたとされる（村松 2010）。2009 年には「政治主導」を掲げる民主党政権が誕生し，日本の政治的機会構造は大きく変化した。ここでは，民主党政権下で実施された調査の結果を過去の結果と比較しながら，政権交代の影響を検討してみたい。

政党か行政か

　最初に検討するのは，政党と行政のどちらに接触する団体が多いのか，という点である。論理的には次の4パターンが存在する。①政党・行政の両方に接

触する，②行政だけに接触する，③政党だけに接触する，④どちらにも接触しない。

　2007年時点の調査結果を概説しておこう。まず，「中央省庁」と「自治体」の双方を行政ととらえると，団体は「行政接触派」と「政党接触派」に分かれるのではなく，「政党・行政両方接触派」と「行政のみ接触派」に大別された。「政党のみ接触派」は全体の1割にも満たなかった。その一方で，行政を「中央省庁」に限定してとらえれば，「両方接触派」「行政のみ接触派」「政党のみ接触派」が同程度の割合となった（森 2010a）。

　こうした状況は，「政治主導」を掲げる民主党政権の誕生によって，どの程度変化したのだろうか。表1-7は，東京に所在する団体に限定して，2007年と2012年の調査結果を比べたものである。ここでの「行政」は中央省庁に限定している。

　全体をみると，「非接触」がやや増加傾向にあるものの大きな変化は生じていない。団体分類別にみると，労働団体では「両方接触」が増加，農林水産業団体では「行政のみ」が減少して「非接触」が増加，専門家団体では「両方接触」が減少して「非接触」が増加，行政関係団体では「非接触」が増加，といった変化が生じている。しかし，これらの変化は特定の分類にとどまるものであり，全体の趨勢に大きな変化が生じたとまではいえない。

団体−行政関係の諸相

　「政治主導」を掲げる民主党政権下においても，団体と行政の接触が持続していることが明らかになった。この点を調査データの別の項目で補足的に確認しておこう。

　表1-8は，日本全国レベルで活動する団体と国との関係，都道府県あるいは市区町村レベルで活動する団体と自治体との関係を，1997年，2007年，2012年という3時点で比較したものである。これをみると，15年間に団体と行政との関係は全般的に維持あるいは強化されているといえる。

　JIGS1・2調査で発見された，行政が団体の情報源になっているという点にも大きな変化はない。表1-9は「あなたの団体は，活動する上で必要な情報をどこから得ていますか」という質問に対して，各情報源を第1位に選択した割

表 1-7 政党か行政か

[働きかけ先（所在：東京），単位：％]

	両方接触	行政のみ	政党のみ	非接触	N
農林水産業団体	24.3	32.7	8.4	34.6	107
	20.0	13.3	10.0	56.7	30
経済・業界団体	16.6	26.2	11.0	46.2	493
	15.4	29.9	10.6	44.1	254
労働団体	15.4	4.8	39.4	40.4	104
	27.1	2.1	33.3	37.5	48
教育団体	24.0	23.1	3.8	49.0	104
	27.0	16.2	5.4	51.4	37
行政関係団体	10.1	36.4	9.1	44.4	99
	2.2	28.9	4.4	64.4	45
福祉団体	15.8	11.9	12.9	59.4	101
	23.3	6.7	10.0	60.0	30
専門家団体	14.9	18.2	19.8	47.1	121
	3.1	21.9	21.9	53.1	32
市民団体	20.3	12.7	22.8	44.3	79
	12.5	3.1	15.6	68.8	32
学術・文化団体	4.9	27.6	3.7	63.8	243
	2.4	19.3	10.8	67.5	83
趣味・スポーツ団体	8.8	18.8	10.0	62.5	80
	15.4	7.7	7.7	69.2	39
その他	13.7	16.7	15.9	53.7	227
	13.0	7.8	11.7	67.5	77
全体	15.0	21.9	13.4	49.7	1,792
	14.2	18.8	12.7	54.3	718

[注] 上段：2007 年，下段：2012 年。
「ある程度」接触すると回答した団体の合計。
政治団体と宗教団体は N が 10 未満のため割愛。
[出所] JIGS2, JIGS3 調査より筆者作成。

合を示している。政党と比べた場合，中央省庁の優位性は明らかである。

　以上のように量的にとらえると，かつての自民党単独政権時代に形成された団体－行政関係が，現在も持続しているようにみえる。しかし，各分野の事例研究では，団体と行政との関係に質的な変化が生じていることが明らかになっている[8]。こうした指摘と本章のような量的研究による知見の整合性をはかって

表 1-8 団体と行政との関係

[所在:東京, 単位:%]

	許認可	法的規制	行政指導	意見交換	政策決定への協力支援	審議会への委員派遣	退職後のポスト提供	N
日本全国レベルで活動する団体と国との関係	41.2	35.7	54.8	44.8	17.9	19.9	12.6	672
	58.8	51.3	60.5	48.0	19.9	22.6	16.7	940
	49.5	47.6	54.5	41.7	12.9	19.0	2.9	420
都道府県あるいは市区町村レベルで活動する団体と自治体との関係	42.3	32.9	43.7	30.9	19.0	16.3	7.0	343
	40.7	35.1	45.7	43.0	23.3	24.0	8.9	516
	46.7	40.4	51.6	43.1	21.4	23.4	11.0	364

[注] 上段:1997年, 中段:2007年, 下段:2012年。
[出所] JIGS1, JIGS2, JIGS3 調査より筆者作成。

表 1-9 活動上の情報源として最も重要なもの

[所在:東京, 単位:%]

中央省庁	政党		地方自治体	学者・専門家	企業	マスメディア関係者	専門・業界紙関係者
	与党	野党					
25.3	0.6		8.4	8.2	3.0	9.2	11.1
29.5	0.9		8.8	9.8	4.3	3.1	4.1
30.8	0.3	0.7	13.2	10.0	4.2	1.4	2.8

系列団体	協力団体	自団体の役員	NPO・NGO	町内会・自治会	その他	N
—	12.7	16.0	—	—	4.2	1,267
11.2	6.7	17.6	0.2	0.6	2.7	1,749
14.0	7.6	11.3	0.3	0.1	3.2	900

[注] 上段:1997年, 中段:2007年, 下段:2012年。
[出所] JIGS1, JIGS2, JIGS3 調査より筆者作成。

いく作業は,今後の重要な課題である。本書でも第 6 章で検討している。[9]

政党接触における自民党の優位

次に検討したいのは,団体はどの政党と接触するのか,という点である。2007 年時点における団体世界全体の基調は自民党の一党優位であった。労働団体の接触対象が社会党から民主党になった点を除けば,55 年体制型のそれとほとんど変わっていなかったという言い方もできる。民主党との接触に関しては,地域によっては自民党よりも活発なところもあったが(濱本 2010),全

体としてみれば自民党にも民主党にも接触する両方接触型が全体の8％ほどを占める程度であった（森 2010b）。

図1-3は2007年と2012年の接触政党を比べたものである。自民党一党優位の構造は弱体化が進んだものの、2012年時点でも残っていることがわかる。また、表1-10に示したのは自民党と民主党の両党に接触する団体の割合である。経済・業界団体、労働団体、教育団体、福祉団体で増加している。しかし、全体でみれば変動は3.4ポイント増にとどまる。これらの図表は、団体世界全体でみれば自民党一党優位構造が依然として残っていることを示している。

頂上レベルでの変化

本節でここまで検討したように、利益団体の動向を中心に民主党政権時代の政治過程をとらえると、そこには強い持続性が看取された。「政治主導」を掲げる民主党政権が誕生し、いくつかの改革が実施されただけでは、団体世界に大きな変化は起こらないようである。圧力団体調査と利益団体調査のデータを併用する本書の狙いは、こうした利益団体レベルの動向と圧力団体レベルの動向を比較することにある。

詳細な分析は後に続く各章にゆずり、ここでは主要な発見を列挙しておきたい。端的にいえば、利益団体レベルに比べて、圧力団体レベルでは政治変動に応じた変化の程度がより大きくなる、というものである。

まず、政治家との接触パターンの変化である。第6章が取り上げているように、2009年の政権交代の前後で、国の予算編成や税制改正において官僚に働きかける団体の割合は変化しなかった。それに対して、政務三役や与党への働きかけが増加した。政策決定システムの変更に伴って、団体は官僚への働きかけを維持しながら政治家への働きかけを強化したのである。

次に、政党との接触パターンの変化である。第5章が取り上げているように、2009年の政権交代後、自民党と民主党に接触していた団体の割合をみると、多くの団体分類では、両者の割合が拮抗していた。つまり、頂上レベルでは自民党一党優位の構造が崩れていたのである。

これまで我々の研究チームは、団体世界の変化が政権交代を生むというよりは、政権交代が団体世界の変化を生むと議論してきた（辻中編 2002; 辻中 2006;

図1-3 団体分類

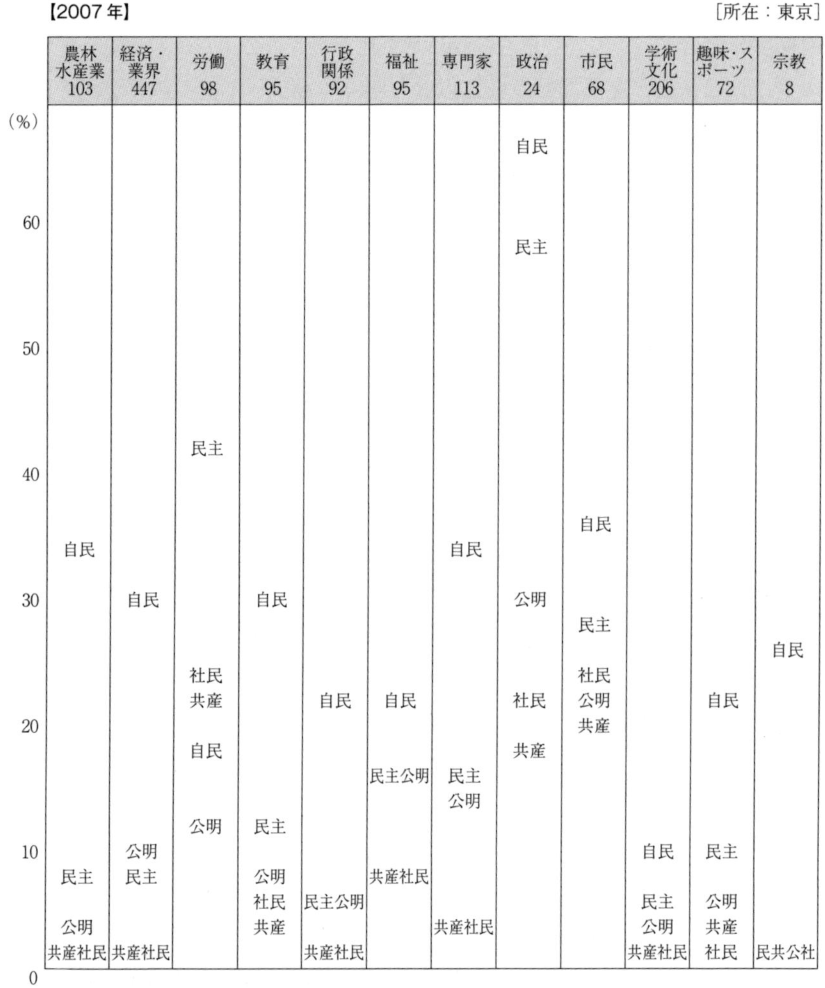

【2007年】　　　　　　　　　　　　　　　　　　　　　　　　　　［所在：東京］

	農林水産業 103	経済・業界 447	労働 98	教育 95	行政関係 92	福祉 95	専門家 113	政治 24	市民 68	学術文化 206	趣味・スポーツ 72	宗教 8
60(%)								自民				
								民主				
50												
40		民主										
	自民					自民			自民			
30		自民	自民					公明	民主			
20			社民共産 自民		自民	自民		社民共産	社民公明共産		自民	自民
						民主公明	民主公明					
10		公明民主	公明	民主			共産社民			自民	民主	
	民主公明		社民共産	公明社民共産	民主公明				民主公明	公明共産		
0	共産社民	共産社民			共産社民	共産社民				共産社民	社民	民共公社

［注］接触率＝（非常に頻繁＋かなり頻繁＋ある程度）／当該分類団体数×100
［出所］JIGS2, JIGS3調査より筆者作成。

辻中・森編 2010; 濱本 2012）。この点に関して議論を修正する必要はないと考えるが，本章を踏まえれば，その変化は一様ではない。すなわち，利益団体レベルの変化が緩やかなのに対して，頂上レベルでの変化はより急激である。言い

第1章　圧力団体政治の前段階

別政党との接触率

【2012年】　　　　　　　　　　　　　　　　　　　　　　　　　　　　［所在：東京］

(%)	農林水産業 32	経済・業界 272	労働 54	教育 39	行政関係 47	福祉 35	専門家 33	政治 8	市民 37	学術文化 87	趣味・スポーツ 41	宗教 5
60			民主									
50								自民				
40												自民
30	自民	自民	自民	自民	自民 民主				共産公明	共産公明 民主社民		
			共産公明 社民		民主				共産公明			
20				民主			自民		自民		自民	共産公明
					共産公明	民主	民主社民		自民			
10	民主	民主	みん	自民	社民	生活		生活	民主			
	生活		生活	共社公 民主	共社公		共社公	みん 維新		民共公		
0	共社公み維	共社公み生維	維新 生活維新	みん 生活維新	共社公み維	み生維	み生維	みん維新		共社公み生維	社み生維	民社み生維

換えれば，頂上レベルで活動する団体のほうが状況追随的な行動をとりやすいのである。

表 1-10　自民党および民主党と接触する団体

[所在：東京，単位：%]

	%	N
農林水産業団体	7.8	103
	9.4	32
経済・業界団体	5.6	445
	14.6	226
労働団体	12.8	94
	27.8	54
教育団体	10.5	95
	18.4	38
行政関係団体	5.4	92
	2.1	47
福祉団体	9.6	94
	28.6	35
専門家団体	14.3	112
	6.1	33
市民団体	25.8	66
	19.4	36
学術・文化団体	3.9	206
	4.6	87
趣味・スポーツ団体	8.3	72
	2.4	41
その他	12.7	205
	17.3	81
全体	9.3	1,616
	12.7	766

［注］　上段：2007年，下段：2012年。
　　　　「ある程度」接触すると回答した団体の合計。
　　　　政治団体と宗教団体はNが10未満のため割愛。
［出所］　JIGS2, JIGS3調査より筆者作成。

5　利益集団・利益団体・圧力団体のずれ

　本章では，圧力団体政治の「前段階」を素描するため，次のような問題群に

対して，サーベイ調査（質問紙調査）データに基づき実証的な検討を行ってきた。①日本社会に存在する利益集団のどの部分がどの程度利益団体化しているのか，②利益集団の利益団体化を促進したり抑制したりする要因は何か，③利益団体はどのようなときに政治過程や政策決定過程に圧力団体として参入するのか，④その活動の活性化や停滞化を規定する要因は何か。得られた知見は以下の通りである。

(1) 日本の団体世界は縮小傾向にある。現在の日本社会では急速に脱組織化が進んでおり，特に若年層の団体加入率が低い。したがって，現存する団体の動向を，民意そのものととらえることには慎重でなければならない。

(2) 日本人の団体活動への参加は団体加入よりも低い数値が計測されている。いわゆる「幽霊会員」が各種の団体に存在している。唯一の例外は趣味・スポーツ団体であり，加入者と積極的な活動参加者がほぼ同程度である。

(3) 社会の中に存在する利害には組織化されやすいものとされにくいものがある。現存する団体の分布には大きな偏りがみられる。それを端的に述べれば，①生産セクターの優位，②古い団体の優位ということになる。

(4) 近年設立された新興の団体は，福祉団体や市民団体に多い。その内容を精査すると，事業型団体が増えていることを確認できる。こうした団体の増加を，戦後政治におけるかつての福祉団体や市民団体のイメージに引きずられて，社会における新しい価値を推進する団体の増加と考えることには慎重でなければならない。

(5) 新興の団体の中には外部からの支援を受けるものがあり，政府の誘導によって団体形成が促されている側面がある。他方で，新興の団体の多くは設立から一定の時間を経て，団体内部で世代交代の問題に直面しており，新しい領域における団体の行方は必ずしも盤石ではない。

(6) 2009年の政権交代による団体世界の変化は，利益団体レベルでは緩やかであった。たしかに，政党や行政との接触パターンは農林水産業，労働，行政関係，専門家団体で変化し，政党接触では自民党の一党優位構造が弱体化した。しかし，いずれの点でも全体の趨勢を大きく変化させたとまではいえない。

(7) 団体と行政との関係も，本章のデータ集計からみる限りは持続しており，

中央省庁は依然として団体の重要な情報源となっている。しかし，両者の関係には質的な変化が生じている可能性がある。
(8) 頂上レベルの圧力団体は，他の団体よりも政治状況の変化に追随しやすい。2009年の政権交代の後，予算編成や税制改正をめぐって政治家への働きかけが活発化し，政党接触では自民党と民主党が拮抗する状況になった。

　　＊本章は，森裕城・久保慶明「データからみた利益団体の民意表出　有権者調査・利益団体調査・圧力団体調査の分析」『年報政治学2014-Ⅰ　民意』(200-224頁)に加筆・修正を施したものである。

注

1) その後の団体非加入率の推移は，2009年39.9％，2010年39.0％，2012年40.0％とほとんど変化していない。明るい選挙推進協会のウェブサイトを参照 (http://www.akaruisenkyo.or.jp/060project/066search/　2014年1月31日閲覧)。
2) 後述するように，我々の研究チーム（団体基礎構造研究会）が2013年に実施した有権者調査では，団体非加入率は21.4％であり，明るい選挙推進協会の調査結果よりも低い結果となった。ワーディングなどの調査手法の違いが影響したものと考えられる。もっとも，世代別にみると20-24歳49.2％，25-29歳54.2％，30-39歳25.7％，40-49歳22.2％，50-59歳15.8％，60-69歳14.2％，70-79歳9.7％，80歳以上9.8％であり，若年層の加入率が低いという点は共通する。
3) 団体加入の質問は「あなたは，ここにあげる(A)～(P)のような団体にメンバーとして加入していますか。また，加入してみたいと思いますか」，活動参加の質問は「加入しているかどうかは別として，あなたはこのような団体の活動に参加したことがありますか」である。回答選択肢は表1-3の注に示している。
　なお，本調査の概要は以下の通りである。標本抽出は層化3段無作為抽出法によった。調査地点を抽出した後，電子住宅地図に基づき4000世帯を抽出し，調査員が指定された世帯を訪問し，調査対象である20歳以上の方に調査を依頼した。調査は2013年12月に実施して1199人から回答を得た（回収率30.0％）。
4) このほか，日本では団体の保有する組織資源が他国に比べて少ないことも明らかになっている（Pekkanen 2006＝2008；辻中・崔・久保 2010）。
5) 2006年以降の市民団体における数値の低下は，ケース数の少なさ（N＝2）が反映している可能性があることを付記しておく。市民団体の1980年代半ば以降のケース数を記しておくと，24，25，45，85，2である。
6) 具体的には，「新しい公共管理（あるいは経営）（New Public Management: NPM）」と呼ばれる行政手法や，「新自由主義」と総称される政治経済思想の普及である。日本政府が1990年代後半から取り組んできた団体支援策も，このようなガバナンス観の転

換と軌を一にしている。そのため，新興の市民団体や福祉団体が法人格を取得したり支援策を受けたりする場合，NPM や新自由主義に合致する方向での活動を強いられる可能性が高い。外部からの資源調達は団体内のフリーライダー問題を解決しうるが，資源提供者に団体をコントロールする機会を与えることにつながる。とりわけ政府から支援を受ける場合，団体は NPM や新自由主義に基づく政策運営に動員される可能性が高い（仁平 2005）。現在，NPO のアカウンタビリティ（説明責任）やディスクロージャー（情報開示）を求める論調が強まっているが，この動きは NPM や新自由主義が拡がる中に位置づけることで了解できる。
7) 心理学者の新井洋輔は，首都圏の NPO 法人に対して 2009 年に郵送調査を行い（400団体，回収率 28％），次の諸点を発見している（新井 2010）。①7 割がリーダーの交代を経験していない，②7 割がリーダー交代時の引き継ぎ内容を検討していない，③9 割がリーダー交代時期に関する明確なルールをもっていない。新井の次の言及は，当該領域における団体の今後を考えるうえで示唆的である。「NPO 法成立から 10 年が経過した現在，主婦層や退職者が中心となって設立された NPO 団体には，運営の中心メンバーの交代時期に来ている団体も多いと思われる〔中略〕。インフォーマルに構成される NPO 団体では，設立メンバーに代わるようなリーダーシップに長けた人物が必ずしもいるとは限らない。スキル継承過程の検討と，円滑な継承方略の発見は，集団の継続と発展にとって極めて重要な課題であると考えられる」。2008 年に創設された一般法人制度を活用する各種の団体も，近い将来世代交代問題に直面することになるだろう。
8) 1980 年代の後半から，ある部分での規制緩和と再規制が同時に進行することが，電気通信（村松 1988）や金融（真渕 1991; 1995）といった分野で指摘されてきた。さらに近年は，労働，教育，福祉分野でも指摘されている（五十嵐 2008; 高山 2009; 須田 2011; 森 2012）。また，タクシー産業（秋吉 2012）貸金業（上川 2012），木造建築，自動車，電気用品（村上 2016）といった分野でも事例研究が積み重ねられている。
9) Tsujinaka, Ahmed, and Kobashi（2013）では，東京，ソウル，マニラ，ダッカという 4 都市の比較分析を行い，東京では他の 3 都市に比べて，規制的な行政手法と協働的な行政手法を組み合わせて用いていることが指摘されている。

引用・参考文献

秋吉貴雄 2012「規制緩和と利益団体政治の変容」『年報政治学 2012-Ⅱ 現代日本の団体政治』木鐸社，110-133 頁。
新井洋輔 2010「NPO 団体におけるスキル継承過程の検討」科学研究費補助金研究成果報告書（https://kaken.nii.ac.jp/ja/file/KAKENHI-PROJECT-19730383/19730383seika.pdf 2014 年 1 月 16 日閲覧）。
五十嵐仁 2008『労働再規制──反転の構図を読みとく』筑摩書房。
上川龍之進 2012「高金利引き下げ運動にみる大企業と市民団体の影響力」『年報政治学 2012-Ⅱ 現代日本の団体政治』木鐸社，134-155 頁。
須田木綿子 2011『対人サービスの民営化──行政 - 営利 - 非営利の境界線』東信堂。
高山敬太 2009「比較教育学への批判的アプローチ──グローバルな抵抗のネットワークの構築に向けて」マイケル・W・アップル＝ジェフ・ウィッティ＝長尾彰夫編『批判的教育学と公教育の再生──格差を広げる新自由主義改革を問い直す』明石書店，117-146 頁。

辻中豊 1988『利益集団』(現代政治学叢書 14) 東京大学出版会。
辻中豊編 2002『現代日本の市民社会・利益団体』(現代世界の市民社会・利益団体研究叢書Ⅰ) 木鐸社。
辻中豊 2006「2 大政党制の圧力団体的基礎」村松岐夫・久米郁男編『日本政治 変動の 30 年——政治家・官僚・団体調査に見る構造変容』東洋経済新報社, 299-323 頁。
辻中豊編 2013『第四次　団体に関する調査　コードブック』筑波大学国際比較日本研究センター。
辻中豊・崔宰栄 2002「歴史的形成」辻中豊編『現代日本の市民社会・利益団体』(現代世界の市民社会・利益団体研究叢書Ⅰ) 木鐸社, 255-296 頁。
辻中豊・崔宰栄・久保慶明 2010「日本の団体分布とリソース——国家間比較と国内地域間比較から」辻中豊・森裕城編『現代社会集団の政治機能——利益団体と市民社会』木鐸社, 65-89 頁。
辻中豊＝ロバート・ペッカネン＝山本英弘 2009『現代日本の自治会・町内会——第 1 回全国調査にみる自治力・ネットワーク・ガバナンス』木鐸社。
辻中豊・森裕城編 2010『現代社会集団の政治機能——利益団体と市民社会』(現代市民社会叢書 2) 木鐸社。
辻中豊・山本英弘・久保慶明 2010「日本における団体の形成と存立」辻中豊・森裕城編『現代社会集団の政治機能——利益団体と市民社会』(現代市民社会叢書 2) 木鐸社, 33-64 頁。
仁平典宏 2005「ボランティア活動とネオリベラリズムの共振問題を再考する」『社会学評論』56 巻 2 号, 485-499 頁。
丹羽功 1996「利益団体の組織分析——アメリカ政治学における理論の展開」(一) (二・完)『法学論叢』137 巻 6 号・139 巻 3 号, 46-66 頁・70-90 頁。
濱本真輔 2010「政党－団体関係における地域偏差とその意味——47 都道府県別のデータ分析から」辻中豊・森裕城編『現代社会集団の政治機能——利益団体と市民社会』(現代市民社会叢書 2) 木鐸社, 195-214 頁。
濱本真輔 2012「政権交代の団体—政党関係への影響——2 つの比較による検証」『年報政治学 2012-Ⅱ　現代日本の団体政治』木鐸社, 65-87 頁。
真渕勝 1991「金融行政の変化——脱規制と法制化」『季刊行政管理研究』53 号, 17-31 頁。
真渕勝 1995「規制緩和のパラドクス——政治経済学的考察」『国際問題』424 号, 2-13 頁。
村上裕一 2016『規制基準と官僚制——変容する規制空間の中で』岩波書店。
村松岐夫 1988「民営化・規制緩和と再規制の構造——電気通信政策の変化」『レヴァイアサン』2 号, 118-135 頁。
村松岐夫 1994『日本の行政——活動型官僚制の変貌』中央公論新社。
村松岐夫 2010『政官スクラム型リーダーシップの崩壊』東洋経済新報社。
村松岐夫・伊藤光利・辻中豊 1986『戦後日本の圧力団体』東洋経済新報社。
森裕城 2003「利益団体」平野浩・河野勝編『アクセス日本政治論』日本経済評論社, 96-115 頁。
森裕城 2010a「団体－行政関係の諸相——国との関係を中心として」辻中豊・森裕城編 2010『現代社会集団の政治機能——利益団体と市民社会』木鐸社, 135-155 頁。
森裕城 2010b「政権交代前夜における団体—政党関係の諸相——弱体化しながらも持続していた自民党一党優位の構造」辻中豊・森裕城編 2010『現代社会集団の政治機能——利益団体と市民社会』(現代市民社会叢書 2) 木鐸社, 180-194 頁。
森裕城 2012「新自由主義的教育改革の政治過程とその分析視角」『年報政治学 2012-Ⅱ　現代日本の団体政治』木鐸社, 42-64 頁。

第1章　圧力団体政治の前段階

Bentley, Arthur F. 1908, *The Process of Government: A Study of Social Pressures*, The Belknap Press of Harvard University Press（喜多靖郎・上林良一訳 1994『統治過程論——社会圧力の研究』法律文化社）.

King, David C. and Jack L. Walker, Jr. 1991, "The Origins and Maintenance of Groups," in Jack L. Walker, Jr., *Mobilizing Interest Groups in America: Patrons, Professions, and Social Movements*, University of Michigan Press: 75-102.

Lowi, Theodore J. 1979, *The End of Liberalism: The Second Republic of the United States*, Norton（村松岐夫監訳 1981『自由主義の終焉——現代政府の問題性』木鐸社）.

Olson, Mancur, Jr. 1965, *The Logic of Collective Action: Public Goods and the Theory of Groups*, Harvard University Press（依田博・森脇俊雅訳 1983『集合行為論——公共財と集団理論』ミネルヴァ書房）.

Pekkanen, Robert 2006, *Japan's Dual Civil Society: Members Without Advocates*, Stanford University Press（佐々田博教訳 2008『日本における市民社会の二重構造——政策提言なきメンバー達』木鐸社）.

Salamon, Lester M. 1994, "The Rise of the Nonprofit Sector," *Foreign Affairs*, 73(4): 109-122.

Salisbury, Robert H. 1969, "An Exchange Theory of Interest Groups," *Midwest Journal of Political Science*, 13(1): 1-32.

Truman, David B. 1951, *The Governmental Process: Political Interests and Public Opinion*, Knopf.

Tsujinaka, Yutaka, Shakil Ahmed, and Yohei Kobashi 2013, "Constructing Co-governance between Government and Civil Society: An Institutional Approach to Collaboration," *Public Organization Review*, 13(4): 411-426.

Walker, Jack L. 1983, "The Origins and Maintenance of Interest Groups in America," *American Political Science Review*, 77(2): 390-406.

第2章

圧力団体調査の対象確定方法
参院選,国会,審議会に注目して

久保 慶明

1 どの団体を調査対象とするか

　本章では,第4次圧力団体調査の対象確定方法を示すとともに,その情報を他の調査データと比較することによって,本データがどのような特性をもつのかを検討する。

　もともと圧力団体調査は,高級官僚調査,国会議員調査とともに政策アクター調査の一環として始まった。政策アクター調査の関心は,「権力の所在と権力の行使の仕方,諸政策アクターの相互作用がつくり出す政治過程を分析すること」(村松・久米編 2006:8)にあった。特に圧力団体調査の特徴は,国家とりわけ官僚制を中心とした研究に比べて,社会の側からアプローチする点にあった(村松・伊藤・辻中 1986:273-274)。

　ここで決定的に重要なことは,日常的に高級官僚や国会議員と接触しうる全国的な団体を,どのように選ぶかである。いかなる社会調査においても,その分析や解釈は調査データの取得方法を踏まえて行われなければならない。圧力

団体調査の場合，この社会に自ら圧力団体であると称する団体が存在しない以上，調査者がどのような団体を圧力団体とみなして調査を行ったのか，という情報が必要である。

第1次調査は評判法を採用し，約450団体を対象とした。まず，1976-77年に実施された官僚調査（村松 1981）において，各省庁の関係団体として名前のあがった団体を対象とした。次に，『朝日年鑑』と『全国各種団体名鑑』の中から，新聞の政治ニュースに登場する団体名を拾い出した。[1] さらに，必ずしも新聞ニュースになることは多くないものの，著名な業界関係団体なども追加した（村松・伊藤・辻中 1986: 25）。要するに，官僚，団体専門家，マスメディア，政治学者（調査者）がもつ情報に依拠したのである。

このような評判法は，外部からうかがいしることのできない情報を得ることを可能にする。そのため，アメリカやドイツのようにロビイストの登録制度がない日本において，圧力団体調査を実施するための有効な方法の一つであることは間違いない。しかし，得られた調査データを解釈する際には，対象団体を選定した官僚，団体専門家，マスメディア，政治学者（調査者）の恣意性の疑念がつきまとうことになる。

第2次調査と第3次調査においても，第1次調査の方法を概ね踏襲した。ただし，第3次調査では調査データの代表性を高めるために，新たに2つの試みを行った。一つは1994年から2002年にかけて国会公聴会に出席した団体を対象としたこと，もう一つはシンクタンクや国際的な非政府組織（NGO）などを対象としたことである（村松・久米編 2006: 350-351）。

この発想を，第4次調査では全面的に採用した。すなわち，国会だけでなく，選挙や審議会といった制度化された働きかけの場に登場する団体をリスト化した。それにより，調査データの恣意性を可能な限り排除しつつ，新たに参入した団体を調査対象に含めることをめざした。さらに，対象団体リストそのものが，調査時期の政治状況を理解するうえで有用なデータとなるよう工夫した。

以下では，第2節で対象団体の確定方法を解説した後，第3節では回答団体データがどのような特性をもつのかを，第4次調査の対象団体，第1次から第3次調査までの対象団体，JIGS2調査の対象団体との比較から検討する。第4節では対象団体リストをもとに2009年の政権交代の影響を検討する。以上を

通じて，第3章以下の分析へ向けた基礎的な情報を提供することが本章の課題である。

2 調査対象団体の確定方法[2]

表2-1に示したのが，対象団体を確定するために用いた資料である。具体的な情報については，章末の参考資料リストにまとめている。確定方法を順に説明していこう。

基本方針

まず，3つの基本方針に基づいて調査対象団体を確定することにした。第1に，制度化された働きかけの場への参入団体をリスト化する。第2に，継続調査であるという点に鑑みて，団体の解散や統合の有無を確認したうえで対象に加える。第3に，以上の過程で含まれない団体でも，対象とすべき理由が明確な場合には調査者の判断で追加する。

ここで「制度化された働きかけの場」とは，①国会議員を選出する国政選挙，②立法機関である国会，③行政機関に設置された審議会等の3つを指す[3]。これらに関係する団体の情報を収集し，すべて対象とした。その際，2009年の政権交代前と後の時期を両方対象として，第4次調査だけでも政権交代前後の変化を観察できる設計とした。

なお，2009年の政権交代によって大きな変化を遂げた審議会が，政府税制調査会（政府税調）であった。政権交代前の政府税調には各種団体も委員を派遣していたが，政権交代後の政府税調のメンバーは国会議員だけとなり，専門家小委員会も学識者だけがメンバーとなった。そこで，政権交代後の税制改正過程に関与する団体を把握するため，政府税調等でヒアリング対象となった団体の情報も収集することとした。

団体の選択に際しては，以下の方針をとった。第1に，原則として，財団法人，社団法人，その他の団体，連合会，協議会などを対象とする。株式会社，

表 2-1　対象を確定するための資料

項目	時期	資料
参議院議員選挙推薦・経歴関係	2007 年参議院議員通常選挙 2010 年参議院議員通常選挙	『朝日新聞』関連記事 『日本経済新聞』関連記事 『国会便覧』(日本政経新聞社)各号
国会出席(公述人・参考人・証人) 審議会等委員派遣	2007 年 9 月 1 日〜11 年 8 月 31 日 2008 年, 2010 年	『国会会議録』検索システム 『審議会総覧』(2008 年度) 『審議会総覧』(2010 年度)
税制改正要望提出	2010(平成 22)年税制改正要望	各省政策会議ウェブサイト
第 1〜3 次調査の回答団体	1980 年, 1994 年, 2002-3 年	村松 2010：資料 2　団体調査の対象リスト
その他	—	調査者の判断

［出所］　久保（2013: 6）をもとに筆者作成。

有限会社，特殊法人，独立行政法人，地方共同法人，学会，原告団（ただし弁護団は含む），企業別労働組合は除外する。第 2 に，団体の研究所などの場合は団体本体（例えば，結核予防会結核研究所の場合は結核予防会）を対象とする。特殊法人や株式会社傘下の財団法人等はそのまま対象とする（例えば，NHK 放送研修センター）。第 3 に，特定地域を対象として活動する団体のうち，全国団体がある場合には全国団体を対象とする。全国団体がない場合には，全国規模で活動していると考えられる団体でない限り，除外する。

情報収集に用いた資料

参議院議員通常選挙（参院選）関係の団体は，『朝日新聞』と『日本経済新聞』の記事，および，日本政経新聞社『国会便覧』を用いて把握した。2007 年と 2010 年の参院選を対象として，政党や候補者を推薦・支持・支援（以下，支持と総称）し，かつ，全国規模で活動する団体を調べた。その際，候補者や議員の経歴に登場する団体も含めた。そこに記載されていること自体，団体と利害を共有していることを示すと考えられるためである。

国会への出席団体は，国会会議録の検索システムから把握した。2007 年 9 月 1 日から 2011 年 8 月 31 日までの 4 年間を対象として，衆議院と参議院それぞれの本会議あるいは委員会で，公述人・参考人・証人となった団体を調査した。地方公聴会に出席した団体も含めた。

審議会等の委員は，2008年度と2010年度の『審議会総覧』を用いて把握した。私的諮問機関は，メンバーの情報を網羅的に把握できないため，対象から除外した。この点，本調査では公式度の高い審議会等に限定したものといえる。政府税調ならびに各省政策会議でヒアリング対象となった団体の情報も収集した[4]。

なお，公正取引委員会，国家公安委員会・警察庁には，正式な審議会等が存在しない。これらの機関については，各機関のウェブサイトで把握できる諮問機関の情報を基に団体を追加した。また，厳密にいえば政府機関ではないが，組織形態と業務内容に鑑みて日本銀行も対象に含める必要があると判断し，ウェブサイトから情報を収集した。

調査者の判断による対象団体の追加

以上の作業によって480団体をリスト化した[5]。この480団体と過去の圧力団体調査の対象を照合したところ，480団体に含まれていない団体が190団体あった。継続調査であるという点に鑑みて，この190団体も調査対象に加えた。ここまでで670団体となった。

さらに，この670団体に含まれていないものの，調査対象に含まれるべきと我々が考えた，日本生産性本部，新しい日本をつくる国民会議（21世紀臨調），日本財団，日本会議，言論NPOという5つの団体を加えた。日本生産性本部は，産業界を中心に労働など各界の組織が活動する団体である。21世紀臨調は，日本生産性本部に事務局を置きながら，1990年代以降の政治改革を推進してきた政治団体である。日本財団は，財政規模が300億円を超える日本有数の財団である。日本会議は，100名を超える国会議員を会員に抱える政治団体である。言論NPOは，民主主義と市民社会の強化を活動目的とする認定NPO法人である。

以上により，最終的に第4次調査の対象は675団体となった。この675団体を以下では「対象団体」と呼ぶ。実際の調査は2012年5～8月に，面接法と留置法を併用して行った。その結果，44.1％に当たる298団体から回答を得ることができた。この298団体を以下では「回答団体」と呼ぶ。ただし，そのうち17団体は留置調査が欠票となった。

3　回答団体の特性

　回答団体データはどのような特性をもっているのだろうか。対象団体リスト，過去の回答団体，JIGS調査回答団体という3つのデータとの比較を通じて検討していこう。

対象団体との比較
　表2-2は，対象団体を選ぶ際に依拠した情報源に登場するか否かを基に，パターン化したものである。例えば，すべての情報源に登場する，すなわち「○○○○」となっている団体（対象団体0.7%，5団体）は，参院選に関与し，国会で発言し，審議会に委員を送り，税制改正への要望を提出している団体である[6]。この表で各パターンにおける対象団体と回答団体の構成比を比べると，ほとんど変わらないことがわかる。
　団体選定理由ごとのパターンをみておこう。対象団体の構成比でみると，最も多いのはいずれも該当しない団体（××××。過去からの継続調査団体）である。これを除くと，審議会のみ（××○×）が26.1%，国会のみ（×○××）が15.9%となっている。多くの団体にとって，審議会と国会が働きかけの場となっていることがうかがえる。
　審議会総覧に登場する団体は270あった。延べ回数をみると，最多は日本経済団体連合会（経団連）の28回，これに日本労働組合総連合会（連合）の27回，主婦連合会（主婦連）の22回，日本医師会（日医）の20回，経済同友会の13回，日本公認会計士協会の12回が続く。このうち，連合，主婦連，日医，経済同友会からは回答を得ることができた。
　それに対して，国会会議録に登場する団体は170あった。最多は日本弁護士連合会（日弁連）の25回であり，経団連の15回，全国農業協同組合中央会（JA全中）の12回，連合の9回，電気事業連合会（電事連）の6回が続く。このうち，回答を得られたのは日弁連と連合であった。

表 2-2　対象団体選定理由ごとのパターン

参院選	国会	審議会	税制改正 (政権交代後)	構成比（％）対象団体	構成比（％）回答団体
○	○	○	○	0.7	0.7
○	○	○	×	0.3	0.7
○	○	×	○		
○	○	×	×	0.4	
○	×	○	○	0.3	
○	×	○	×	2.2	2.3
○	×	×	○		
○	×	×	×	4.6	5.0
×	○	○	○	1.8	1.7
×	○	○	×	5.3	5.0
×	○	×	○	0.7	
×	○	×	×	15.9	17.1
×	×	○	○	3.3	3.4
×	×	○	×	26.1	23.8
×	×	×	○	9.5	11.1
×	×	×	×	28.9	29.2
N				675	298

［出所］　筆者作成。

過去の圧力団体調査との比較

　次に，過去の圧力団体調査との間で，団体分類を比べてみよう。過去の調査では，団体を分類する指標として活動分野を重視していた。第1次調査では，農業団体，経済団体，労働団体，教育団体，行政関係団体，福祉団体，専門家団体，市民・政治団体，宗教団体の9つに分類した。JIGS調査でも，ほぼ同様の団体分類を用いてきた。ただし，両調査では分類の方法が異なる。JIGS調査では回答団体自身に分類を選択してもらっているのに対して，圧力団体調査では調査者が分類を行っている。第4次調査でも過去の圧力団体調査の方法を踏襲した。

　第1次調査（1980年）と第2次調査（1994年）を比べると，いずれの団体分類でもほぼ同様の割合となっていた。経済・業界団体と労働団体で半数を占めていることが特徴的であった。それらに対して，第3次調査（2002-03年）では農林水産業団体と労働団体の割合が低下し，その他の割合が上昇した。これは，NGO等の新興団体を含めた影響である。さらに，第4次調査（2012年）では，

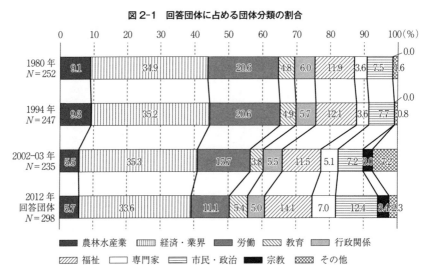

図2-1 回答団体に占める団体分類の割合

[出所] 辻中・久保（2014: 8）。

労働団体の割合が低下し，市民・政治団体や福祉団体の割合が上昇した。第1次調査に比べると，生産セクターの割合が低下し，非営利セクターの割合が上昇した。

　このような分布となった理由は2つある。一つは，対象確定方法の変化である。第1次調査と第2次調査では，各種団体名簿を基にしながら，政策アクター研究会のメンバーが対象とすべきかどうかを判断していた。それに対して，第3次調査では国会公聴会出席団体数等を新たに加え，第4次調査では表2-1で示した各種資料を活用した。もう一つは，社会における団体構成比の変化である。第1章で論じたように，近年，サービス提供を目的とする福祉団体や市民団体が増加している。その動きが圧力団体調査データにも反映された可能性がある。

　なお，表2-3に示しているように，第4次調査における対象団体と回答団体を比べると，回答団体では農林水産業団体の割合がやや低く，労働団体の割合がやや高い。解釈にあたって留意しなければならない点である。

第 2 章　圧力団体調査の対象確定方法

表 2-3　団体分類の構成比　　　　　　[単位：%]

	第 4 次圧力団体調査		JIGS2	
	対象団体	回答団体	その他含む	その他除く
農林水産業団体	8.9	5.7	17.8	20.4
経済・業界団体	32.6	33.6	25.6	29.3
労働団体	8.1	11.1	7.6	8.7
教育団体	4.7	5.4	3.6	4.2
行政関係団体	4.7	5.0	5.4	6.2
福祉団体	13.8	14.1	7.5	8.6
専門家団体	6.7	7.0	5.5	6.3
市民・政治団体	13.3	12.4	6.7	7.6
宗教団体	3.1	3.4	0.9	1.0
その他	4.0	2.3	19.4	
N	675	298	15,625	13,640

[出所]　筆者作成。

JIGS 調査との比較

　圧力団体調査と JIGS 調査データを比べてみよう。表 2-3 には全国調査であった JIGS2 調査（2006-07 年）の結果も示している。団体分類の内訳をみると，調査者が分類した圧力団体調査に比べて，回答団体自身が選んだ JIGS2 調査では「その他」の割合が非常に多い[7)]。そこで表 2-3 には「その他」を含まない割合も併記している。これをみると，JIGS2 調査よりも圧力団体調査のほうが，農林水産業団体の割合が低く，逆に，福祉団体や市民・政治団体の割合が高いことがわかる。

　その理由としては 2 つが考えられる。一つは，組織の統合度の違いである。農林水産業団体は組織の統合度が高いのに対して，福祉団体や市民・政治団体は統合度が低く，全国レベルでもさまざまな分野の団体が活動しているものと推察される。もう一つは，代表性のバイアスである。農林水産業団体が国会や審議会に接触しにくいのに対して，福祉団体や市民・政治団体は接触しやすいというものである。いずれにしても，福祉団体や市民・政治団体の割合が草の根レベルよりも高い点は注目される。

4 | 2009年政権交代に伴う変化

　最後に，母集団リストの作成過程で得られた情報を基に，2009年の政権交代に伴う変化があった団体を挙げておきたい。なお，紙幅の都合で法人名は省略している。

　参　院　選
　まず，2007年参院選と2010年参院選において，各党の候補者を支持した団体を比較してみよう。変化があった団体を列挙してみると，日医など政権交代への対応が話題になった団体名が散見される。
　まず，2007年には登場していたにもかかわらず，2010年に登場しなかった団体は以下の通りである。
　　JA全中，全国農業者農政運動組織連盟，全国土地改良政治連盟，全国漁業協同組合連合会（全漁協），全国商工会青年部連合会，日本青年会議所，全国建設業協会，道路運送経営研究会（日本トラック協会の政治団体），日本基幹産業労働組合連合会，日本在宅介護協会，日医，日本歯科医師会，日本歯科医師連盟（日本歯科医師会の政治団体），日本薬剤師連盟（日本薬剤師会の政治団体），日本看護協会，日本歯科技工士会，日本栄養士連盟，在日本大韓民国民団中央本部，神社本庁，浄土宗，浄土真宗本願寺派（西本願寺），新日本宗教団体連合会，日本民主青年同盟。
　次に，2007年には登場していなかったにもかかわらず，2010年に登場した団体は以下の通りである。
　　全国農協青年組織協議会，JAM，全日本鉄道労働組合総連合会，日本私鉄労働組合総連合会，日本郵政グループ労働組合，全国郵便局長会[8]，日本医師連盟（日医の政治団体），上方落語協会，部落解放同盟中央本部，日蓮宗，天台宗，幸福の科学。

国　会

　まず，政権交代前に国会へ出席していたにもかかわらず，政権交代後に出席していない団体は 89 ある。そのうち，政権交代前に 2 回以上国会で発言していた団体は以下の通りである。

　　　全国農業会議所，全国農業協同組合連合会，日本証券業協会，インターネット協会，日医，日本共済協会，全国交通事故遺族の会，移住労働者と連帯する全国ネットワーク，全国消費者団体連絡会，全国消費生活相談員協会，主婦連，自立生活サポートセンター・もやい，構想日本，環境エネルギー政策研究所，土壌環境センター，日本宗教連盟。

　次に，政権交代前に国会に出席していなかったにもかかわらず，政権交代後に国会に出席した団体は 56 ある。そのうち，政権交代後に 2 回以上国会で発言していた団体は以下の通りである。

　　　全漁協，原子力安全技術センター，海外コンサルティング企業協会，全国市長会，健康保険組合連合会，全国地方銀行協会，全国健康保険協会，千島歯舞諸島居住者連盟，被害者と司法を考える会。

　参院選への関与の変化に比べると，社会で注目が集まっている問題にかかわる団体の名前が多い。例えば，政権交代前であれば貧困に取り組む団体，政権交代後であれば福島第一原子力発電所事故にかかわりの強い団体である。他方で，日弁連，経団連，JA 全中，連合といった団体は，政権交代の前後を問わずに国会で発言している。

審　議　会

　審議会の数は，2008 年も 2010 年も 115 で変わっていない。そのため，委員数の増減はそのまま委員派遣審議会数の変化を表す。

　まず，政権交代前から政権交代後にかけて，委員数が減少した団体は 62 ある。そのうち，複数の審議会で委員が不在となった団体は以下の通りである。

　　　全漁協，経団連，日本建設業連合会（日建連），日本化学工業協会，全国社会福祉協議会，日本公認会計士協会，消費科学連合会，全国地域婦人団体連絡協議会。

　次に，政権交代前から政権交代後にかけて，委員の数が増加した団体は 103

ある。そのうち，複数の審議会に委員を新たに送るようになった団体は以下の通りである。

　　中央漁業操業安全協会，経済同友会，関西経済連合会，電事連，全国銀行協会，日本損害保険協会，全国中小企業団体中央会，連合，自治体国際化協会，日医，全国社会保険労務士会連合会，主婦連，日本生活協同組合連合会，全国消費生活相談員協会，共同通信社，UTMS協会。

経団連や日建連など，自民党に近い団体が委員数を減らしているのに対して，連合など民主党に近い団体が委員数を増やしているのが印象的である。

以上をまとめると，参院選，国会，審議会いずれにおいても，2009年の政権交代に伴う変化があったことを読み取れる。ただし，こうした変化が政権交代に起因するものか否かは慎重な検討を要する。なぜなら，この間に2011年の東日本大震災と福島第一原子力発電所事故等も発生したからである。本章ではリストから得られた知見を列挙しておくにとどめ，詳細な分析は第3章以降の課題としておきたい。

注

1) 『朝日年鑑』は朝日新聞社が刊行していたが，2000年を最後に休刊となった。『全国各種団体名鑑』の刊行元は，1994年までは全国各種団体連合会，2008年までは株式会社シバ，2009年からは原書房である。
2) 本章の第2節と第3節は，久保（2013），辻中・久保（2014）の記述を利用したものである。
3) このほかにも，④司法機関である裁判所，⑤政治権力の動向を監視するマスメディア，⑥政党の政策機関，⑦予算編成過程への要望提出団体も検討した。このうち，④と⑤は接触可能性が低いという理由で除外した。⑥政党の政策機関は与野党にまたがって複数存在する政党をすべて網羅するデータがないため，⑦予算編成過程への要望提出団体は公開されたデータがないため，断念した。
4) 2009年の政権交代後，民主党は政策調査会を廃止して府省庁ごとに政策会議を設けた。2009年末に行われた平成22年度税制改正大綱の決定過程では，政策会議でヒアリングの対象となった団体が多い。本章末に掲げたように，政策会議の記録がウェブサイトで公開されていたため，対象団体を把握することができた。平成22年時点の情報が入手できるものは平成22年分を，入手できない場合には平成21年時点の情報を，どちらも利用できない場合には平成23年時点の情報を使用した。
5) 当初の情報収集段階で対象となった団体のうち「四病院団体協議会」は，調査準備段階において，日本病院会，日本精神科病院協会，日本医療法人協会，全日本病院協会の

第 2 章　圧力団体調査の対象確定方法

4 団体の連合体であり，専任の事務局をもたないことが判明した。この時点で調査対象に含まれていなかった日本病院会，日本精神科病院協会，日本医療法人協会を新たに追加し，480 団体とした。
6）　5 団体とは，全国農業協同組合中央会，全国漁業協同組合連合会，日本労働組合総連合会，日本医師会，全国知事会である。
7）　この中には，圧力団体調査にない分類である，学術・文化団体と趣味・スポーツ団体も含まれている。
8）　個別企業の労働組合ではあるが，過去 3 回の圧力団体調査すべてに回答していた全日本郵政労働組合の後継とみなせるため，対象に含めた。

引用・参考文献

久保慶明 2013「調査の内容と方法」辻中豊編『平成 23-24 年度　団体に関する調査　結果報告書（速報値）』筑波大学，5-7 頁。
辻中豊・久保慶明 2014「調査の設計と実施」辻中豊編『第四次　団体に関する調査　報告書』筑波大学，1-13 頁。
村松岐夫 1981『戦後日本の官僚制』東洋経済新報社。
村松岐夫 2010『政官スクラム型リーダーシップの崩壊』東洋経済新報社。
村松岐夫・伊藤光利・辻中豊 1986『戦後日本の圧力団体』東洋経済新報社。
村松岐夫・久米郁男編 2006『日本政治　変動の 30 年 ―― 政治家・官僚・団体調査に見る構造変容』東洋経済新報社。

参考資料（URL はすべて 2011 年 12 月 26 日時点）

＊参議院議員選挙関係
　『朝日新聞』
　『日本経済新聞』
　日本政経新聞社『国会便覧』平成 21 年新版，平成 23 年新版
＊国会関係
　会議録検索システム（http://kokkai.ndl.go.jp/）
＊審議会等関係
　『審議会総覧』平成 20 年度，平成 22 年度。
　公正取引委員会：第 14 期独占禁止懇話会会員（http://www.jftc.go.jp/kenkyukai/dk-kondan/kaiin.html）
　国家公安委員会・警察庁：審議会等台帳（http://www.npa.go.jp/syokai/soumu2/shingikaitoudaichou.pdf）
　日本銀行：ウェブサイト掲載「業界団体」（http://www.boj.or.jp/about/link/etc.htm/）
＊税制改正関係
　政府税制調査会（平成 22 年度第 5 回，第 6 回）（http://www.cao.go.jp/zei-cho/gijiroku/zeicho/index.html）
　政府税制調査会　納税環境整備小委員会（平成 22 年第 3 回，第 4 回）（http://www.cao.go.jp/zei-cho/gijiroku/sennouzei/index.html）
　総務省：政策会議（平成 21 年 10 月 27 日）（http://www.soumu.go.jp/main_content/000042981.pdf）

法務省：政策会議（平成 21 年 10 月 27 日）（http://www.moj.go.jp/content/000009584.pdf）
外務省：該当資料なし
財務省：政策会議（平成 21 年 10 月 23 日）（http://warp.ndl.go.jp/info:ndljp/pid/1022127/www.mof.go.jp/jouhou/seisakukaigi/20091023.pdf）
文部科学省：政策会議（平成 21 年 10 月 21 日）配布資料 3-1（http://www.mext.go.jp/b_menu/seisakukaigi/syousai/siryo/1290168.htm）
厚生労働省：民主党厚生労働部門会議（平成 23 年 9 月 21 日）（http://onozuka.jp/）（小野塚勝俊衆議院議員ウェブサイト 2011 年 9 月 21 日，22 日付記事より）
農林水産省：政策会議（平成 21 年 10 月 22 日）（http://www.maff.go.jp/j/kanbo/kihyo01/seisaku_kaigi/index.html）
経済産業省：税制改正要望ヒアリング（平成 22 年 8 月 3-5 日）（http://www.meti.go.jp/topic/data/100730a01j.html）
国土交通省：第 3 回政策会議（平成 21 年 10 月 27 日）（http://www.mlit.go.jp/common/000051619.pdf）
環境省：該当資料なし
防衛省：該当資料なし
内閣府：民主党内閣部門会議（平成 23 年 9 月 27 日）（http://naikaku.tamuken.net/home/20110927）（田村謙治衆議院議員公式ウェブサイトより）
金融庁：該当資料なし

i) 第 3 回（10 月 13 日）の政策会議においてのみ税制改正が議題となったが，団体からのヒアリングを行った事実は記録されていない（http://www.mofa.go.jp/mofaj/gaiko/seisakukaigi/index.html）。

ii) 2009 年度の政策会議では，第 2 回（10 月 19 日），第 4 回（12 月 3 日），第 6 回（12 月 28 日）において税制改正が議題となった。しかし，いずれにおいても関係団体からヒアリングを行った事実を確認できなかった（http://www.mhlw.go.jp/seisakunitsuite/seisakukaigi/）。

　なお，第 4 回政策会議の議事要旨において，次のようなやりとりが記録されている。出席議員「社会保険診療報酬の消費税の見直しについては，現場から要望が多い。速やかに検討することとしていただきたい。また，税制改正全体について，他省庁の政策会議では何度か議論があったが，厚労省は結果報告だけでプロセスに我々が参加することがなかった。今後はよろしくお願いしたい」。厚生労働省側「確かに，団体からのヒアリングの段階から政策会議を開催するなど各省庁によって対応が様々であった。御意見は来年度の作業で生かしていきたい。今国会で厚労委に付託されている議題の重要性を考えると，税制改正要望について政策会議で全体ヒアリングをやるだけの物理的な余裕がなかったため，苦渋の決断でインターネットでの要望公募と団体からの要望書募集を行ったところ。御指摘は来年度の作業に関する重要なご示唆として受け止めさせていただきたい」。

iii) 2010 年 7 月 29 日に行われた田村謙治金融政務官の記者会見からは，税制改正要望に際して関連団体からのヒアリングを行ったことがうかがえる。ただ，その記録を手に入れることができなかった。「……税制改正要望に係る意見募集を行いました。これは，意見の公募期間は 6 月 22 日から 7 月 12 日まででありまして，個人や団体など合わせて

第 2 章 圧力団体調査の対象確定方法

49 の者から,合計 201 件の意見提出をいただきました。そして,その中で主な団体につきましては,政務,副大臣と私がヒアリングをしようと考えています。今のところ 11 団体を一大体,業界団体が多いと思いますが,業界団体をはじめとする団体からヒアリングを 8 月 2 日と 3 日に行います」。田村大臣政務官記者会見の概要(平成 22 年 7 月 29 日(木)14 時 58 分〜15 時 18 分。場所:金融庁会見室)(http://www.fsa.go.jp/common/conference/parliamentary_secretary/2010b/20100729.html)。

第3章

社会過程における圧力団体

形成・リソース・団体間関係

山本 英弘

1 社会過程における団体

　圧力団体は社会の中に存在する利益を政治過程へと反映させる機能を果たしている。このような観点から団体をとらえるときに，まずは社会における諸利益がどのようにして団体へと集約されるのか，団体の活動基盤であるリソースはどのように分布しているのか，どのような利害をめぐって団体間の協力あるいは対立が生じているのかといった諸点を確認しておく必要があるだろう。このような社会過程における団体の様相は，政治過程における活動の基礎をなしている。

　もっとも，近年の社会状況は団体にとってあまり好ましいものではない。パットナムの *Bowling Alone*（2000＝2006）は社会関係資本の代表的著作として有名であるが，そのタイトルに表れているように，アメリカにおける社会関係資本の衰退を主題としている。スコチポル（2003＝2007）も，アメリカにおける自発的結社への参加が衰退し，もっぱらワシントンD.C.におけるロビイス

トの活動が中心となっている状況を指摘している。

　日本の団体についても同様に衰退の傾向が示唆されている。辻中・山本・久保（2010）は，1990年代以降，さまざまな団体の財政規模が縮小するとともに，団体参加率が低下していることを示している。森・久保（2014）においても，団体加入率が低下傾向にあり，とりわけ若い世代の団体加入率が低いこと，実質的な活動参加率はさらに低いことなどが示されており，日本における急速な脱組織化が指摘されている。

　個別の領域の団体においても，例えば，労働組合については，組織率（雇用労働者に占める組合員数の割合）の低下ばかりでなく，1995年以降は労働組合員数自体が減少している（中村 2005）。また，農業団体についても，農業人口の減少と組織率の低下に伴い，種々のサービスを提供したりするための組織基盤が脆弱化していることが指摘されている（George Mulgan 2005）。

　このように，団体の活動を支える会員や資金といったリソースが縮小しており，足元が揺らいでいるようである。このことは，単に団体の活動量の減少だけでなく，団体にとって「外部」の拡大につながる（宮本 2016）。すなわち，利益政治の回路を通した利益分配が及ばない層が増大し，利益集団の「既得権」と未組織の利益との緊張関係や対立関係が強調されるようになる（宮本 2016: 21）。団体はもはや社会における利益を代表する存在だとは言えないのである。

　団体間の関係に目を向けてみよう。アメリカ政治の古典的研究では，個々の団体が自律的に活動し，利益をめぐって相互競争している多元的な状況が想定されてきた（Truman 1951）。これに対して，それ以降の研究では利益集約の低い組織が政策領域ごとに乱立している状況も指摘されてきた（Schattschneider 1960 = 1972; Lowi 1979 = 1981）。他方で，ヨーロッパを中心とするコーポラティズム論が提示するように，頂上団体と目される大規模団体が領域内の利益を一元的に集約し，代表する構造を一つのモデルとして考えることができる（Schmitter 1979 = 1984）。

　社会がいっそう複雑化し，多様な価値や利益が創出される現在，個々の団体の潜在的な利益を集約することはますます難しくなっているものと考えられる。しかしながら，グローバリゼーションとも相まった新たな社会状況の出現に伴

い，団体間の連携パターンが変化した可能性もある。例えば，TPP（環太平洋パートナーシップ協定）交渉への参加をめぐって，農業団体，医療系団体，消費者団体が反対の立場で一致したようにである。

本章では，以上の諸点についてのこれまでの研究動向を整理しつつ，相対的に政治的エリートに近い位置にある圧力団体の実態を示していく。必要に応じて，JIGS調査によってとらえられた社会レベルに存在するさまざまな団体との比較を交えながら，社会過程における団体世界を検討していきたい。

2 団体の形成過程

社会変動と団体形成

まずは，団体がそもそも社会の中でどのように形成されていくのかについて検討しよう。まずは，産業化や工業化といった社会変動による影響である（Truman 1951）。社会の複雑化に伴って専門分化が進み，それに伴って生じる多様な利益を代表するために団体が形成されるのである。新しい利益を代表する団体の増加などによって社会勢力間の均衡が崩れると，不利になった側の組織化が進み均衡が保たれる。こうして社会における団体は多様性を増しつつ増加していく。

日本の団体形成時期については，生産セクター団体を中心に，第二次世界大戦直後に形成された団体が最も多いという特徴が指摘されてきた（辻中・崔 2002; 辻中・山本・久保 2010）。図3-1は4時点の圧力団体調査における設立年を示しているが，いずれにおいても終戦直後に設立された団体が最も多い[1]。戦後の自由民主主義体制への転換という大きな社会変動によって，さまざまな団体が噴出し，日本の団体世界を形作っているようである。もっとも，その後も高度経済成長期（1955-70年代初頭），脱工業化などの社会変動を経るのだが，団体の噴出はみられない。

こうした日本の傾向は国際比較の観点から見ると特異である。JIGS調査にもとづく団体設立年の国際比較分析によると，多くの国において1990年代に

図 3-1　4 時点の圧力団体調査における団体設立年の推移

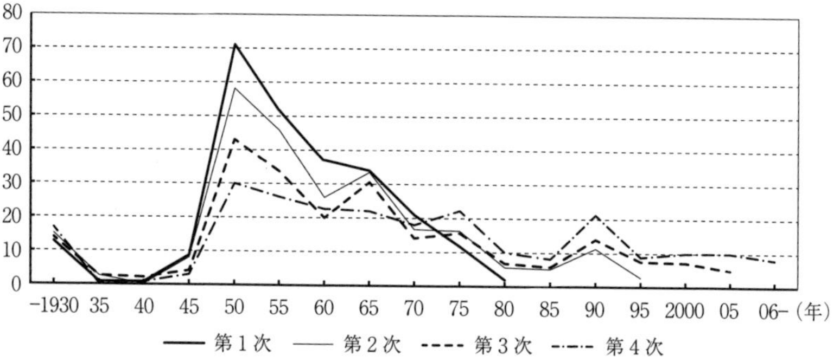

（グラフ：縦軸 0–80、横軸 -1930, 35, 40, 45, 50, 55, 60, 65, 70, 75, 80, 85, 90, 95, 2000, 05, 06-（年）、凡例：第1次、第2次、第3次、第4次）

［出所］　筆者作成。

設立された団体が多い[2]（辻中ほか 2007; 辻中・森 2009; 辻中・山本・久保 2010）。サラモン（1994）は，20 世紀後半に，国家の外部にあって公共的利益を追求する自己統治的な民間組織が増加することで国家と市民との関係が変容するというアソシエーション革命を示唆している。これは，ちょうど市民社会が注目を集め，公共サービスの供給主体の多元化が求められるようになった時期とも符合する。これに対して，日本の団体世界は主として戦後期に形成された団体から成っている。

もっとも，調査の時点を経るにつれ，終戦直後に設立した団体が減少していることがわかる。1946-50 年に設立した団体は，第 1 次調査では全体の 48.8%を占めていたのが，第 2 次調査では 42.1%，第 3 次調査では 34.1%，第 4 次調査では 23.8% である。代わりに，第 4 次調査では 1986-90 年に設立した団体が前後の時期と比べてやや目立つ（全体の 8.9%）。そして，これらの団体は福祉団体や市民・政治団体に多い。社会過程における多様な団体を対象に含めた JIGS 調査においても同様の傾向がみられることから（辻中・山本・久保 2010），日本においてもアソシエーション革命と呼応する形で公共サービスの担い手となる団体が増えていることをみてとることができる。

個人の団体参加

個々人の団体参加からのアプローチとして，オルソン（1965）は個人の団体

参加についてフリーライダーという問題を提起した。団体の活動から得られる集合的利益が非排除的であるならば、人々は自らが参加しなくても、他者の団体活動の成果としての集合的利益を享受することができる。また、皆が同様に考えて団体活動に参加しないならば、自分だけが参加しても成果をあげられないのでやはり参加しない。このように自己利益を追求する個人を想定すると、団体というものが存立しえないという帰結が得られる。

　以上のオルソンの議論は大きなインパクトを及ぼし、しばらくの間、団体研究の主たる関心が政治過程から集団の形成・維持をめぐる議論へと移行していくこととなる（Baumgartner and Leech 1998）。この問題に対するオルソン自身の解答は、参加者のみに供給される選択的誘因や参加の強制である。すなわち、参加者が個人的に得られる利益のために参加した副産物として集合的利益が得られるのである。また、集団規模が小さいほうが、フリーライダー問題が発生しにくい。ここから、特定の業界の利益（special interests）を追求するなど利害関係者の範囲が狭い小規模団体が形成される一方で、公共的利益や消費者全般など広範囲にわたる利益を代表する大規模団体が形成されにくいことが導かれる（Olson 1965=1983）。

　このほかの解答として、ソールズベリー（1969）は集団からより大きな利益を得る政治的起業家の存在を指摘する。また、ウォーカー（1983）は、フリーライダーは団体が存在しているうえでの問題であり、設立時においては外部からの支援が重要であることを主張する（Walker 1983; King and Walker 1991）。個人に着目したものとして、物質的誘因以外に連帯的誘因や目的的誘因に着目する議論（Wilson 1973; Knoke 1988）や、個々人が集合的利益の達成に対する自分の貢献を過大評価しているという議論（Moe 1980）などもみられる。ネットワークや信頼、互酬性規範に着目したソーシャル・キャピタル論もこうした解決策の一つに位置づけられるだろう（Putnam 2000=2006など）。

　日本の圧力団体についてはどうだろうか。第3次調査では、メンバーの加入動機について重要な順に3つまで回答する形式の質問がある[3]。これによると、最も重要な動機として一番多く挙げられていたのが公共利益の実現であり、26.4％（3つまでに回答が挙がったものが59.6％）である。続いて生活や権利の防衛が23.8％（同43.0％）である。ここから、公共的利益や領域内の非排除的利

益を加入動機とする団体が多くみられることがわかる。

個体群生態学アプローチ

マクロな社会変動とミクロな組織要因に加え，近年では団体の個体群（population）に注目するアプローチも用いられている（Gray and Lowery 2000; Nownes 2004; Lowery and Gray 2007; Halpin and Jordan eds. 2012）。これらは個体群生態学を援用し，リソース（メンバー，会費，支援者，政治的アクセスなど）をめぐって競合する類似した団体群の規模や密度が，団体の生成や生存／消滅に及ぼす影響を分析する。

例えば，あるイッシューについて新たに形成された団体群は利用可能なリソースに乏しいため，わずかな団体しか生き残ることができない。しかし，団体群がある程度成長するとリソースが豊富になり，新規の団体の生成が促される。これに対して，団体が増えすぎると，リソースをめぐる団体群内の競合が激しくなり，新規参入が減り，消滅する既存団体が増えていく。このように，個体群レベルの関係によって，団体の盛衰が規定されるのである。さらに，リソースの変化への対応の相違から，さまざまな団体群の分布が形成される。

個体群生態学と類似した発想による理論的なモデルとして，辻中（2002）が提唱した「統合空間ダイナミクスモデル」が挙げられる。このモデルは，団体の世界に動員されるべきリソースと，制度や政治権力によって規制される程度（言い換えれば，団体の自由の程度）によって，団体世界の規模が規定されるというものである。

残念ながら，日本の団体世界について組織生態学的アプローチを用いて分析した例や，それに適したデータは，管見の限りみられない[4]。しかし，団体の趨勢を長期的にとらえるうえでは興味深い課題である。

3 団体のリソース

団体のリソースを検討していこう。本章の冒頭でも述べたように，辻中・山

本・久保（2010）は，『民間非営利団体実態調査報告書』（内閣府経済社会研究所）をもとに，1990年代後半以降，さまざまな団体の財政が急激に縮小していることを示している。また，明るい選挙推進協会による衆議院議員総選挙時の世論調査をもとに，団体の加入率が長期にわたり低下傾向にあることを示している。これらのことから，団体の活動基盤の脆弱化が示唆される。そこで，4時点の圧力団体調査をもとに団体のリソースの推移を把握していく。

会員数

表3-1には，団体の会員数（加入単位，個人会員数，団体会員数）を示している。団体には，個人，団体（法人），あるいはその両方を単位として加入する場合がある。表3-1から，団体単位での加入が第1次調査で72.2%，第2次調査で73.5%から，第3次調査で61.3%，第4次調査では38.2%と大きく減少していることがわかる。それに代わって，個人・団体両方を加入単位とする団体が増えている。より政治過程に近い圧力団体においても，団体間の利益を集約する「団体の団体」という性格から，「個人の団体」へと変化していることがうかがえる。

続いて個人会員数をみていこう。会員数は，小さい値に度数が偏る右に歪んだ分布となっていることと，極端に大きな外れ値がみられることから，平均値ではなく四分位数を示している。第1次調査（中央値約3000人）から第2次調査（同9000人）にかけて会員数は増加しているが，第3次調査（同2000人），第4次調査（同600人）と大きく減少していることがみてとれる。団体単位で加入する団体が減少していることとあわせると，個人を単位とした加入者数の少ない小規模団体が増えていることが推察できる。

団体会員数についても同じく四分位数を示している。中央値は60団体程度であり，4時点で団体会員数はあまり変化していない。上位25%の大規模団体については，第1次調査で130団体なのに対し，第2次調査で189団体，第3次調査では246団体，第4次調査では199団体と多くなっている（第3次調査では特に多い）。

表 3-1　団体の会員数

	第1次	第2次	第3次	第4次
加入単位				
個人単位	14.7%	13.0%	13.3%	21.8%
個人・団体単位	12.3%	13.5%	25.3%	40.0%
団体（法人）単位	72.2%	73.5%	61.3%	38.2%
N	252	230	225	220
個人会員数（単位：人）				
下位25%	194	405	95	30
中央値50%	3,002	9,204	2,000	620
上位25%	51,530	50,527	27,525	13,888
N	62	62	77	136
団体会員数（単位：団体）				
下位25%	38	42	38	24
中央値50%	52	58	61	57
上位25%	130	189	246	199
N	220	208	185	172

［出所］　筆者作成。

表 3-2　団体の収入規模

	第1次	第2次	第3次	第4次
収入規模（単位：100万円）				
下位25%	12		124	105
中央値50%	135		440	375
上位25%	484		1,297	853
N	252		162	170
収入の類型				
会費（>50%）	53.2%		49.1%	39.7%
中間	37.3%		39.6%	23.9%
事業（>50%）	9.5%		11.3%	36.4%
N	252		159	184

［出所］　筆者作成。

収入規模

　続いて収入についてみていこう（表3-2）。収入規模も分布の偏りが大きいため，四分位数を示している（第2次調査では質問なし）。こちらは，第1次調査（中央値13500万円）と比べて，第3次調査（44000万円），第4次調査（37500万円）では大きく増加している。物価変動を考慮しなければならないだろうが，

30年前の第1次調査と比べると，団体の財政は潤沢だといえる[7]。

収入源については，大きく分けて会員からの会費と事業収入が考えられる。これらの占める割合をもとに会費型（会費収入が全体の50％より多い），事業型（事業収入が全体の50％より多い），中間型（会費，事業のいずれも50％を超えない）に分類した。すると，第1，3次調査においては会費型が50％程度を占めているのに対して，第4次調査では40％程度である。代わりに事業型が第1，3次調査では10％程度であるのに対して，第4次調査では36.4％と大きく増加している。ここから，会員の代表としての団体というよりも，事業を経営する主体としての団体という性格の変容をみてとることができる。

4 団体間関係

団体間関係の視座

冒頭でも述べたように，圧力団体の重要な機能が政治過程への利益表出だとすれば，そもそも社会過程においてどのような利益や価値が分布しているのかを把握することは重要な課題である。すなわち，各団体がどのような利益を代表しており，さらに，団体間で利害をめぐってどのような協力や対立が生じているのかを明らかにすることは，圧力団体の実態や機能をとらえるうえでも，社会における利害構造（社会的亀裂の構造）を把握するうえでも不可欠な作業である。

団体間の関係については，依って立つ理論的スタンスによってとらえ方が異なる。アメリカ政治学における多元主義的観点からは，個々の団体が自律的に活動し，利益をめぐって相互競争している状況が想定されてきた（Truman 1951）しかし，後続の研究ではこれを批判し，利益集約の低い組織が政策領域ごとに分立している状況が指摘されてきた（Schattschneider 1960 = 1972, Lowi 1979 = 1981）。

これに対して，ヨーロッパを中心とするコーポラティズム論では，各政策領域には頂上団体と呼ばれる中央組織が存在し，領域内の利益を集約しつつ，政

党や官僚といった政治的アクターとの調整が行われる（Schmitter 1974; Katzenstein 1984）。このモデルから政治過程をとらえる場合，政策領域内において頂上団体への集権化や集中化がどの程度進んでいるのかがポイントとなる（Schmitter 1974）。

日本の団体間関係については，村松・伊藤・辻中（1986）が第1次圧力団体調査をもとに，多元主義に比べると利益の統合度が高く，利益表出が構造化されている一方で，各領域内で競争・対立が相当程度存在し，コーポラティズム論が想定するほど頂上団体が強い統制力をもっていないことを示している（村松・伊藤・辻中 1986: 167）。

また，第1次調査では，自民党政権に系列化される団体（経済・業界団体や各種の政策受益団体）と，革新野党に系列化される団体（労働団体・市民団体）に大別される団体間関係のモデル（石田 1961; 村松 1981）に修正を迫るようないくつかの特徴を見出している（村松・伊藤・辻中 1986）。

第1に，民間系労働組合と大企業からなる経済団体とが協力的な関係にあるという「大企業労使連合」の存在である（村松・伊藤・辻中 1986; 伊藤 1988）。大企業においては労働団体が革新的な価値志向を示さず，重要争点において企業と連合している。

第2に，分配・再分配政策を求める政策受益団体とその削減を求める大企業労使連合との対立の存在である。自民党や中央省庁と親和的な団体にも利害対立が認められるため，一本に系列化することはできない。

このような団体間関係は1994年の第2次調査においても確認されている。大企業労使連合については，その基盤が弱化しているものの依然として維持されている。さらに，政策受益団体が地方政府の連合組織（全国知事会など地方六団体）の影響力を強く認識し協力を求めるという「地方政府・政策受益団体連合」が存在し，市場原理と再分配をめぐって大企業労使連合と対抗関係にある（伊藤 1995, 1996a, 1996b, 1997, 1998）。

2003-04年の第3次調査においても，上記の基本的な傾向が確認されている。しかし，大企業労使連合については，政府・行政の効率性重視という点では政策選好は一致しているものの，格差の是正など分配的な政策に対する選好に相違がみられる（丹羽 2006a, 2006b）。

第3章　社会過程における圧力団体

　以上のような研究動向をふまえつつ，第4次調査の結果をもとに，現代日本の圧力団体間関係の構図を示していきたい。2003-04年の第3次調査から2011年の第4次調査の間に，日本の政治や社会は小泉純一郎政権下での新自由主義的な構造改革，さらには2009年の民主党への政権交代という大きな変動を経験した。これらは社会過程における圧力団体世界の再編を促すものであったのだろうか。それとも，従来から指摘されてきた関係の構造は頑健に存続しているのであろうか。こうした点に着目しながら分析を進めていく。

政策領域における対立

　まずは，さまざまな政策領域のうち，どの部分に利害の対立がみられるのかをとらえていこう。第4次調査では団体が関心をもつ政策領域において利害の対立がみられるかどうかを質問している。これをもとに，政策領域ごとに利害対立がみられる程度をオッズ比で表した。

　オッズ比は，ある政策領域に関心のある団体と関心のない団体において，利害対立を認知する程度がどのくらい異なるのかを比の形で示している[8]。オッズ比の値が1より大きい場合は，ある政策領域に関心のある団体のほうが利害対立を認知していることを表している。これに対して，オッズ比が1より小さい場合は，ある政策領域に関心のない団体のほうが利害対立を認知していることを表している。表3-3では，利害対立のオッズ比とともに当該政策領域に対して関心をもっている団体の割合も示している。

　利害対立が最も大きいのは労働政策であり，オッズ比にして3.53である。労使双方の利害が対立しやすい領域であるため当然ともいえる。これに続いて，女性・高齢者・若者政策が2.88である。先の労働政策とあわせて考えると，少子高齢化の進行やグローバリゼーションによる産業の空洞化が大きな社会問題となる中，高齢者の雇用保障と若年者の就職難，あるいは女性の人材活用などをめぐって団体間の対立がみられることがうかがえる。これらの政策領域に関心をもつ団体は30％程度であり，比較的多い。このほかでは，消費者，運輸交通，防災政策が比較的利害対立の大きい領域である。

　一方で，厚生・医療・福祉や環境政策は，関心をもつ団体が40％以上と多いにもかかわらず，オッズ比をみると，それぞれ1.64，1.41と低い値である。

表3-3 政策領域ごとの利益対立の程度

政策領域	オッズ比*	関心(%)	政策領域	オッズ比	関心(%)
労働	3.53	31.1	教育	1.59	32.7
女性若者	2.88	34.7	通商貿易	1.54	19.1
消費者	2.73	32.3	団体支援	1.53	19.5
運輸交通	2.61	19.5	治安	1.52	10.8
防災	2.30	29.1	産業振興	1.42	32.3
安全保障	2.04	18.3	環境	1.41	42.6
地方行政	2.00	26.7	土木建設	1.26	11.6
外交	1.93	13.5	国際交流	1.26	25.1
通信情報	1.91	18.7	科学技術	1.25	23.5
財政	1.68	27.9	農林水産	1.25	20.7
地域開発	1.64	23.9	金融	1.14	21.9
厚生福祉	1.64	47.8	エネルギー	1.12	29.1
司法人権	1.61	20.3	学術文化	0.94	21.1

［注］ $N=251$ 当該分野に関心のない団体に対する，関心のある団体における利益対立認知のオッズ比
［出所］ 筆者作成。

これらの政策に関心のない団体と比べても，あまり利害対立を認知している団体は多くない。少子高齢化という問題を抱えながらも，労働分野とは異なり，方向性に大きな相違がないようである。環境政策についても，地球温暖化や原子力発電の問題があるにもかかわらず，利害対立はあまり認知されていないようである。

また，農林水産や土木建設政策については，関心をもつ団体が少ない一方で，利害対立の認知も小さい。これらの政策領域は，いわゆる利益誘導政治の典型例として挙げられてきたものである。特定の利益に関する団体が，利害対立を伴わず，過剰に利益を反映させていることがうかがえる。

団体間の協力と対立

続いて団体間の協力と対立について検討しよう。圧力団体が増加するのに伴い，多様な利益が表出されるため団体間の競合関係が生じる。その一方で，利害関係が類似する団体同士は，リソース，情報，スキルなどを共有するなど，政策過程により大きな影響力を発揮するために連携する（Hula 1999; Hojnacki 1997）。もっとも，団体同士が連携することで，かえって団体の独自性が損な

われたり，団体内部のメンバーの利益から遠ざかったりすることもある。そのため，団体リーダーは団体内外の利害状況のバランスをとる必要がある (Browne 1990; Holyoke 2009)。

　団体間の関係については，特定の目的のためのアドホックな連携と長期にわたる安定的な協力関係，あるいは単一のイッシューに対する連携と複数のイッシューにまたがる連携が考えられる (Loomis 1986)。アドホックな連携については，政策的な目的達成と団体内部のメンバーによる制約を勘案して連携するかどうかの戦略的判断が行われる (Salisbury et al. 1987; Honjnacki 1997; Holyoke 2009 など)。これに対して，長期的な協力関係は中心的な利益や価値の合意が求められる (Hula 1999)。

　それでは団体間関係の実態をみていこう。圧力団体調査においては，特定のイッシューや場面を設定せずに協力関係について質問している。そのため，通常の安定的な団体間関係についての回答が得られているものと想定される。また，ここでは従来の圧力団体調査やJIGS調査で用いられてきた政策領域による団体分類を踏襲(とうしゅう)して分析を行う（村松・伊藤・辻中 1986; 森・足立 2002 など参照)。これにより，過去の調査と比較しつつ，団体間関係の変化を検討したい。

　第4次調査では，経済団体，労働団体といった団体分類を提示し，それぞれに対する協力または対立の程度を7段階で尋ねる質問を用意した（1＝対立，4＝中立，7＝協力)。この回答を量的変数とみなし，それぞれの値から4を引くことで，対立的であればマイナス（最も対立的で-3)，中立は0，協力的であればプラス（最も協力的で+3)となるように変換した。[9]

　表3-4は，団体分類ごとに調査票に提示した団体に対する協力－対立度の平均値を示している。行側が回答団体であり，列側の団体を評価した結果である。太字は1.00以上の値，斜字はマイナスの値を示している。

　列側の質問項目のうち，経済・業界団体については大企業系と中小企業系に分割している。行側の回答団体のうち，労働，福祉，市民・政治団体については政策選好によってさらに団体を分割している。詳細は第8章で論じているが，団体の政策選好は，経済的に新自由主義的政策を支持し安全保障面でも積極的な団体群（穏健な保守系）と，福祉や平等を重視し平和主義的な団体群（リベラル系）に大別できる。先に挙げた3つの団体分類は，同一領域であっても政策

表 3-4　団体分類ごとの協調と対立

	農水	大企業	中小企業	労働	教育	行政関係	福祉	専門家	政治	消費者	市民	N
農林水産業団体	**2.42**	0.08	0.55	0.30	0.20	0.92	0.20	0.91	0.55	**1.27**	0.82	12
経済・業界団体	0.33	0.90	0.97	0.13	0.18	0.69	0.21	0.43	0.24	0.14	0.17	64
労働団体												
保守系	0.10	0.29	0.50	**2.07**	0.18	0.58	0.64	0.33	0.69	0.09	0.25	10
リベラル系	0.57	*−0.71*	0.07	**1.47**	0.57	0.53	0.67	0.33	0.13	0.21	0.13	14
教育団体	0.20	0.20	0.33	0.00	**1.08**	**1.00**	0.13	0.64	0.09	0.09	0.83	5
行政関係団体	0.14	*−0.25*	*−0.14*	0.29	0.00	**1.56**	0.14	0.43	0.29	0.14	0.29	7
福祉団体												
保守系	0.72	0.33	0.61	0.69	0.82	**1.09**	**1.38**	0.83	0.56	0.72	0.90	18
リベラル系	0.00	*−0.10*	*−0.20*	0.44	0.73	0.67	**1.00**	**1.42**	0.00	0.36	0.67	10
専門家団体	0.17	0.07	0.43	*−0.07*	0.93	**1.12**	**1.53**	**1.44**	0.50	0.93	0.80	12
市民・政治団体												
保守系	0.25	0.62	0.54	0.42	0.17	0.83	0.33	0.58	0.45	0.27	**1.00**	12
リベラル系	0.58	*−1.17*	*−0.17*	**1.07**	0.73	0.60	**1.00**	0.69	0.54	**1.53**	**1.80**	12
宗教団体	0.00	0.00	0.00	0.00	0.29	0.00	**1.17**	0.00	0.00	0.00	0.60	5
その他	0.40	**1.00**	0.60	0.00	0.20	0.17	0.00	0.40	0.20	0.00	0.33	5
合計	0.47	0.33	0.54	0.50	0.43	0.78	0.62	0.65	0.33	0.42	0.57	185

［注］　対立 −3〜協調 3 までの 7 段階尺度の平均値である。0 は中立を表す。
　　　　太字は 1.00 以上の値，斜字はマイナスの値を示している。
［出所］　筆者作成。

選好類型が分かれるため，それぞれについて結果を示す。

　一見してわかることは，同一領域の団体に対しては協力的だということである。おおむねすべての団体分類間で 1.0 以上であり，他の団体よりも値が高い。農林水産業団体（2.42）と労働団体（保守系 2.07，リベラル系 1.47）では特に高い値を示している。こうした傾向は過去の調査とも整合的な結果である。

　領域外の団体間関係に目を向けると，行政関係団体に対して協力的であるという評価が高い傾向にある。全体平均で 0.78 と最も高く，教育，福祉（保守系），専門家団体で高い値を示している。こうした傾向は第 2，3 次調査とも共通するものであり，伊藤（1996b）が指摘した地方政府・政策受益団体連合の存在を示唆している。すなわち，地方レベルでの利益を代表する存在としての行政関係団体に種々の政策受益団体が依存している構図である。

　このほかでは，福祉団体と専門家団体との間に相互の協力関係がみてとれる。これは主として医療系の専門家団体が，医療・福祉分野のイッシューについて

連携しているためだと考えられる。

　また，リベラル系の市民・政治団体が労働団体や福祉団体と協力的だという認識を示しており，主流の価値体系とは異なる福祉や平等を重視した団体連携をみてとることができる。

　さらに，農林水産業団体が専門家団体と消費者団体に対して協力的であり，専門家団体においても消費者団体と協力的だという認識を示している。これらは従来の調査では示されてこなかった点である。専門家団体として想定されるのは医師会等の医療系団体であり，第4次調査の実施時点（2012年）における大きな政治的争点であったTPPへの交渉参加に対して反対の姿勢をとる団体同士の相互連携だと考えられる。[10]これはアドホックな戦略的連携だと考えられるものの，グローバリゼーションの進展に伴い市場の自由化や規制緩和が求められる中で，利害を同じくするようになった団体が新たな協力のパターンを模索しているのかもしれない。この点については，今後も観察が必要である。

　対立的な関係がみられるのは，リベラル系の労働，福祉，市民・政治団体および行政関係団体から，経済・業界団体に向けてであり，平均値がマイナスを示している。経済団体が政党や官僚といった政治過程の主要アクターと親和的であったのに対して，労働や市民団体は，これらとは異なる価値を体現する価値推進団体と呼ばれてきた（村松・伊藤・辻中 1986; 森・足立 2002）。日本政治について従来から指摘されてきた関係の構造を，ここでも確認することができる。このような構造は，団体分類を政策選好によって分割することで，より明確にとらえることができる。

　行政関係団体が経済・業界団体と対立的な姿勢をみせているのは，地方政府・政策受益団体連合が市場原理と再分配をめぐって大企業労使連合と対抗関係にあるという伊藤（1996b）の指摘と整合する。対立の詳細については検討を要するが，日本政治の一つの対立の構図として継続している可能性がある。

　一方で，圧力団体調査の知見として蓄積されてきた大企業労使連合については，第4次調査の結果からはみてとることができない。労働団体を政策選好で分割してみたものの，利害が近い保守系の労働団体においても経済・業界団体と協力的であるわけではない。大企業労使連合が析出された第1次調査実施時点（1980年）の政治状況を鑑みると，石油危機以降の低成長期に，大企業は，

厳しい経済環境の中でも，正規労働者の雇用確保をめざし，労働組合もそれに同調した。そして，経済環境の変化や産業構造の転換の中で，大企業労使が政府による庇護から自立し，むしろ低成長部門を保護しようとする政策を警戒するようになった（村松・伊藤・辻中 1986; 宮本 2008）。このように，大企業が新自由主義的な政策選好を示している点は，現在の状況と類似している。しかし，大企業における雇用の保護も十分ではない今日においては，大企業労使の利害関係は一致しているとはいえず，協力関係は消滅したのかもしれない。現在ではむしろ，連合を中心とする労働組合が，市民社会の社会運動として，非組合員も含めた生活機会の補償や生活困難者の社会的包摂といった問題に取り組んでいる（篠田 2005, 2016）。

主要団体との協力

続いて，各領域における主要な団体との協力関係の有無について検討しよう。前述のように，コーポラティズム論の観点からは，政策領域内において頂上団体にどの程度の集権化や集中化が進んでいるのかがポイントとなる（Schmitter 1974＝1984）。異なる団体分類間に関係があったとしても，それは主として頂上レベルの団体間で結ばれるものとされてきた（村松・伊藤・辻中 1986）。そこで，政策領域内外において，各回答団体が主要な団体とどの程度協力関係にあるのかをみていこう。

表3-5は各領域における19の主要な団体との協力関係について，同一領域内の団体と領域外の団体ごとに割合を示している。主要団体との協力関係については，第2，3次調査においても質問されているので3時点の結果を示し，[11]さらに第2次調査と第4次調査での割合の差を示している（第4次調査－第2次調査）。第4次調査については，領域内と領域外における協力関係の程度の相違をオッズ比で示している。なお，第2，3次調査の結果を併記するため，団体分類を政策選好によって細分化しないものの，必要に応じて本文中で言及する。

表3-5から，自領域の主要な団体とのかかわりのほうが，他領域の団体よりも大きいということがわかる。オッズ比をみていくと，労働団体（連合，日教組），行政関係団体（全国知事会，全国市長会，全国町村会），農業団体（JA全中），

福祉団体（全社協）が 10 を超えており，他領域と比べて自領域内での協力関係が多い。

とはいえ，多くの団体分類では自領域内の協力関係の割合が多くても 40% 程度にすぎない。唯一の例外は労働団体の連合であり，74.2%（31 団体のうちの 23 団体）が協力関係にある。[12] ここから，各領域において頂上団体に集中化しているとはいえない中，労働界だけは連合が中心的な役割を果たしていることがみてとれる。

領域外の団体との協力についてみていこう。全般的に領域を超えた協力関係はあまりみられない。多いものでも，経団連，日弁連，日本生協連において 10% 程度みられるくらいである。

オッズ比をみると経済団体や専門家団体では 2～5 と，領域内と領域外における協力関係の相違が相対的に小さく，他領域に開かれているといえる。とりわけ日本生産性本部では 1.3 と小さい。これは保守系の労働団体において日本生産性本部との協力関係に言及しているものが多いためである（13 団体中 10 団体，76.9%）。日本生産性本部は労務関係を主たる管轄とするため，労働団体との結び付きが強いことが示されている。こうした傾向は第 2 次調査でも指摘されており（伊藤 1995），団体間のネットワーク分析において日本生産性本部が諸団体を媒介する結節点の役割を果たしていることが析出されている（辻中・石生 1998）。

専門家団体については，福祉団体から日本医師会に対して協力関係を言及しているものが多い（保守系 26 団体中 10 団体，38.5%，リベラル系 11 団体中 4 団体，36.4%）。表 3-4 でも確認したように，医療・福祉分野での協力関係をみてとることができる。

また，リベラル系の市民・政治団体から日弁連に対して（16 団体中 12 団体，75.0%）の協力関係がみられる。さらに，自領域内の関係が多くオッズ比は高いものの，連合（16 団体中 7 団体，43.8%）や自治労（16 団体中 8 団体，50.0%）に対しても，リベラル系市民・政治団体からの協力関係の言及がみられる。これらのことから，政策選好においてリベラル系の諸団体の間の連携をみてとることができる。

最後に，第 2，3 次調査と第 4 次調査を比較することで，団体間関係の変化

表3-5 主要団体との協力

		領域	第2次	第3次	第4次	第4次-第2次(割合の差)	オッズ比*(第4次)
農業	全国農業協同組合中央会(JA全中)	内	16(72.7)	6(50.0)	7(43.8)	-28.9	13.0
		外	10(4.5)	15(6.9)	15(5.7)	1.2	
経済・業界	日本経済団体連合会(経団連)	内	38(44.2)	33(41.3)	32(33.7)	-10.5	4.0
		外	23(14.6)	25(16.9)	21(11.3)	-3.3	
	経済同友会	内	16(18.6)	11(13.8)	12(12.5)	-6.1	2.3
		外	7(4.5)	11(7.4)	11(5.9)	1.4	
	日本商工会議所(日商)	内	25(29.1)	22(27.5)	20(21.1)	-8.0	2.8
		外	15(9.6)	17(11.5)	16(8.6)	-1.0	
	日本生産性本部	内	11(12.8)	11(13.8)	8(8.4)	-4.4	1.3
		外	27(17.2)	19(12.8)	12(6.4)	-10.8	
	全国中小企業団体中央会	内	29(33.7)	21(26.3)	15(15.8)	-17.5	4.2
		外	7(4.5)	8(5.4)	8(4.3)	-0.1	
労働	日本労働組合総連合会(連合)	内	39(76.5)	30(81.1)	23(74.2)	-2.3	28.4
		外	17(8.9)	24(12.6)	23(9.2)	0.3	
	全国労働組合総連合(全労連)	内	9(17.6)	6(16.2)	6(19.4)	1.8	3.5
		外	6(3.1)	9(4.7)	16(6.4)	3.3	
	全日本自治体労働組合(自治労)	内	27(52.9)	22(59.5)	13(41.9)	-11.0	9.9
		外	9(4.7)	15(7.9)	17(6.8)	2.1	
	日本教職員組合(日教組)	内	29(56.9)	21(56.8)	14(45.2)	-11.7	16.3
		外	9(4.7)	13(6.8)	12(3.2)	-1.5	
教育	日本PTA全国協議会	内	3(25.0)	3(33.3)	4(28.6)	3.6	13.0
		外	8(3.5)	11(5.0)	8(2.9)	-0.6	
行政関係	全国市長会	内	10(76.9)	8(66.7)	8(57.1)	-19.8	24.1
		外	19(8.3)	11(5.1)	14(5.2)	-3.1	
	全国知事会	内	7(53.8)	6(50.0)	7(50.0)	-3.8	14.4
		外	18(7.8)	13(6.0)	18(6.7)	-1.1	
	全国町村会	内	7(53.8)	8(66.7)	7(50.0)	-3.8	16.8
		外	15(6.5)	14(6.5)	15(5.6)	-0.9	
福祉	全国社会福祉協議会(全社協)	内	21(72.4)	18(66.7)	19(47.5)	-24.9	10.0
		外	14(6.5)	19(9.1)	20(8.3)	1.8	
専門家	日本弁護士連合会(日弁連)	内	1(11.1)	3(25.0)	5(25.0)	13.9	2.6
		外	20(8.5)	30(13.5)	30(11.5)	3.0	
	日本医師会(日医)	内	3(33.3)	3(25.0)	6(30.0)	-3.3	4.7
		外	14(6.0)	14(6.3)	22(8.4)	2.4	

市民・政治	日本生活協同組合連合会 （日本生協連）	内	14(73.7)	9(52.9)	16(44.4)	−29.3	6.2
		外	14(11.6)	30(14.3)	28(11.4)	−0.2	
	全国消費者団体連絡会 （全国消団連）	内		25(47.1)	13(36.1)		4.2
		外		17(8.1)	31(12.7)		

［注］　単位は団体数。カッコ内は％。
　　　＊当該政策領域以外の団体に対する，当該領域における協調関係のオッズ比（第4次調査のみ）。
［出所］　筆者作成。

をみていこう。団体分類および領域内外を問わず，全体的に時代を経るごとに協力関係が減少していることがみてとれる。つまり，主要団体との協力関係は弱化する傾向にある。とりわけ，JA全中，全社協，日本生協連では2次調査と比べて，第4次調査では自領域内において20ポイント以上の減少がみられる。ここから，団体同士が連合して共通利益を代表するというよりも，個々に分立しているのが団体世界の実状だといえる。

5　社会過程における団体の揺らぎ

　本章では，社会過程における圧力団体の実態を，団体の形成とリソース，および団体間関係という点から描いてきた。本章の分析結果をまとめると，現状の圧力団体世界は下記のように特徴づけられる。

(1) 4時点を通して終戦直後に設立した団体が最も多く，日本の団体世界は戦後改革の影響を受けて噴出した諸団体によって構成されている。しかし，調査時点ごとにこれらの団体は減少し，団体の出生コーホートは平準化をみせている。特に，第4次調査では1990年以降に設立した団体がやや多くみられ，世界的なアソシエーション革命や公共サービス改革といった動向の影響が垣間みえる。

(2) 会員の加入単位についてみると，個人単位の会員が増えつつある一方で，団体の規模が縮小している傾向にある。収入規模はこの10年で変わらないものの，事業収入をメインとする団体が増加している。つまり，圧力団

体がさまざまな団体を代表して利益表出する団体から，個人会員も受け入れながら事業を経営し，その際に必要な利益を表出する団体へと変容しつつあることがうかがえる。

(3) 政策領域別に利害対立の構図をみてみると，労働，女性・高齢者・若者政策において対立が認知されている。そもそも労使の利害が対立しやすい領域であるが，少子高齢化に伴う雇用の問題，あるいは女性の人材活用などが社会過程において関心の高い争点であることがわかる。

(4) 団体間関係については，基本的には同一政策領域の団体同士に協力的な関係がみられるものの，各領域の主要な団体との協力関係は多くはない。さらに，この20年で主要団体との協力関係はおおむね減少傾向にある。ただし，労働団体においては連合と協力関係にあるものが70％以上と多く，領域内の中心に位置しているといえる。

(5) 領域を超えた協力関係については非常に弱いものである。しかし，以下に挙げるようないくつかの興味深い特徴がみられた。

　第1に，福祉，専門家，教育団体といった政策受益団体で行政関係団体に対して協力的であるという評価が高く，伊藤（1995, 1996a, 1996b）などで指摘されてきた地方政府・政策受益団体連合という特徴をみてとることができる。なお，行政関係団体は経済・業界団体と対立的な姿勢をみせており，この点も伊藤（1995, 1996a, 1996b）の指摘と整合する。日本政治の一つの対立の構図として継続している可能性がある。

　第2に，これまでの圧力団体調査の知見として蓄積されてきた大企業労使連合は，第4次調査においては確認することができない。新自由主義的な改革の下，雇用の保護も十分ではない現在，大企業であっても労使の利害は一致しているわけではない。

　第3に，リベラル系の労働団体と市民・政治団体が，経済・業界団体に対して対立的だと認識している。また，市民・政治団体から労働団体に対する協力関係がみられる。ここから，主流の価値体系とは異なる価値を体現する団体間の連携がみられる。

　第4に，農林水産業団体，専門家団体（医師会等の医療系団体），消費者団体が協力的な関係にあり，TPP交渉参加をめぐっての連携関係が示唆

される。これがアドホックな戦略的連携なのか，新たな協力関係の出現なのかは今後も観察が必要である。

以上の結果から，日本の団体世界は終戦直後に形成された生産セクター優位の構造が徐々に変化し，それに伴いリソースも縮小し，団体間の相互関係も弱化している。ただし，団体間の関係については，地方を中心とする連合や新自由主義的なグローバリゼーションに対抗する連合の存在が示唆される。このように活動基盤が揺らぐ中でも，現状における不利益に対抗する勢力をみてとることができる。それでは，こうした社会過程における団体の実態は，政治活動とどのように接続しているのだろうか。次章以降で検討を進めていく。

注

1) 調査でわかるのは現存する団体の設立年であり，本当にその時期に団体が数多く形成されたのかはわからない。ここでは，いわば人口ピラミッドのような意味で，団体の設立コーホートの構成をとらえている。
2) 具体的には，韓国，アメリカ，ドイツ，中国，ロシア，トルコ，フィリピン，ブラジル，バングラデシュの各国である。
3) 4時点の調査で質問形式の相違がみられるため，ここでは第3次調査の結果のみを提示する。なお，第4次調査では質問されていない。
4) 辻中編（2002）は統合空間ダイナミクスモデルを分析枠組みとして，社会過程における団体世界をとらえようとしているが，個体群生態学の実証的研究のように，団体の動態をとらえる分析には至っていない。今後の課題とされる。
5) 第2次調査と第4次調査では加入単位についての質問がないため，個人会員数の質問における非該当の割合を示している。
6) とはいえ，JIGS2調査によれば，一般の社会団体の団体会員数の中央値は45団体，個人会員については200.0人であり，圧力団体の規模の大きさがわかる。
7) ちなみに，JIGS2調査においては収入の中央値は4400万円（東京のみ）であり，収入については圧力団体のほうが圧倒的に大きい。
8) 具体的には，オッズ比＝

$$\frac{ある政策領域に関心のある団体において，(利害対立があると回答した団体／利害対立がないと回答した団体)}{ある政策領域に関心のない団体において，(利害対立があると回答した団体／利害対立がないと回答した団体)}$$

という計算を行っている。
9) 団体間関係は圧力団体調査において継続して取り組まれてきたテーマであるが，4時点にわたる圧力団体調査において質問の仕方が変化している。そのため，同一の手法を用いて比較分析することはできない。
10) 例えば，2011年12月のアジア太平洋経済協力（APEC）首脳会議を期限に野田佳彦首相がTPP交渉参加の結論を急ぐ中，11月26日には，JA全中，日本医師会，消

費者団体などが決起集会を開催した(『朝日新聞』2011 年 11 月 27 日朝刊)。札幌,山形,甲府,松本などの地方都市でも,農協,医師会,消費者団体の地方支部が共同参加する抗議活動が行われた。
11) 第 2, 3 次調査においては 100 を超える主要な団体の具体名をリスト化し(第 2 回は 100 団体,第 3 回は 105 団体),各々について回答団体に協力関係にあるか,日本政治全般に影響力があるか,自団体の関心領域に影響力があるかについて回答を求めている。第 4 次調査においても同様に主要団体との関係を質問しているが,質問項目数の制約もあり 26 団体しかリストに挙げていない。ここでは協力の割合が非常に低い 6 団体,および第 2, 3 次調査との比較ができない 1 団体を除外して結果を示している。
12) 政策選好別に示すと,保守系で 92.3%(13 団体中 12 団体),リベラル系で 62.5%(16 団体中 10 団体)であり,協力関係の割合に差がみられる。

引用・参考文献

石田雄 1961『現代組織論』東京大学出版会。
伊藤光利 1988「大企業労使連合の形成」『レヴァイアサン』2 号, 53-70 頁。
伊藤光利 1995「大企業労使連合 vs 地方政府・政策受益団体連合(1)——第 2 次圧力団体調査の分析」『政策科学』3 巻 2 号, 15-30 頁。
伊藤光利 1996a「大企業労使連合 vs 地方政府・政策受益団体連合(2)——第 2 次圧力団体調査の分析」『政策科学』3 巻 3 号, 21-37 頁。
伊藤光利 1996b「地方政府に媒介された多元主義」『奈良法学会雑誌』8 巻 3・4 号, 23-85 頁。
伊藤光利 1997「『二重国家』への途?——大企業労使連合 vs 地方政府・政策受益団体連合」『政策科学』4 巻 2 号, 1-25 頁。
伊藤光利 1998「大企業労使連合再訪——その持続と変容」『レヴァイアサン』1998 年冬臨時増刊, 73-94 頁。
篠田徹 2005「市民社会の社会運動へ——労働運動の古くて新しいパースペクティブ」山口二郎・宮本太郎・坪郷實編『ポスト福祉国家とソーシャル・ガヴァナンス』ミネルヴァ書房, 243-272 頁。
篠田徹 2016「ソーシャル・ガヴァナンスと連合労働運動」宮本太郎・山口二郎編『リアル・デモクラシー——ポスト「日本型利益政治」の構想』岩波書店, 125-150 頁。
辻中豊・石生義人 1998「利益団体ネットワーク構造と政権変動——二層構造の発見」『レヴァイアサン』臨時増刊, 22-43 頁。
辻中豊 2002「比較のための分析枠組み」辻中豊編『現代日本の市民社会・利益団体』(現代世界の市民社会・利益団体研究叢書Ⅰ)木鐸社, 213-227 頁。
辻中豊・崔宰栄 2002「歴史的形成」辻中豊編『現代日本の利益団体・市民社会』(現代世界の市民社会・利益団体研究叢書Ⅰ)木鐸社, 255-296 頁。
辻中豊編 2002『現代日本の市民社会・利益団体』(現代世界の市民社会・利益団体研究叢書Ⅰ)木鐸社。
辻中豊・崔宰栄・山本英弘・三輪博樹・大友貴史 2007「日本の市民社会構造と政治参加——自治会,社会団体,NPO の全体像とその政治関与」『レヴァイアサン』41 号, 7-44 頁。
辻中豊・森裕城 2009「21 世紀日本における利益団体の存立・行動様式——全国社会団体調査(JIGS2 調査)の分析」『レヴァイアサン』45 号, 11-43 頁。
辻中豊・山本英弘・久保慶明 2010「日本における団体の形成と存立」辻中豊・森裕城編『現代

第 3 章　社会過程における圧力団体

社会集団の政治機能——利益団体と市民社会」(現代市民社会叢書 2) 木鐸社, 33-64 頁。
中村圭介 2005「縮む労働組合」中村圭介・連合総合生活開発研究所編『衰退か再生か——労働組合活性化への道』勁草書房, 27-46 頁。
丹羽功 2006a「利益団体間の協力と対立」村松岐夫・久米郁男編『日本政治変動の 30 年——政治家・官僚・団体調査に見る構造変容』東洋経済新報社, 277-297 頁。
丹羽功 2006b「利益団体間の協力と対立」『近畿大学法学』53 巻 3・4 号, 274-298 頁。
宮本太郎 2008『福祉政治——日本の生活保障とデモクラシー』有斐閣。
宮本太郎 2016「利益政治の転換とリアル・デモクラシー」宮本太郎・山口二郎編『リアル・デモクラシー——ポスト「日本型利益政治」の構想』岩波書店, 1-37 頁。
村松岐夫 1981『戦後日本の官僚制』東洋経済新報社。
村松岐夫・伊藤光利・辻中豊 1986『戦後日本の圧力団体』東洋経済新報社。
森裕城・足立研幾 2002「行政 - 団体関係——政府と社会の接触面」辻中豊編『現代日本の市民社会・利益団体』(世界の市民社会・利益団体研究叢書 I) 木鐸社, 119-138 頁。
森裕城・久保慶明 2014「データからみた利益団体の民意表出——有権者調査・利益団体調査・圧力団体調査の分析」『年報政治学 2014-I　民意』木鐸社, 200-224 頁。
Baumgartner, Frank R. and Beth L. Leech 1998, *Basic Interests: The Importance of Groups in Politics and in Political Science*, Princeton University Press.
Browne, William, P. 1990, "Organized Interests and Their Issue Niches: A Search for Pluralism in a Policy Domain," *Journal of Politics*, 52(2), pp. 477-509.
George Mulgan, Aurelia 2005, "Where Tradition Meets Change: Japan's Agricultural Politics in Transition," *The Journal of Japanese Studies*, 31(2), pp. 261-298.
Gray, Virginia and David Lowery 2000, *The Population Ecology of Interest Representation: Lobbying Communities in the American States*, University of Michigan Press.
Halpin, Darren and Grant Jordan eds. 2012, *The Scale of Interest Organization in Democratic Politics: Data and Research Methods*, Pargrave Macmillan.
Holyoke, Thomas T. 2009, "Interest Group Competition and Coalition Formation," *American Journal of Political Science*, 53(2), pp. 360-375.
Hojnacki, Marie 1997, "Interest Groups' Decision to Join Alliances or Work Alone," *American Journal of Political Science*, 41(1), pp. 61-87.
Hula, Kevin W. 1999, *Lobbying Together: Interest Group Coalitions in Legislative Politics*, Georgetown University Press.
Katzenstein, Peter J. 1984, *Corporatism and Change: Austria, Switzerland and the Politics of Industry*, Cornell University Press.
King, David. C. and Jack L. Walker, Jr. 1991, 'The Origins and Maintenance of Groups,' Walker, Jack L., *Mobilizing Interest Groups in America: Patrons, Professions, and Social Movements*, The University of Michigan Press.
Knoke, David 1988, Incentives in Collective Action Organizations, *American Sociological Review*, 53, pp. 311-329.
Loomis, Burdett A. 1986, "Coalition of Interests: Building Bridges in the Balkanized State," Allan J. Cigler and Burdett A. Loomis eds., *Interest Group Politics*, 2nd edition, CQ Press, pp. 258-274.
Lowery, David and Virginia Gray 2007, "Interest Organization Communities: Their Assembly and Consequences," Allan J. Cigler and Burdett A. Loomis eds., *Interest Group Politics*, 7th

edition, CQ Press, pp. 130-154.
Lowi, Theodore, J. 1979, *The End of Liberalism: The Second Republic of the United States*, W. W. Norton(村松岐夫監訳 1981『自由主義の終焉――現代政府の問題性』木鐸社).
Moe, Terry M. 1980, "A Calculus of Group Membership, *American Journal of Political Science*, 24, pp. 593-632.
Nownes, Anthony J. 2004, "The Population Ecology of Interest Group Formation: Mobilizing for Gay and Lesbian Rights in the United States, 1950-98," *British Journal of Political Science*, 34 (1), pp. 49-67.
Olson, Mancur Jr. 1965, *The Logic of Collective Action: Public Goods and the Theory of Groups*, Harvard University Press(依田博・森脇俊雅訳 1983『集合行為論――公共財と集団理論』ミネルヴァ書房).
Putnam, Robert D. 2000, *Bowling Alone: The Collapse and Revival of American Community*, Simon & Schuster(柴内康文訳 2006『孤独なボウリング――米国コミュニティの崩壊と再生』柏書房).
Salamon, Lester M. 1994, "The Rise of the Non Profit Sector," *Foreign Affairs*, 73(4), pp. 109-122.
Salisbury, Robert H. 1969. 'An Exchange Theory of Interest Groups', *Midwest Journal of Political Science*, 13(1), pp. 1-32.
Salisbury, Robert H., John P. Heinz, Edward O. Laumann, and Robert L. Nelson 1987, "Who Works with Whom?: Interest Group Alliances and Opposition," *American Political Science Review*, 81(4), pp. 1217-1234.
Schmitter, Philippe C. 1979, "Still the Century of Corporatism?," Philippe C. Schmitter and Gerhard Lehmbruch eds. *Trends Toward Corporatist Intermediation*, Sage, pp. 7-52(辻中豊訳「いまもなおコーポラティズムの世紀なのか」山口定監訳 1984『現代コーポラティズムⅠ』木鐸社, 23-100頁).
Schattschneider, Elmer E. 1960, *The Semi-Sovereign People*, Holt, Rinehart and Winston(内山秀夫訳 1972『半主権人民』而立書房).
Skocpol, Theda 2003, *Diminished Democracy: From Membership to Management in American Civic Life*, University of Oklahoma Press(河田潤一訳 2007『失われた民主主義――メンバーシップからマネージメントへ』慶應義塾大学出版会).
Truman, David B. 1951, *The Governmental Process: The Political Interests and Public Opinion*, Knopf.
Walker, Jack L. 1983, "The Origins and Maintenance of Interest Group in America," *American Political Science Review*, 77(2), pp. 390-406.
Wilson, James Q. 1973, *Political Organizations*, Basic Books.

第4章

圧力団体リーダーのイデオロギー

選好伝達経路の変容

竹中 佳彦

1 | 圧力政治とイデオロギー

「団体にイデオロギーはない」

　有権者の選好が政治システムに入力される過程で大きな役割を果たすアクターとして政党と圧力団体があり，その舞台となるのが選挙と圧力政治である。選挙におけるイデオロギーの有用性は夙に指摘されている（Downs 1957 = 1980）。しかし団体には，利益は存在しても，イデオロギーは存在しないという見方がある。3次にわたる過去の圧力団体調査には，イデオロギーを測る質問は存在しなかったし，保革対立を形成する政策争点について団体の意見を尋ねる項目もなかった。今回の第4次調査の設計に際しても，イデオロギーを測る質問を入れるべきかどうか，議論になったと聞く。

　本章で明らかになるように，団体にイデオロギーがないという理解は，今日においては一層，間違いとはいえないであろう。ただ，過去の圧力団体調査に質問項目がなかったにもかかわらず，いわゆる「55年体制」下の団体間の政

治対立の一つに，体制関連政策をめぐる保守連合と革新連合の対立があったとされている。そして保守的な団体は，戦術としてインサイド・ロビイングを用い，政策受益団体（農業団体，教育団体，行政関係団体，福祉団体）が行政に，セクター団体（経済団体・専門家団体）が与党に接触する一方，革新的な価値推進団体（労働団体，市民団体，政治団体）は野党に接触し，アウトサイド・ロビイングを戦術として用いるなど，保革対立に即した団体活動パターンが存在したという（村松・伊藤・辻中 1986）。

　団体が組織されるのは，利益を共有する人々が集まるからであり，団体が政治に働きかけるのは，政治を通じて，言い換えれば政府によって実施される政策を通じて，自分たちの利益を実現したいと考えるからである。有権者の数が増えて大規模化した現代社会では，個人よりも，団体で働きかけたほうが影響力を行使しやすい。社会（有権者）は，政党とも直接，結び付くけれども，団体を通じて政党と結び付いている。政党も，直接，有権者に働きかけるだけでなく，団体を通じて有権者を捕捉しようとする。社会－団体－政党の関係が構造化されれば，それに適合した活動パターンが生じるのは自明であろう。

　利益は必ずしもイデオロギーと関係するものではない。特定の政党が継続的に政権を担当する場合，団体が，万年野党よりも，与党や行政に接触するようになるのは当然であり，そこにイデオロギーが介在する余地は小さくなる。しかし政権交代が常態であれば，そうとは限らない。さまざまな政策領域に対する団体の選好が一貫した指向を示し，それがイデオロギーに沿ったものであれば，論理的には，団体は，イデオロギーが近接する政党に働きかけるほうが望ましい政策を実現できるであろう。団体は，イデオロギーが近接する政党と日常的に接触をもつことによって，情報獲得および交渉のコストを低減させることもできる。その意味では，圧力政治でもイデオロギーが有用な場合があると思われる。

民主党政権下の社会（有権者），団体，政党

　2000年代になって，自民・民主両党の二大政党制化が進み，選挙における二大政党の選択に対する有権者のイデオロギーの説明力が弱まった（蒲島・竹中 2012）。圧力政治でも，団体の政治的働きかけや政党との関係にはイデオロ

第 4 章 圧力団体リーダーのイデオロギー

ギーの影響があることが示されていた(石生 2002; 森 2002)が,団体のイデオロギー対立は,「55 年体制」崩壊後,弱まっていると指摘されている(伊藤 1995, 1996, 1998; 辻中 2002; 辻中・崔 2002; 丹羽 2006)。

2009 年の衆議院議員総選挙の結果,民主党中心の連立政権が誕生したことにより,圧力団体の行動は変化したかもしれない。他方,本書の第 1 章で示されている脱組織化,第 3 章で示されている団体リソースの縮小や団体間関係の弱化も進行している。団体を介して密接に結び付いた政党と有権者との関係は強固で,安定しやすい反面,国民各層への支持の広がりを欠く。これに対して政党が,党首の人気やマニフェストなどを通じて直接,有権者と結び付いた場合,政党と有権者の関係は,旧来の支持団体や支持者を超えた広がりが期待できるが,不安定で,脆弱である。固有の支持者や支持団体のみを顧慮することのない政党は,国民的な支持を得られたときには躍進するが,国民的な支持を失ったときには厳しい現実に直面する。はたして社会(有権者)の選好は,団体を通じて政党に伝えられて実現しているのだろうか,それとも直接,政党を通じて実現しているのだろうか,あるいはそのいずれでもないのだろうか。

本章では,民主党政権下の圧力団体リーダーのイデオロギーを概観するとともに,社会(有権者)- 団体間,社会(有権者)- 政党間,団体 - 政党間のイデオロギーや政策選好の一致・不一致を分析する。それを通じて,社会(有権者)- 政党と,社会(有権者)- 団体 - 政党のいずれの選好伝達経路が機能しているのかを考察することにしよう。[1)]

2 | 圧力団体リーダーによる自己および政党の位置づけ

圧力団体リーダーのイデオロギー分布

圧力団体のリーダーのイデオロギー分布はどうなっているのであろうか。第 4 次圧力団体調査では,「政治に関してときどき,保守的とかリベラル(進歩的)とかいう言葉が使われることがありますが,あなたの団体や各政党の政治的な立場は,下の番号で示すとしたら,どれにあたりますか」として,0 をリ

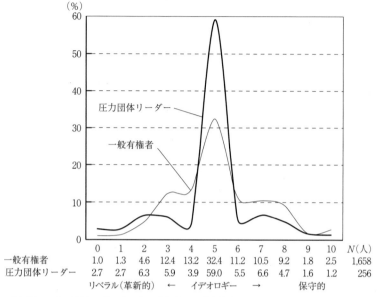

図 4-1 圧力団体リーダーと一般有権者のイデオロギー分布

	0	1	2	3	4	5	6	7	8	9	10	N(人)
一般有権者	1.0	1.3	4.6	12.4	13.2	32.4	11.2	10.5	9.2	1.8	2.5	1,658
圧力団体リーダー	2.7	2.7	6.3	5.9	3.9	59.0	5.5	6.6	4.7	1.6	1.2	256

リベラル（革新的） ← イデオロギー → 保守的

［出所］ JES Ⅳ 調査，第 4 次圧力団体調査より筆者作成。

ベラル（左寄り），10 を保守的（右寄り）とする 11 段階のイデオロギー尺度を示し，その尺度上に自己を位置づけてもらっている。この設問は，「あなたの団体……の政治的立場」を尋ねたものだが，質問票には「あなた個人のお考えでも結構です」と付け加えている。したがって本章では，この尺度を圧力団体リーダーのイデオロギーとみなす。

図 4-1 は，圧力団体リーダーのイデオロギー分布を，一般有権者のそれと比較して示したものである。一般有権者のデータは，JES Ⅳ 調査の 2011 年郵送調査を用いた。

圧力団体リーダーのイデオロギー分布は，イデオロギー尺度の 5 が約 6 割を占め，かなり中道化＝脱イデオロギー化した形になっている。中間の 5 が最頻値である点で一般有権者と同じだが，中道化の度合いは有権者以上である。この分布をみれば，圧力団体リーダーのほとんどが脱イデオロギー化していると考えられるだろう。もっとも，保守－革新ではなく，保守（右寄り）－リベラル

第4章 圧力団体リーダーのイデオロギー

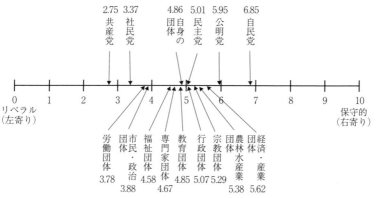

図4-2 団体分類別のリーダーのイデオロギー位置と団体リーダーによる政党の位置づけ

[出所] 第4次圧力団体調査より筆者作成。

(左寄り)という,一般に馴染みのない尺度を用いたため,中間の回答が大幅に増えた可能性もある。圧力団体リーダーのイデオロギー尺度上の自己位置づけの平均値を求めると4.86になる。

団体分類とリーダーのイデオロギー

圧力団体リーダーのイデオロギーの平均は中間に位置するが,圧力団体の種類によって,リーダーのイデオロギーに違いがあるかもしれない。

1980年3月に,綿貫譲治・三宅一郎・嶋澄によって行われたエリート2000人を対象とした「エリートの平等観」調査によれば,体制側グループ(財界リーダー,農業団体リーダーなど)は保守的,既存の配分システムに挑戦する反体制グループ(労働組合リーダー,市民運動リーダーなど)は革新的であった(蒲島・竹中 1996)。森裕城は,1990年代のJIGS1調査に基づき,農業団体,政治団体,経済団体,行政関係団体が保守的であり,市民団体,労働団体が革新的であると指摘している(森 2002:148-149)。

図4-2は,団体分類ごとにリーダーのイデオロギーの平均値を示している[5]。労働団体や市民・政治団体のリーダーは,他の団体に比べて,左寄りに位置していることがわかる。教育団体,行政団体,宗教団体のリーダーは,イデオロギー尺度の5の近くにあり,中間に位置する。また福祉団体,専門家団体のリ

ーダーも，ほぼ中間に位置するが，やや左寄りである。他方，経済・産業団体や農林水産業団体のリーダーは，中間に近いが，相対的にはやや保守的である。

このように圧力団体の種類によって，リーダーのイデオロギーにはいくらか違いがある。もっとも，1980年代には，蒲島・竹中（1996）が示しているように，体制側グループと反体制グループのイデオロギーの違いは鮮明であったから，「55年体制」崩壊後，圧力団体リーダー間のイデオロギーの違いはかなり小さくなっている。

圧力団体リーダーによる政党の位置づけ

第4次圧力団体調査では，圧力団体リーダーに，民主党，自民党，公明党，共産党，社民党のイデオロギー尺度上の位置も尋ねている。図4-2には，その平均値を算出した結果も併載している。

圧力団体リーダーは，自民党を6.85と保守的だととらえ，社民党を3.37，共産党を2.75と左寄りだとみている。また公明党は5.95と，やや保守的だと考えている。ただし民主党は5.01とされ，保守ともリベラルとも位置づけにくいようである。

ちなみにJES Ⅳ調査の2007年参議院議員通常選挙（参院選）後調査における有権者による政党の位置づけは，共産党が3.11，社民党が4.14，民主党が5.09，公明党が6.46，自民党が7.30である。したがって圧力団体リーダーは，自民党・公明党・民主党については，有権者よりも中間寄りに，社民党・共産党については，有権者よりも左寄りに位置づけている。

圧力団体リーダーは，政党間のイデオロギー距離が比較的大きいととらえている。したがって圧力団体の政治的な働きかけにはイデオロギーが介在する余地もあるが，圧力団体リーダーのイデオロギー自体は，政党のイデオロギーの違いに対応して分立しているわけではない。ただし1980年代から2000年代にかけて有権者の認識する政党間のイデオロギー距離は縮まってきており（蒲島・竹中 2012），圧力団体リーダーの認識する政党間のイデオロギー距離も，過去と比較すれば，おそらく有権者と同じように縮まってきていると推測される。

3 │ 団体リーダーと団体加入者のイデオロギー

　蒲島郁夫と竹中佳彦は，団体（組織）のリーダー，一般加入者，そして非加入者を含む業種全体のイデオロギーの平均値を比較し，労働組合を除き，一般加入者とリーダーのイデオロギーがあまり変わらない傾向があることを指摘した（蒲島・竹中 1996: 204-206）。竹中は，農林水産業団体，経済・業界団体といった保守的な団体のリーダーが，農林水産業者や商工業者，あるいは農林水産業団体・商工団体への加入者の選好をあまり忠実に代表しているわけではないこと，労働団体のリーダーは，一般の勤め人や労働組合加入者と選好が異なることを示した[6]（竹中 2010）。

　圧力団体のリーダーと加入者のイデオロギーは，どれぐらい一致しているのだろうか。JES Ⅳ調査を併用し，団体として農業協同組合（農協），同業者団体，労働組合を取り上げ，それにほぼ対応するリーダーとして農林水産業団体リーダー，経済・業界団体リーダー，労働団体リーダー，業種として農林水産業者，自営商工業者，正社員（勤め人）を選んで，圧力団体のリーダーと一般の団体加入者，さらに団体非加入者を含む業種全体のイデオロギーの平均値を比較してみよう。[7]

　図4-3は，その結果を示したものである。農林水産業者（$N=38$）全体のイデオロギーの平均値は5.1であり，ほぼ中間に位置し，左右のいずれかに偏しているわけではない。これに対して農協加入者（$N=21$）のイデオロギーの平均値は5.7であり，やや保守寄りである。農林水産業団体リーダー（$N=13$）のイデオロギーの平均値は5.4であった。しかしこれら3つの平均値の差を検定しても，5％水準で差があるとはいえない。農協は農業者の選好に近く，農業団体のリーダーも，それらと一致するイデオロギーをもつといえる。

　自営商工業者（$N=81$）のイデオロギーの平均値は5.0で，やはり中間に位置し，左右のいずれかに偏っていない。同業者団体加入者（$N=25$）のイデオロギーの平均値は4.8だが，自営商工業者の平均値と差があるとはいえない。これに対して経済・業界団体リーダー（$N=86$）のイデオロギー平均値は5.6であ

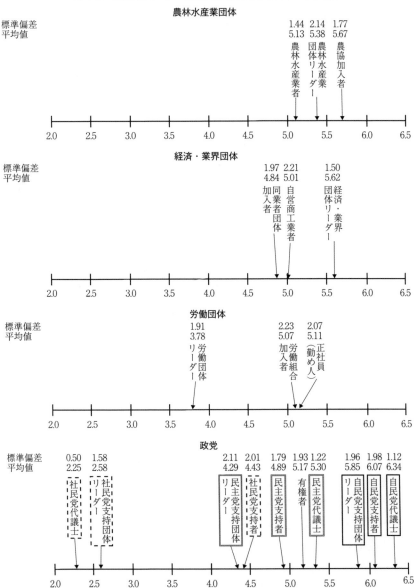

図 4-3 圧力団体リーダーと団体加入者のイデオロギーの平均値

[出所] JES Ⅳ調査（2011年調査），第4次圧力団体調査，東京大学谷口研究室・朝日新聞社共同調査（2012年衆院選候補者調査）より筆者作成。

り，やや保守的である。平均値の差を検定すると，同業者団体加入者の平均値とは必ずしも差があるとはいえないが，自営商工業者の平均値とは差がある。同業者団体は自営商工業者の選好に近いが，経済・業界団体リーダーのイデオロギーは，自営商工業者のそれとやや乖離(かいり)している。

労働組合には，派遣・契約社員・パート・アルバイトなどを組合員としていないものもある。そこで勤め人のうち正社員（$N=408$）のみについてイデオロギーの平均値をみてみると，ほぼ中間の5.1であった。労働組合加入者（$N=30$）のイデオロギーの平均値も5.1であり，労働組合は，一般のサラリーマンを組織化した存在である。しかし労働団体リーダー（$N=27$）は，平均値が3.8であり，かなりリベラルで，労働組合加入者や一般サラリーマンのイデオロギーと一致していない。

以上のように，農林水産業団体リーダーは，農協加入者や農林水産業者とイデオロギーに違いはない。経済・業界団体リーダーは，同業者団体加入者とイデオロギーに違いはないが，自営商工業者とやや違いがある。ただ，これらの団体のリーダーと加入者，業種は，おおむね同じようなイデオロギーをもつ傾向があるといってもよかろう。これらと異なるのが労働団体である。労働団体リーダーは，労働組合加入者や一般のサラリーマンの選好から著しく乖離している。

4　社会（有権者），団体，政党の選好

政党，支持者，支持団体リーダーのイデオロギー

図4-3には，自民党，民主党，社民党に限って，各党支持者，各党を支持する団体のリーダー，各党の所属代議士のイデオロギー平均値を比較した結果も併載している。代議士のデータには，東京大学谷口研究室・朝日新聞社共同調査（2012年衆院選候補者調査）を用いた。ただし同調査は，イデオロギー尺度に「左－右」を用いていることに注意する必要がある。

自民党支持者（$N=404$），自民党支持団体のリーダー（$N=41$），自民党代議

士（$N=77$）のイデオロギーは，平均値に差があるとはいえない。支持者，支持団体リーダー，政党の政治的立場が一致している。自民党代議士は，自民党の固有の支持者や支持団体の政治的立場を代表している。自民党の支持者は，自分の選好を，自民党を通じても，支持団体を通じても実現しうるといえよう。

社民党支持団体のリーダー（$N=19$）と社民党代議士（$N=4$）は，いずれもイデオロギーの平均値が左にあり，社民党支持者（$N=30$）の政治的立場とかなり隔絶している。社民党支持者の選好は，社民党によっても，支持団体によっても実現されにくい。社民党の代議士と支持団体リーダーの政治的立場は一致しており，社民党代議士は支持団体の意向にそっているし，支持団体リーダーは，政治を旧来のイデオロギー対立構図の中でとらえているのであろう。支持団体リーダーおよび政党というエリートが先鋭なイデオロギーを共有し，有権者を導こうとしている。

民主党の場合，支持者（$N=365$）と支持団体リーダー（$N=45$）にはイデオロギーの平均値に差があるとはいえないが，それらと代議士（$N=206$）との間には差がある。ただ，民主党支持団体のリーダーは，民主党支持者よりも，むしろ社民党支持者のイデオロギーに近い。民主党支持団体には，かつての社会党の支持団体であった労働組合が含まれているという事情もあるだろう。

他方，民主党代議士のイデオロギーは，有権者の平均的イデオロギーと差がない。有権者のイデオロギーが単峰分布である場合，中位政党はプラグマティックに振る舞える環境にある。当時の民主党は，党固有の支持者や支持団体の利益代表というわけではなかったようである。

政党，支持者，支持団体リーダーの政策選好

図4-4は，JES Ⅳ調査，第4次圧力団体調査，東京大学谷口研究室・朝日新聞社共同調査（2012年衆院選候補者調査）にほぼ共通する防衛力強化，憲法改正，社会福祉の充実（「小さな政府」）という3つの設問を用いて，自民党，民主党，社民党の支持者，それぞれの支持団体，それぞれの所属代議士の政策選好（政策争点態度）の平均値を比較したものである。[8] 政策選好は，JES Ⅳ調査の憲法改正の質問を除き，賛成，やや賛成，どちらともいえない，やや反対，反対の5段階で尋ねられている。1が革新的な意見，5が保守的な意見になるように

第4章 圧力団体リーダーのイデオロギー

図4-4 自民・民主・社民各党の代議士，支持団体リーダー，支持者の政策争点態度の平均値

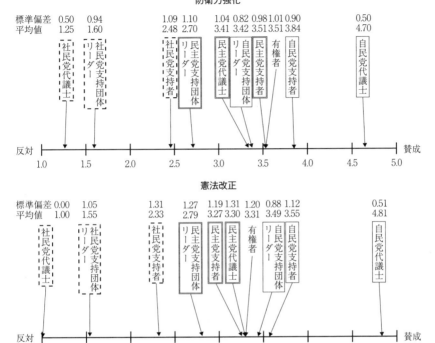

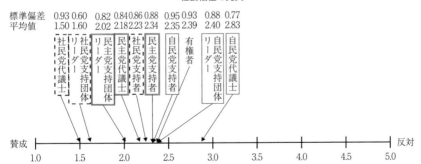

[出所] JES IV調査（2011年調査），第4次圧力団体調査，東京大学谷口研究室・朝日新聞社共同調査（2012年衆院選候補者調査）より筆者作成。

再コードしたものを図示した[9]。

　防衛力強化と憲法改正は，自民党代議士と社民党代議士・社民党支持団体リーダーとの意見の隔たりが大きい。それと比較すれば，社会福祉の充実は，自民党代議士と社民党代議士・社民党支持団体リーダーとの意見の違いがあまり大きくはない。それでも，どの政策争点でも，自民党代議士の位置がほかよりも離れて右側にあり，社民党代議士・社民党支持団体リーダーの位置がほかよりも離れて左側にあるという構図は共通している。

　社民党支持者は，有権者の中でも相対的に左側に位置するが，所属代議士や支持団体リーダーはそれ以上に極端な態度を示し，イデオロギーの場合と類似している。言い換えれば，社民党支持者の選好は，政党によっても，団体によっても，あまり代表されているとはいえない。

　他方，自民党支持者は，有権者の中でも右寄りに位置しているが，自民党代議士の位置はさらに右側の離れたところにある。ところが自民党支持団体のリーダーの位置は，自民党支持者と同じか，それよりも左側に位置する。イデオロギーの場合は三者の立場が一致していたが，個々の政策争点になると立場に違いが出てくる。自民党代議士は，自民党支持者の選好を汲み取るというよりは，自身の立場を明示して支持者をそちらへ導こうとしているようである。その意味では，自民党支持者の選好は，政党よりも団体によって代表されているのであろう。

　民主党支持者の平均値は，いずれも有権者の平均値に近い。そして民主党代議士もまた民主党支持者に近い態度を示している。民主党支持団体のリーダーは，同党の支持者や所属代議士よりも左側に位置する。イデオロギーの場合よりも，支持者と政党の選好が近い。その点で民主党支持者の選好は，団体よりも政党によって代表されているといえよう。ただし前述のイデオロギーの例と同じように，民主党代議士は，集票上の便宜から，国民の平均的な態度に近寄ろうとしているだけかもしれない。

　以上のように社民党や民主党の支持団体リーダーの選好は，それぞれの政党支持者のそれと乖離している。これは，前述した労働団体のリーダーと加入者のイデオロギーの乖離と同じようなものと考えることができ，支持者と支持団体との選好の乖離を示していよう。社民・民主両党の支持団体は，社会（有権

者)の選好を十分に捕捉しきれていないのであり,支持者は,その選好を団体を通じて実現しにくい。他方,自民党の支持団体リーダーは,社民・民主両党に比べ,自民党支持者の選好に近いところに存在している。自民党支持者は,団体を通じてその選好を実現しうるであろう。

有権者全体が中道化しているので,左右両極に位置する社民党および自民党の選好は,それぞれの政党の支持者の選好よりもかなり極端である。社民党および自民党は,自分たちの選好に支持者を誘導しようとしているといえるだろう。社民党の支持者にとっては,団体だけでなく,政党を通じても,自分たちの選好を実現しにくい。民主党の支持者は,政党のほうが,団体を通じてよりも,自分たちの選好を実現しやすい。ただし中位政党の民主党は,党固有の支持者の選好よりも,国民の平均的な選好を顧慮することになるだろう。なぜならそこに位置取りすれば,少なくとも一時的には,党固有の支持者に依存する以上の集票が可能になるからである。

5 圧力団体リーダーのイデオロギーと政治アクターへの接触

圧力団体リーダーのイデオロギーと内閣・官僚への接触

圧力団体リーダーのイデオロギーは,圧力団体の活動とどのように関係しているのであろうか。

圧力団体の内閣(首相,官房長官,大臣,副大臣,政務官)への接触は,団体リーダーのイデオロギーを超えて少なく,とりわけ首相や官房長官への接触は少ない。また圧力団体の官僚(事務次官,局長,課長,課長補佐,係長)への接触は,事務次官や局長は少ないが,課長以下は比較的多い。接触の度合いは,団体リーダーのイデオロギーと相関が低い[10]。

圧力団体の内閣や官僚への接触度が,団体リーダーのイデオロギーとの相関が低いからといって,イデオロギーの影響がないとみるのはいささか早計である。なぜなら民主党中心の連立政権になって,リベラルなリーダーをもつ団体の接触度が高まった結果,イデオロギー的な違いがなくなっている可能性があ

るからである。

　図4-5は，自民党・公明党の連立政権から民主党中心の連立政権に交代したことで接触度がどう変化したかを団体リーダーのイデオロギーごとにみたものである。接触度は，「全くない」「あまりない」「ある程度」「かなり頻繁」「非常に頻繁」の5段階で測られている。接触度の増減は，現在の接触度から，リコール（記憶）調査ではあるが，自公政権時代の接触度を引いた差である。[11]

　その結果，大臣，副大臣，政務官への接触はリーダーがリベラルな団体ほど増えているし，首相や官房長官への接触はリーダーが保守的な団体ほど減っていることがわかる。官僚への接触は，リーダーが保守的な団体はそれほど減っていないが，リーダーがリベラルな団体は増えている。このように民主党中心の連立政権になって，リーダーがリベラルな団体の内閣や官僚への接触度が高まった結果，圧力団体リーダーのイデオロギーと内閣・官僚への接触度との相関が小さくなっている。

圧力団体リーダーのイデオロギーと政党支持，政党への接触

　第4次圧力団体調査では，圧力団体の支持政党を，「あなたの団体と各政党との関係についておたずねします。各政党に対するあなたの団体の支持の程度は，どれ位でしょうか」として，それぞれの政党について，「非常に強く支持している」「かなり強く支持している」「ふつう」「あまり支持していない」「全然支持していない」の5段階で尋ねている。

　また政党との接触度を，「あなたの団体が政党に働きかけをする場合，どの政党と接触することが多いでしょうか。現在と2009年の政権交代前について，次の尺度でどの程度の頻度かお示しください」として，それぞれの政党について，「非常に頻繁」「かなり頻繁」「ある程度」「あまりない」「全くない」の5段階で回答してもらっている。

　支持・接触の程度を民主党，自民党，公明党，社民党，共産党のそれぞれについて尋ねているので，各圧力団体が，最も支持している政党，最も接触している政党，政権交代前に最も接触していた政党と，圧力団体リーダーのイデオロギーとのイータ値（η）を求めた。イータ値は，間隔尺度で測られた変数とカテゴリーの少ない変数との連関度を示し，0から+1までの値をとり，値が

第 4 章　圧力団体リーダーのイデオロギー

図 4-5　圧力団体リーダーのイデオロギーによる接触度の増減

(A) 内閣への接触

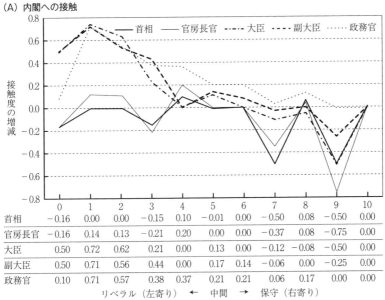

	0	1	2	3	4	5	6	7	8	9	10
首相	−0.16	0.00	0.00	−0.15	0.10	−0.01	0.00	−0.50	0.08	−0.50	0.00
官房長官	−0.16	0.14	0.13	−0.21	0.20	0.00	0.00	−0.37	0.08	−0.75	0.00
大臣	0.50	0.72	0.62	0.21	0.00	0.13	0.00	−0.12	−0.08	−0.50	0.00
副大臣	0.50	0.71	0.56	0.44	0.00	0.17	0.14	−0.06	0.00	−0.25	0.00
政務官	0.10	0.71	0.57	0.38	0.37	0.21	0.21	0.06	0.17	0.00	0.00

リベラル（左寄り）　←　中間　→　保守（右寄り）

(B) 官僚への接触

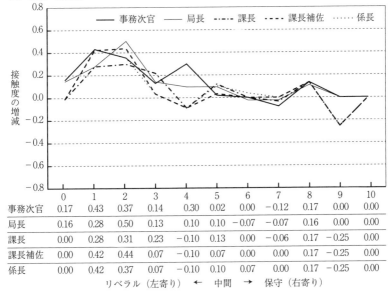

	0	1	2	3	4	5	6	7	8	9	10
事務次官	0.17	0.43	0.37	0.14	0.30	0.02	0.00	−0.12	0.17	0.00	0.00
局長	0.16	0.28	0.50	0.13	0.10	0.10	−0.07	−0.07	0.16	0.00	0.00
課長	0.00	0.28	0.31	0.23	−0.10	0.13	0.00	−0.06	0.17	−0.25	0.00
課長補佐	0.00	0.42	0.44	0.07	−0.10	0.07	0.00	0.00	0.17	−0.25	0.00
係長	0.00	0.42	0.37	0.07	−0.10	0.10	0.07	0.00	0.17	−0.25	0.00

リベラル（左寄り）　←　中間　→　保守（右寄り）

［出所］　第 4 次圧力団体調査より筆者作成。

表4-1 圧力団体リーダーのイデオロギーと政党支持・政党接触とのイータ値

	%	N	η	N
政党支持				
民主党	19.1	236	.19	223
自民党	17.9	235	.26	222
公明党	3.5	231	.08	218
共産党	2.6	230	.31	218
社民党	6.5	232	.32	219
政党接触（現在）				
民主党	29.3	263	.06	245
自民党	12.9	263	.13	244
公明党	5.4	259	.02	243
共産党	5.1	256	.27	242
社民党	7.0	257	.30	243
政党接触（政権交代前）				
民主党	14.8	256	.22	240
自民党	25.2	258	.18	241
公明党	5.9	254	.06	240
共産党	4.8	252	.28	239
社民党	6.3	253	.31	240

［出所］　第4次圧力団体調査より筆者作成。

大きいほど連関度が高い[12]。

　表4-1は，その結果を示したものである。民主党を最も支持していると回答した圧力団体は19.1％，自民党を最も支持しているのは17.9％である。公明党や社民党，共産党を支持する団体はほとんどない。イータ値は，社民党支持0.32，共産党支持0.31と，それらの政党を支持しているのは，リーダーがリベラルな団体である。自民党支持もイータ値が0.26で，自民党を支持する傾向があるのは，リーダーが保守的な団体である。民主党支持のイータ値は0.19とやや小さいが，支持する傾向があるのはリベラルなリーダーの団体である。

　政党に接触している圧力団体は，政権交代前は自民党25.2％に対して民主党14.8％にすぎなかったが，政権交代後は民主党が29.3％に対して自民党12.9％と逆転し，団体が自民党から民主党へ接触対象を変えていることがわかる。

政党接触と圧力団体リーダーのイデオロギーとのイータ値は，政権交代に関係なく，社民党が0.30〜0.31，共産党が0.27〜0.28で，団体数は少ないものの，接触しているのは，リーダーがリベラルな団体である。自民党接触のイータ値は，政権交代によって0.18から0.13に下がっている。値は大きくないが，自民党と接触する傾向があるのは，リーダーが保守的な団体である。民主党のイータ値は，政権交代前は0.22で，接触していたのは，リーダーがリベラルな団体という傾向があったが，政権交代後，0.06に低下した。つまり団体リーダーのイデオロギーとの連関がなくなり，保守的な団体だからといって自民党に接触するわけではなく，リーダーのイデオロギーにかかわらず，圧力団体が民主党に接触するようになったことがわかる。公明党接触は0.02〜0.06で，団体リーダーのイデオロギーと関係はない。

　このように自民党や共産党，社民党への支持と団体リーダーのイデオロギーとは連関している。また政権交代によって，団体リーダーのイデオロギーと自民党接触，民主党接触との連関が小さくなっている。政権交代によって，圧力団体が，自民党との接触を減らし，民主党との接触を増やしたことと関係があると思われる。おそらく保守的なリーダーをもつ団体の中に自民党から民主党へ鞍替えしたものがあったため，両党への接触と団体リーダーのイデオロギーとの連関がともに失われたのであろう。

6 社会 – 政党の選好伝達経路

本章で明らかになったのは以下の通りである。
(1) 圧力団体リーダーのイデオロギー分布は，イデオロギー尺度の5が約6割を占め，一般有権者以上に中道化＝脱イデオロギー化している。
(2) 団体分類ごとに圧力団体リーダーのイデオロギー平均値をみてみると，労働団体や市民・政治団体は他の団体に比べて左寄りであり，経済・産業団体や農林水産業団体は中間に近いが，相対的にやや保守的である。団体の種類によって，リーダーのイデオロギーにはいくらか違いがあるが，そ

の違いはさほど大きくない。

(3) 圧力団体リーダーは，自民党，公明党を保守的，社民党，共産党を左寄りととらえ，イデオロギー尺度上に明確に位置づけることができるが，民主党は，保守かリベラルか位置づけにくいようである。

(4) 農林水産業団体リーダーのイデオロギーは，農協加入者や農林水産業者と違いはない。経済・業界団体リーダーのイデオロギーは，同業者団体加入者と違いはないが，自営商工業者とやや違いがあった。とはいえ，これらの団体のリーダーと加入者，業種はほぼ同じようなイデオロギーをもつといえるのに対して，労働団体リーダーのイデオロギーは，労働組合加入者や一般のサラリーマンとかなり乖離している。

(5) 自民党は，支持者，支持団体リーダー，政党のイデオロギーが一致している。社民党は，支持団体リーダーおよび政党と支持者との間にイデオロギーの乖離がある。民主党は，支持者および支持団体リーダーと政党との間にイデオロギーの違いがある。中位政党の民主党は，国民の平均的なイデオロギーに接近しており，党固有の支持者や支持団体の利益代表というわけではなかったようである。

(6) 社民党支持者の政策選好は，政党および団体のいずれともかなり乖離している。自民党支持者の政策選好は，政党よりも団体に近い。民主党支持者の政策選好は，団体よりも政党に近い。

(7) 自民党連立から民主党連立への政権交代後，大臣，副大臣，政務官への接触はリベラルなリーダーをもつ団体ほど増え，首相や官房長官への接触は保守的なリーダーをもつ団体ほど減っている。官僚への接触は，リーダーが保守的な団体はそれほど減っていないが，リーダーがリベラルな団体は増えている。

(8) 自民党や共産党，社民党，民主党への支持と団体リーダーのイデオロギーとは連関している。政権交代によって，団体リーダーのイデオロギーと自民党接触，民主党接触との連関が小さくなっている。

以上のような結論から，社会（有権者），団体，政党の関係について，どのようなことがいえるだろうか。社民党は，団体－政党間のイデオロギーや政策選好が一致するものの，社会－団体間，社会－政党間のイデオロギーや政策選好

第 4 章　圧力団体リーダーのイデオロギー

は乖離している。民主党は，社民党ほど甚だしくはないが，イデオロギーは社会‐団体間は一致するものの，社会‐政党間，団体‐政党間は一致せず，政策選好は社会‐政党間のみが近かった。自民党は，社会，団体，政党のイデオロギーが一致する。すなわち社民党や民主党の場合，団体は社会の選好を必ずしも代表しておらず，社会‐団体‐政党の選好伝達経路は機能していないのに対して，自民党の場合は，社会‐団体‐政党の選好伝達経路がまだ機能しうるようである。

　しかし自民党でも，個別争点になると，社会‐政党間，団体‐政党間の政策選好は乖離している。民主党や自民党のような大きな政党に団体‐政党間の政策選好の乖離がみられることは，有権者の脱組織化，団体のリソース縮小による弱化などを背景に，社会‐政党の選好伝達経路が模索されていることを示しているのであろう[13]。すなわち政党は，団体を通じて支持者を固めるよりも，有権者と直接，結び付こうとしているのである。おそらくそれは，小選挙区制を主体とする選挙制度の定着によって，党固有の支持者や支持団体を超えて集票する必要が出てきた 2000 年代初めから進んできていると思われる。脱イデオロギーの時代にあって，政党は，政策理念よりも支持票の拡大を重視し，政策を平均的な有権者に近いものに変更することが合理的である。中位政党は，ばらまきなど，ポピュリズム政策を打ち出す。有力な中位政党が存在する場合，他の政党は，政策的差異を際立たせることになる。圧力団体リーダーが政党間のイデオロギー対立をやや大きいと認識し，実際に両極の政党の立場が支持者の政策選好よりも先鋭的なものである理由の一端はそこにあるだろう。

注

1) 本章は，竹中（2014a，2014b）を改稿したものであることをお断りしておく。また以上の記述は，竹中（2010）と一部重複する。
2) 「保守―革新」「保守―リベラル」「左―右」は，必ずしも同一の尺度ではない（遠藤・ジョウ 2014）。第 4 次圧力団体調査では，設問数の関係上，複数のイデオロギー尺度による測定はできなかった。そこで，質問文には「保守的」「リベラル（進歩的）」という言葉を使い，尺度には「リベラル（左寄り）」「保守的（右寄り）」と記入することで，用語に伴う異同がないように思わせる工夫を凝らした。それでも他の調査と比較する際には慎重さが必要である。
3) 調査の回答者は，39 団体が最高責任者，256 団体がそれ以外であったので，厳密には

団体の「リーダー」ばかりだとはいえない。だが各団体とも，責任のある立場の人が回答していると思われ，それらの人々はリーダーと考えを共有していると思われる。調査対象となった圧力団体自体，政策決定過程に影響力を行使しうる点で，団体世界のエリート的存在である。

4) JES 調査は，一般有権者の投票行動や政治意識を分析するために，1980 年代から断続的に行われている全国的・時系列的なパネル調査である。本章では，平成19〜23 年度文部省科学研究費特別推進研究「変動期における投票行動の全国的・時系列的調査研究」に基づく「JES Ⅳ 研究プロジェクト」（参加者・平野浩学習院大学教授，小林良彰慶應義塾大学教授，池田謙一東京大学教授，山田真裕関西学院大学教授）が行った研究成果である JES Ⅳ データを利用した。http://www.res.kutc.kansai-u.ac.jp/JES/index.html. データの公開は山田教授からご教示いただき，データの利用に際しては，平野教授，名取良太関西大学教授のご助力を賜った。JES Ⅳ 調査では，第 4 次圧力団体調査と同じように 11 段階尺度上に自己のイデオロギーを位置づけさせているが，「保守―革新」の尺度が使われている。また郵送調査は，一般に面接調査より回収率が低く，その分，信頼度も下がるが，第 4 次圧力団体調査が野田佳彦内閣下の 2012 年に行われているため，それに最も近い 2011 年調査（第 7 波）を採用した。

5) 農林水産業団体，経済・業界団体，労働団体，市民・政治団体のリーダーのイデオロギー分布は，竹中（2014a）を参照。

6) もっとも，この分析は，JIGS2 調査などのデータに基づいている。JIGS2 調査は，圧力団体だけではなく，社会全般に存在する広範な団体を対象とすべきだという視点からなされたものである。第 4 次圧力団体調査の結果と同列に論じることはできない。

7) JES Ⅳ 調査の第 7 波の回答者は，無職者が 719 人，有職者が 928 人で，そのうち農林漁業従事は 40 人，商工サービス従事は 82 人である。また同調査には，組織加入を「農協」と「同業者の団体」とに分けた質問は第 4 波にしか存在しない。しかし第 4 波でこの組織加入の質問をした対象は，第 3 波までで脱落した数を補うために新規に追加された 440 サンプルに限られ，加入者は，「同業者の団体」が 70 人，「農協」が 46 人，「労働組合」が 83 人である。いずれも，イデオロギー尺度上に自己位置づけしていない者は分析の対象から除外されるので，サンプル数はさらに減る。

8) 質問文は，JES Ⅳ 調査が「日本は防衛力をもっと強化するべきだ」「今の憲法は時代に合わなくなっているので，早い時期に改憲した方がよい／今の憲法は大筋として立派な憲法であるから，現在は改憲しない方がよい（4 段階尺度の 1 が 5，4 が 1 になるように変換）」「年金や老人医療などの社会福祉は財政が苦しくても極力充実するべきだ」，第 4 次圧力団体調査が「日本は防衛力をもっと強化するべきだ」「今の憲法は時代に合わなくなっているので改正するべきだ」「年金や老人医療などの社会福祉は財政が苦しくても極力充実するべきだ」，東京大学谷口研究室・朝日新聞社共同調査（2012 年衆院選候補者調査）が「日本の防衛力はもっと強化すべきだ」「憲法を改正すべきだ」「社会福祉など政府のサービスが悪くなっても，お金のかからない小さな政府の方が良い」である。

9) N は，自民党支持者 404（憲法改正は 403，社会福祉の充実は 401），民主党支持者 361（憲法改正は 358），社民党支持者 30（防衛力強化は 29），自民党支持団体リーダー 43，民主党支持団体リーダー 47，社民党支持団体リーダー 20，自民党代議士 99（社会

第4章　圧力団体リーダーのイデオロギー

福祉の充実は98），民主党代議士260（防衛力強化は263），社民党代議士4である。
10) 圧力団体の行政への接触は，本書第6章を参照。また圧力団体の行政への接触度とイデオロギーとの関係についての詳細は，竹中（2014a），参照。
11) 厳密には順序尺度であり，加減乗除には意味がないが，増減を知るために便宜的に減法を用いた。
12)「非常に強く支持している」政党，あるいは「非常に頻繁」に接触している（していた）政党が1つも存在しない場合には，「かなり強く支持している」政党，あるいは「かなり頻繁」に接触している政党を最も支持・接触する政党とみなした。政党支持が「ふつう」以下，あるいは政党接触が「ある程度」以下しかない場合には，最も支持・接触する政党は存在しないものとした。「かなり強く支持している」政党，あるいは「非常に頻繁」に接触している（していた）政党が複数あれば，すべての政党を，最も支持・接触する政党として取り扱った。圧力団体リーダーのイデオロギーと政党支持・政党接触についての竹中（2014a）の分析は不正確であり，問題がある。お詫びして訂正する。
13) 政策選好の乖離にとどまらない，団体と政党との関係の弱化という「カルテル政党」的な側面については本書第5章を参照。

引用・参考文献

石生義人 2002「ロビイング」辻中豊編『現代日本の市民社会・利益団体』（世界の市民社会・利益団体研究叢書I）木鐸社，163-189頁。

伊藤光利 1995「大企業労使連合 vs 地方政府・政策受益団体連合（1）——第2次圧力団体関係構造の分析」『政策科学』3巻2号，15-30頁。

伊藤光利 1996「大企業労使連合 vs 地方政府・政策受益団体連合（2）——第2次圧力団体関係構造の分析」『政策科学』3巻3号，21-38頁。

伊藤光利 1998「大企業労使連合再訪——その持続と変容」『レヴァイアサン』1998冬臨時増刊号，73-94頁。

遠藤晶久＝ウィリー・ジョウ 2014『イデオロギーラベル理解の世代差に関する実験的検証』早稲田大学現代政治研究経済所 Working Paper Series, No. J1402, 1-17頁。

蒲島郁夫・竹中佳彦 1996『現代日本人のイデオロギー』東京大学出版会。

蒲島郁夫・竹中佳彦 2012『イデオロギー』（現代政治学叢書8）東京大学出版会。

竹中佳彦 2010「団体リーダーのイデオロギーと利益の組織化」辻中豊・森裕城編『現代社会集団の政治機能——利益団体と市民社会』（現代市民社会叢書2）木鐸社，90-114頁。

竹中佳彦 2014a「圧力団体リーダーのイデオロギー」辻中豊編『第四次　団体に関する調査報告書』筑波大学，14-39頁。

竹中佳彦 2014b「利益表出におけるイデオロギー——選挙・圧力団体・マスメディア」2014年度日本選挙学会報告論文（早稲田大学，5月17日），1-79頁。

辻中豊 2002「結論」辻中豊編『現代日本の市民社会・利益団体』（現代世界の市民社会・利益団体研究叢書I）木鐸社，331-340頁。

辻中豊・崔宰栄 2002「現代日本市民社会の団体配置構造——要因相互間の関連」辻中豊編『現代日本の市民社会・利益団体』（現代世界の市民社会・利益団体研究叢書I）木鐸社，303-330頁。

丹羽功 2006「利益団体間の協力と対立」村松岐夫・久米郁男編『日本政治　変動の30年——政

治家・官僚・団体調査に見る構造変容』東洋経済新報社,277-297頁。
村松岐夫・伊藤光利・辻中豊 1986『戦後日本の圧力団体』東洋経済新報社。
森裕城 2002「団体 - 政党関係——選挙過程を中心に」辻中豊編『現代日本の市民社会・利益団体』（現代世界の市民社会・利益団体研究叢書Ⅰ）木鐸社,140-161頁。
Downs, Anthony, 1957, *An Economic Theory of Democracy*, Harper & Row（古田精司監訳 1980『民主主義の経済理論』成文堂）.

第5章

団体 – 政党関係の構造変化

希薄化と一党優位の後退

濱本 真輔

1 本章の目的

団体，政党をめぐる環境の変化

　団体と政党には国民の利益や意見を政治過程に吸い上げ，時に対立する利害を調整し，いくつかの政策にまとめる役割がある。日本を例とすると，政権与党内では年間1300回以上もの政策に関する会議が開催され，そこに年間400ほどの団体と個人が参加し，現状や要望を関係者に伝えている。政党は官僚制とともに政策や法案を形成，審査している。多様な民主主義観が提示されているものの，恒常的に意思決定にかかわる主体として，団体と政党は依然として代議制民主主義の根幹をなしている。

　ただし，各国で団体，政党を取り巻く環境の変化が指摘されている[1]。それを3点にまとめると，第1に，政府の機能変化とグローバリゼーションの進展である。財政赤字の拡大に伴い，各国では小さな政府志向が強まった。新自由主義的改革の進展と冷戦の崩壊により，グローバリゼーションが進行し，貿易自

由化，規制緩和の流れが加速した。国内および国際環境の両面において，大きな政府とそこに圧力をかける団体への批判が強まった。

第2に，メンバーシップに基づく政治の後退と政党のカルテル化である。党員や団体加入者が減少し，メンバーシップを基礎とした政治が後退している (Biezen and Poguntke 2014)。党員や団体加入者に依拠した政党運営は困難を抱えており，大衆政党とは異なる形への適応を迫られている。カッツとメアはカルテル政党論を提起し，政党が国庫からの補助を受ける形で適応を進め，政党政治が市民社会的基礎を弱めていると指摘している (Katz and Mair 1995)。

第3に，ポピュリズムと直接民主主義の高まりである。ポピュリズムのとらえ方，民主主義との関係には複数の評価が存在するものの，ポピュリズム政党は既存政党やエリートに対する批判，直接民主主義的手法を強調するという特徴が指摘されている。代議制民主主義を前提しつつも，政党や集団を迂回し，人々に直接訴えかける政治スタイルがとられやすい（石田 2013; 吉田 2011）。

日本における団体 - 政党関係

では日本の団体 - 政党関係はどのようにとらえられてきたのだろうか。その特徴として，社会的亀裂に根づいた対立は確認されないものの，階級的対立に類似した団体の配置・対立構図が存在した。この疑似階級的配置とは経済団体，農業団体，福祉団体などが自民党のみを支持し，接触する一方で，労働団体や市民団体は社会党や民社党などの野党を中心とした支持，接触をしてきたことを表現したものである（辻中 1988）。政権交代の可能性が著しく低下し，自民党が唯一の政権担当政党としての地位を確立し，政権が長期化する中で，さまざまな団体は自民党への接近を重視した。そして，2009年の政権交代前まで，全体の基調は弱体化しながらも一党優位の持続であった（森 2010）。

ただし，前述した各国に共通の変化は，日本でも指摘されている。グローバリゼーションの進行によって，自民党を支えてきた「鉄とコメの同盟」(Rosenbluth and Thies 2010 = 2012) 内での対立を加速させた。また，第1章で示されているように，人々の団体離れも進み，団体政治の域外が広がり，団体と既成政党の関係を既得権，政官業の癒着と厳しく批判するポピュリズム（大嶽 2006）も指摘されるようになった。

また,各国で一様ではないものの,日本では選挙制度改革をはじめとする統治機構改革が進められた。これにより,団体・族議員・官僚制が形成する下位政府の影響力が低下し,首相や官邸を中心とした政策決定の拡大が指摘されている(大嶽 2006; 竹中 2006; 上川 2010; 建林 2004)。政策決定の変化は定性的,定量的検討の両面から明らかにされている。

さらに,団体 - 政党関係を変容させる短期的要因として,政権交代と民主党政権の成立がある。政権交代の可能性が非常に低い中で,官僚制,司法,団体等のアクター間関係は自民党を軸としたものに偏った。これが政権交代の可能性の高まり,そして実際の政権交代を受けて,中立化する方向性も考えられる。また,民主党は各種アクターの偏りを政官業の癒着として批判し,政権運営上は政治主導を掲げ,政策面では裁量主義から普遍主義への転換を軸としていた(上神・堤 2011)。これは,さまざまな団体の政策決定や執行上の役割を弱める可能性があった。つまり,民主党政権の登場が団体 - 政党関係に与える影響は政権交代のある民主主義に比べて,より大きいと想定される。

本章の問いとその意義

このように,中・長期的にはグローバリゼーションの進展,統治機構改革,政党の新たな環境適応があり,短期的には政権交代,民主党政権の成立がある。しかし,日本において団体 - 政党関係を取り巻く状況が大きく変化する一方で,検討されていない課題が3つある。

第1に,2大政党制化が進み,政権交代を経験したうえでの団体 - 政党関係はほとんど検討されていない。第2に,最も重要な点として,団体の行動様式の特徴,行動の背景にある要因が十分に明らかになっていない。具体的には,団体はどのような点を考慮しつつ政党と接触し,支持しているのか。団体が何を考慮しているのかによって,今後の団体 - 政党関係のパターンは異なるものの,団体の行動の背景にある要因を直接検証する試みはなされてこなかった。第3に,主に2000年代以降の日本の団体 - 政党関係は,比較のモデルの中で位置づけられていない。

以上から,本章では次の3点を検討する。第1に,団体 - 政党関係はどのような状態にあるのか。2009年の政権交代後の状況は過去のそれと同程度もし

くは大きく変化しているのだろうか。第2に，団体の行動様式の特徴は何かである。第3に，団体－政党関係にはどのようなパターンが存在し，日本のそれはいかなるパターンへの変化と位置づけられるのか。一党優位型の継続もしくは，どのようなモデルの方向への変化と考えられるのかを検討する。

　これらの問いに対して，序章でも述べられているように，本章でも複数のデータソースに依拠しつつ，1980年代から2014年までの時系列的な比較から検討する。圧力団体調査の結果とともに，政治資金収支報告書，『参議院要覧』や『衆議院公報』から作成したデータを使用する。さらに，圧力団体レベルは政治状況に左右されやすいため（森・久保 2014），団体の行動様式を把握するうえでは JIGS3 調査の結果も踏まえつつ，分析する。

　本章の問いには，2点の意義があると考える。第1に，利益集団，政党研究の双方から議論が提示されている中で，日本の団体－政党関係のパターンを位置づけることにつながる。それは政党システムや政策過程の特質を把握することに寄与するであろう。第2に，中・長期的要因，短期的要因が指摘される中で，団体の行動様式についての理解を深め，従来の研究では仮定・前提とされていた部分を検討することになる。分析結果には，今後の団体－政党関係をミクロ的に考察する際の基礎となる部分がある。

　本章の構成は，次の通りである。次節では利益集団，政党研究に依拠しつつ，団体－政党関係のモデルを示す。第3節では団体－政党関係の密度を資金，選挙運動，人材，接触の面から記述し，団体の政党離れが進んでいるのかどうかを検討する。第4節では団体の政党接触，支持のパターンを検討する。第5節では団体の行動様式とその背景にある要因を探求する。第6節では日本の団体－政党関係における，2つの構造変化を示し，その含意を述べる。

2　団体－政党関係のモデル[2)]

　本節では利益集団，政党研究の双方から提示されているモデルを検討し，次節以降の分析枠組みを構築する。

団体-政党関係のモデル

団体-政党関係については，それぞれの研究領域から複数のモデルが示されてきた。第1に，古典的な多元主義論で想定される団体-政党関係である（多元主義型）。団体は自らの資源を活用しながら，争点や状況に即して各政党と接触し，政策実現をめざす。この場合，団体と政党の関係は固定的なものでなく，時々の政治状況に応じた流動的なものとみなされる。

第2に，団体と政党の関係が一対となっている場合である（社会的亀裂型）。多元主義型のモデルは団体が接触する対象との政策がそれほど離れていない状態を想定している。しかし，イデオロギー，民族，言語など，さまざまな点で分極的なシステムでは団体が複数の政党と接触せず，特定の政党と安定的な関係を構築する可能性がある。つまり，このモデルでの団体は政策上の乖離が大きいために，政策の近い政党のみを支持し，政権交代を通じて政策の大幅な変更をめざす。社会的な亀裂と団体-政党関係が対応している場合が想定される。

第3に，一党優位政党制下の団体-政党関係である（一党優位型）。上記の2つのモデルはどちらも政権交代の可能性があり，政党間の影響力関係は長期的に拮抗すると考えられている。そのため，行政も与野党への組織的な偏りを回避すると考えられる。しかし，優位政党が存在する場合，行政が優位政党とそれに連なる団体へと偏ると指摘されてきた（Arian and Barnes 1974）。

ある政党が優越的な地位を形成しているシステムでは，政策距離ではなく優位政党への接触が重視される。なぜなら，政権交代の可能性が非常に低いため，団体が政策選好を実現するには優位政党に接近する必要があるからである。つまり，このモデルにおける団体は政策距離よりも優位政党への接触を重視するために，政策上は遠い場合でも優位政党に接触する。そのため，優位政党がほとんどの団体と接触する。

ただし，一党優位政党制下の団体-政党関係には，異なるモデルも提示されている。村松岐夫とエリス・クラウスは圧力団体調査の分析から，自民党への支持や接触の程度が弱い団体であっても，行政ルートでの接触から完全に排除されていないこと，政策実施・阻止の経験（特に阻止）と自民党との近接性にあまり関係がないこと，労働団体の自己認知影響力の高さなどを明らかにした（Muramatsu and Krauss 1990; 村松・伊藤・辻中 1986）。これらの知見に基づいて，

表 5-1　団体-政党関係の視点とモデル

視点	指標	団体-政党間パターン			
		多元主義型	社会的亀裂型	一党優位型	カルテル政党型
関係性の密度	人材,資金,集票,政党接触の有無	濃密	濃密	濃密	希薄
対象政党	接触政党,支持政党	複数	特定	特定（優位政党）	接触なし
行動様式	政策一致度,優位性	政策・権力	政策	権力	―

［出所］　筆者作成。

日本は優位政党が存在するものの，野党の排除性が低いシステムであるとして，一党優位型の異なるモデルを彼らは提起した。

　第4に，カルテル政党下の団体-政党関係である[3]。政党のリソースを供給するのは有権者，市民社会に限られず，政党への国庫補助をはじめとする国家からも得ることが可能である。カルテル政党下の団体-政党関係では，政党が団体との接触を従来よりも重視しなくなる可能性がある。このように，団体-政党関係には政策距離，優位政党の存在（政権交代の可能性），排除性の程度，関係の希薄化という観点で区別可能な複数のモデルが提示されている[4]。

団体-政党関係の視点と指標

　各モデルの相違点をまとめ，次節以降の分析の視点と指標を提示する。表5-1は，記述の視点，指標，モデルで想定される傾向をまとめたものである[5]。団体-政党関係を記述するにあたって，①関係性の密度，②接触対象のパターン，③団体の行動様式[6]の3点に着目する。

　関係性の密度とは，団体-政党間で人材，資金，集票上のかかわりなどのリソースの交換関係の程度である。他のモデルと異なり，カルテル政党下の団体-政党関係では上記のかかわりが希薄なものになると考えられる。

　次に，対象政党が存在するかどうか，また対象が特定の政党に限定されているかどうかである。接触や支持する政党がなければ，カルテル政党下の団体-政党関係に近い。対象政党が存在する場合も，特定の政党に限定されていれば，

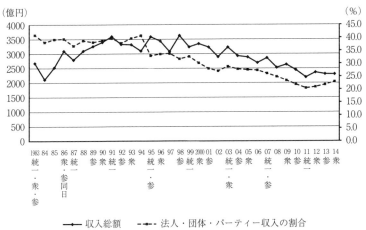

図 5-1 政治資金収入総額（中央分＋地方分）と各種団体による献金の割合

──◆── 収入総額　　──■── 法人・団体・パーティー収入の割合

［出所］　総務省資料より筆者作成。

社会的亀裂型，一党優位型に近い。対象政党が複数存在する場合は多元主義型に近い。

　最後に，団体の行動様式とは，団体が政党と接触する際に政策の一致，政党の影響力など，いかなる要素に影響を受けるのかである。特定の政党の影響力評価が行動に強く影響を及ぼしていれば一党優位型に近くなり，政策一致度が重視されていれば社会的亀裂型，多元主義型に近くなる。これらの要素を組み合わせると，変化の方向性がいかなるパターンへの移行であるのかが推察できる。以下，第3節では関係性の密度，第4節では対象政党，第5節では行動様式を検討する。

3 希薄化する団体－政党関係

　本節では団体－政党関係の密度を資金，選挙運動，人材，政党接触の面から記述する。関係性の密度が低下していれば，カルテル政党論で想定される団

表 5-2 自民党，民主党本部の収入総額と内

A. 自民党

年	2000	01	02	03	04	05	06	07	08
本年収入額（億円）	271.1	244.3	229.3	257.0	264.1	262.3	261.6	252.9	308.1
党費（以下%）	6.8	7.5	4.9	4.7	3.9	3.9	4.5	4.1	3.3
個人献金	1.2	1.3	1.4	1.2	1.2	1.3	1.4	1.5	1.1
団体献金	19.6	18.0	14.2	13.8	10.7	10.9	11.4	12.4	9.1
政党交付金	53.6	59.5	66.1	59.9	58.8	60.2	64.4	65.6	51.4
立法事務費	9.0	9.7	10.4	9.4	9.3	9.8	10.7	11.1	8.7
事業収入	2.0	3.6	2.5	3.0	2.2	2.2	2.1	2.2	1.6
借入金	7.4	0.0	0.0	7.8	13.3	11.4	5.0	2.8	24.3

B. 民主党

年	2000	01	02	03	04	05	06	07	08
本年収入額（億円）	109.9	110.5	106.6	114.4	141.4	140.7	125.0	131.5	142.1
党費（以下%）	0.0	0.0	2.9	0.8	0.8	1.1	2.0	1.5	1.9
個人献金	0.0	0.0	0.0	0.0	0.0	0.0	0.0	0.0	0.0
団体献金	1.0	0.3	0.0	0.5	0.4	0.7	0.7	0.8	0.9
政党交付金	69.6	76.0	81.8	84.6	83.6	83.6	83.8	84.2	83.6
立法事務費	10.8	12.2	12.6	12.1	13.1	12.3	11.2	11.2	11.2
事業収入	0.2	2.2	2.4	1.8	1.9	2.1	2.1	2.0	2.2
借入金	18.2	9.0	0.0	0.0	0.0	0.0	0.0	0.0	0.0

［出所］政治資金収支報告書より筆者作成。

体‐政党関係に近づいている可能性が浮上する。

減少する団体からの政治資金

団体の政党との政治資金上のかかわりをみていこう。図5-1は政治資金収入総額（中央分と地方分）と総額に占める法人・団体・パーティー収入の献金の割合を示したものである。政治資金の収入総額をみると，1990年代の3000億から3500億がピークであり，2000年代以降は減少傾向にある。2010年代は2300億前後を推移しており，最盛期に比べると，中央・地方で集められている政治資金は1000億ほど減少している。

次に，法人・団体・パーティー収入の割合をみると，こちらは1995年を境にその割合が徐々に低下している。1983年から94年までは政治資金総額の変化にかかわらず，40％が企業や各種団体からの献金によって成り立っていた。

第 5 章　団体 - 政党関係の構造変化

訳の割合

09	10	11	12	13	14
197.3	152.3	139.6	159.0	233.0	234.2
4.3	5.4	5.7	3.8	3.4	3.4
1.3	1.1	1.3	1.1	1.4	1.5
10.6	8.0	8.3	7.9	8.8	9.8
70.9	67.4	72.5	63.9	64.6	67.4
10.4	8.0	8.9	8.6	11.5	11.8
2.2	2.8	2.9	2.0	1.5	1.5
0.0	6.6	0.0	12.6	0.0	4.3

09	10	11	12	13	14
163.0	206.9	202.3	195.6	94.3	77.8
1.6	1.7	1.5	1.8	2.3	3.0
0.0	0.0	0.0	0.0	0.0	0.0
0.6	0.2	0.0	0.0	0.0	0.0
83.8	82.7	83.2	84.4	82.5	85.9
13.7	15.1	15.1	13.5	9.8	10.6
0.0	0.0	0.0	0.0	0.0	0.1
0.0	0.0	0.0	0.0	0.0	0.0

政党助成法が施行された 1995 年は企業・団体の収入総額に占める割合が 8％ポイント低下し，影響の大きさがうかがえる。2000 年代に入ると減少が顕著になり，2010 年代に入ると，こちらも 90 年代前半までの半分となっている。このように，政治資金面での団体の政党政治とのかかわりが弱まっている。

総額の推移ではさまざまな団体や政党，団体間の動きが含まれているため，自民党と民主党別にみてみよう。表 5-2 は自民党，民主党本部の収入総額と内訳の割合を示している。自民党の収入総額は与党時に 250 億，野党時に 150 億前後で推移している。収入の内訳をみると，交付金収入が 60％ 前後を占めている。他方，団体献金は 2000 年に 19.6％ を占めていたものの，2004 年頃には 10％ 前後まで低下し，2013 年には 8.8％ とほぼ半減している。また党費収入も 2000 年に 6.8％ であったが，2013 年には 3.4％ に半減している。本部収入レベルでみると，党員や団体からの収入割合は半減する一方で，交付金への依

存度が高まっている。

　民主党の収入総額をみると，野党時は120億前後，与党時は200億前後である。収入の内訳は，交付金が80%以上を占めている。また，立法事務費も含めると，90%以上が税金によって賄われている。このように，団体－政党間の資金関係は弱まっている。

縮小する選挙運動

　団体の選挙運動はどのようになっているのか。活動量をみるにあたって，明るい選挙推進協会の有権者調査をみてみよう。同調査では有権者が3つの団体（労働組合，同業組合などの仕事関係の団体，その他の団体の推薦）の選挙運動に接触したかどうかを尋ねていた。

　図5-2は有権者が各種団体の選挙運動に接触した割合，団体への非加入率を示したものである。[7] 団体推薦合計とは，3つの項目を足し合わせたものである。また，参照として後援会の選挙活動に接触した有権者割合も示している。

　これらの団体はどれほどの有権者に接触しているのだろうか。図をみると，利益団体の選挙運動に接触する有権者割合が1990年以降，大幅に低下している。1986年には延べ約27%の有権者が利益団体の選挙活動に接触していたが，2005年には約8%まで，約19%ポイント低下している。この低下傾向は，団体推薦項目を構成する労働組合，同業組合等の仕事関係の団体，その他の団体のすべてに当てはまる。他方，団体への非加入率は高まっている。第1章で詳述されている通り，2009年以降は40%前後にまで上昇している。

　団体の選挙運動の減少は，集票側であるJIGS調査からも指摘されている（森2002; 2010）。JIGS 1（1997年）では10年前よりも活動量が低下しているとみられていた。また，JIGS 2（2007年）によると，自民党支持の傾向が強い農業や経済団体では選挙運動の低下傾向が確認されている。

人的関係の弱まり

　団体－政党関係は団体候補者の擁立にもみられる。利益団体の代表者が候補者として擁立されることもあり，当選後は党内で直接活動する。このような傾向は参議院の全国区，後の比例区で顕著であり，利益代表議員の存在は団体－

図 5-2　各種団体の選挙運動への接触率と団体非加入率の推移

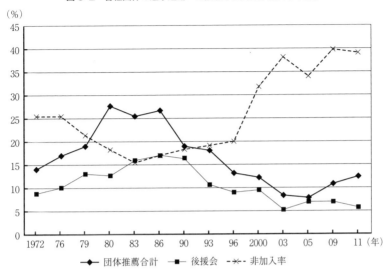

[出所]　明るい選挙推進協会調査より筆者作成。

政党関係をとらえるうえでも着目されてきた（辻中 1988）。

表 5-3 は参議院議員の当選以前の経歴を示している。1980 年から 2001 年までは東大法・第 5 期蒲島郁夫ゼミ編（2005）で用いられたデータを活用した。その後の時期は，前掲書と同様に，『参議院要覧』からデータを作成した。[8]

この表をみると，参議院議員の背景が大きく変化している。1980 年には官僚出身者が 24.1％，労働団体出身者が 21.5％，農業団体出身者が 12.6％ を占めていた。しかし，2010 年段階ではいずれのカテゴリもその割合が 10％ ポイント近く下落している。官僚出身者は比例区から団体の推薦の下に出馬する例が多い。そのため，官僚出身者の減少も団体 – 政党関係の弱まりを示している。もちろん，すべての団体が減少傾向にあるわけではない。学術団体，市民・政治団体が増加傾向にあるものの，その割合はかつて多かったカテゴリの総計を埋めるほどに大きくない。また，非営利団体（NPO）等の新興の団体が多数の議員を輩出するには至っておらず，その政治的影響力は大きくない。

他方，1990 年代中頃以降，団体に属さない議員が増加している。政党，官僚制，各種社会団体のいずれにも属していない議員は 1992 年まで 14％ 前後で

表 5-3　参議院議員の経歴（1980-2010 年）

[単位：%]

団体分類＼年	1980	83	86	89	92	95	98	2001	04	07	10	変化率(2010-1980)
農業団体	12.6	12.9	12.6	10.5	9.5	9.2	6.0	6.8	7.2	5.3	4.1	-8.5
経済団体	7.3	8.6	9.2	8.6	9.1	9.2	9.0	7.6	8.4	5.3	3.7	-3.6
労働団体（全体）	21.5	19.1	17.9	22.9	21.2	14.6	14.6	13.6	11.6	12.2	12.8	-8.7
労働団体（官公労）	12.3	10.2	9.5	10.9	10.2	5.7	4.1	4.8	4.4	4.5	4.9	-7.3
労働団体（民間）	9.6	9.4	8.8	12.4	11.0	8.8	10.5	8.8	7.2	7.7	7.8	-1.8
宗教団体	3.8	2.7	3.1	2.6	1.9	1.9	1.9	0.8	0.0	0.0	0.0	-3.8
行政団体	6.5	7.8	8.4	6.8	6.8	7.7	7.5	6.4	4.8	4.5	4.5	-2.0
教育団体	1.9	3.1	3.4	3.8	3.8	3.1	3.7	3.2	2.8	2.0	1.6	-0.3
医療・福祉団体	5.0	5.9	5.3	6.4	6.8	8.8	8.6	7.6	7.2	5.3	5.3	0.4
スポーツ・報道・その他文化団体	7.7	10.5	11.1	12.4	13.6	11.5	12.4	11.2	10.4	9.3	8.2	0.6
法曹団体	1.9	2.0	2.7	4.5	4.5	3.8	2.6	3.2	3.2	4.1	4.1	2.2
学術団体	0.8	2.0	3.1	1.9	2.7	4.6	5.2	5.6	5.6	4.9	5.3	4.6
市民・政治団体	5.7	7.0	7.6	10.9	12.9	10.7	13.9	14.0	12.0	15.9	15.6	9.9
官僚	24.1	23.0	21.0	16.5	18.2	20.7	16.5	17.6	16.5	12.6	14.0	-10.1
国会議員	8.8	6.3	6.9	6.4	3.8	3.8	9.7	11.6	11.2	15.0	14.8	6.0
首長（知事・市町村長）	12.3	9.4	8.8	8.3	6.1	3.1	2.6	2.0	2.4	2.8	3.3	-9.0
地方議員	24.5	25.8	26.0	24.1	22.7	23.8	25.1	25.6	26.5	27.6	25.9	1.4
上記のいずれにも属さない議員	13.4	14.1	14.1	14.3	12.9	17.2	19.5	19.6	21.7	23.2	23.9	10.5
N	261	256	262	266	264	261	267	250	249	246	243	

［出所］　辻中・濱本・和嶋（2013）より作成。

推移していたものの，その後は徐々に増加し，2004 年以降は 20% を超えている。かつて多くの議員を輩出してきたさまざまな団体は，団体加入者の減少とともに，人的資源の面でも政党とのかかわりを弱めつつある。

政党に接触しない団体の増加

次に，団体の政党接触をみていこう。表 5-4 は，圧力団体レベルの政党接触の傾向である。「3．ある程度」以上の回答を「接触あり」として数えている。表からは，2 つの傾向がうかがえる。第 1 に，政党と接触しない団体が増加している。1980 年には接触なしが 11.1% であったものの，徐々に増加し，第 4 次調査では 30% を超えている。第 2 に，1 党のみと接触している団体の割合は減少している。第 1 次に 33.3% と 3 党以上と接触する団体に次いで多いカ

第5章　団体‐政党関係の構造変化

表 5-4　政党接触，接触数の傾向

[単位：%]

		第1次	第2次	第3次	第4次
接触	接触なし	11.1	25.6	22.6	32.0
	1党のみ	33.3	14.1	19.8	13.2
	2党	8.7	7.9	13.2	18.0
	3党以上	46.7	52.5	44.2	36.9
助力を頼めない団体		16.7		32.2	40.0

［出所］　圧力団体調査（第1〜第4）より筆者作成。

テゴリであった。しかし，第4次調査では13.2%にまで減少している。

　また，表には議員に助力を頼めない団体の割合を示している。第1次では16.7%であったものの，第3次には30%を超え，第4次には40%の団体が助力を頼める議員がいないと回答している。2009年の政権交代により，それまで関係のあった議員が落選したという短期的な要因の可能性もあるものの，団体‐政党関係が希薄なものになっている。

　本節では団体‐政党関係の密度について，資金，選挙運動，人材，政党接触の各側面で団体と政党の関係性が弱まっていることを示した。以上からは，団体‐政党関係が希薄化しているととらえられる。

4　団体の政党接触パターン

　本節では，団体の政党接触パターンを検討する。はじめに2009年の政権交代前後の政党接触を示し，次にそれを1980年代以降の傾向の中に位置づける。

政権交代の影響

　団体はどの政党と接触しているのだろうか。また，2009年の政権交代は，団体‐政党関係にどのような影響を及ぼしたのだろうか。[9]

　圧力団体調査によると，2009年の政権交代前後で団体の政党接触は大きく変化した。接触頻度が「3. ある程度」以上を基準にすると，政権交代後に民

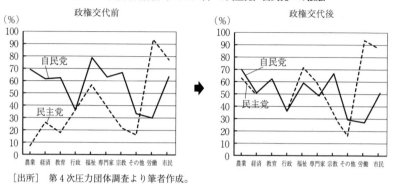

図 5-3 政権交代前後（2009 年）の民主党，自民党への接触

［出所］ 第 4 次圧力団体調査より筆者作成。

主党と接触する団体は 6 割（政権交代前は 4 割），自民党と接触する団体は 5 割（同 6 割）であり，民主党が自民党を上回った。また，約 25% の団体は自民党との接触頻度を交代前よりも減少させた。

すべての団体が民主党との接触頻度を高めたのだろうか。図 5-3 は，政権交代前後の民主党，自民党の接触割合を団体分類別に示している。図では「ある程度」以上の接触をしている団体の割合を示している。例えば，政権交代前に，民主党と接触している農業団体は 7% であった。他方，政権交代後をみると，61% の農業団体が民主党と接触している。

図 5-3 をみると，農業，経済・業界，福祉，専門家団体が政権交代後に民主党との接触頻度を高めた。政権交代前の農業団体と経済団体は，自民党と民主党の間で 30% から 60% ポイントの大きな差が存在した。しかし，政権交代後はその差がなくなり，ほぼ同程度になった。また，福祉団体と専門家団体では民主党が自民党の割合を上回った。これらの変化が観察される一方で，宗教，その他，労働，市民団体は変化がほぼみられない。

民主党が接触対象として大幅にその地位を向上させた。支持レベルにも同様の変化がみられるのだろうか。民主党と自民党に関して，支持している団体の割合にほぼ違いはみられない。支持程度が「ふつう」という団体が半数を占めており，かなり強く支持している団体が約 15% 程度存在する。公明党などの他の政党に関しても，支持程度は「ふつう」の団体が最も多い。

ただし，自民党への支持程度を時系列にみると，大きな変化が生じている。自民党を「非常に強く支持している」団体は，1980年に20.6％であったものの，2012年時点では3.4％にまで低下している。また，支持程度が「ふつう」の団体は2001年の25.5％から2012年に52.3％へと倍増している。団体の自民党への支持程度の低下が生じた。

疑似階級的配置の変容

政権交代後は民主党が接触対象として，その地位を大幅に向上させた。特に，農業，経済・業界，福祉，専門家などの自民党との接触頻度の高い団体で変化がみられた。また，自民党への支持程度の弱まりが観察された。

これらの変動は各団体レベルでの変化なのだろうか。民主党と接触している団体は，自民党とも接触する団体であるのか，それとも従来は政治過程に参入していなかった団体が伸びているのだろうか。これまでの分析では，これらの可能性が十分に区別されていないため，以下では各調査時点での上位2政党に対する団体の接触，支持の相関関係に着目する。

相関係数が高ければ，団体が上位2政党に比較的同じ対応をしており，多元主義型で想定される団体-政党関係である。他方，相関係数が低ければ，上位2政党に接触している団体間に関連性がなく（もしくは負の相関が強い場合），社会的亀裂型で想定される団体-政党関係に近い。

表5-5は上位2政党への接触の相関係数を示している。全体をみると，徐々に正の相関が高まる傾向にある。1993年の政権交代前から上位2政党への接触には弱い正の相関がみられていた。1990年代の政権交代と政界再編，その後の自民党政権への回帰がありながらも，団体レベルでは2大政党制化に向けた動きが継続していたことがうかがえる。2012年には0.608と過去最高の係数となっており，上位2政党への接触には高い関連性がみられるようになった。

団体分類別にみると，ほとんどの団体分類では高い正の相関がみられ，民主党と自民党の双方に同程度の接触頻度である。この傾向は1994年にも確認されているものの，2012年段階ではより強まった。ただ，労働団体は2001年を除いて有意な正の相関はみられない。

表5-6は上位2政党への支持の相関係数を示している。接触と比較すると，

表 5-5 　上位 2 政党への接触の相関係数

	1980年	1994年 (交代前)	1994年 (交代後)	2001年	2012年 (09年交代前)	2012年 (09年交代後)
農林水産業団体	.623***	.681***	.797***	.808***	.802***	.874***
経済・業界団体	.323***	.424***	.509***	.504***	.603***	.789***
労働団体	−.080	.184	.116	.549***	.274	.069
教育団体	.511*	.700**	.353	.056	.127	.936***
行政関係団体	.240	.817***	.818***	.577**	.975***	.997***
福祉団体	.321*	.401**	.514***	.492**	.388**	.679***
専門家団体	.605	.612*	.627*	.562*	.416*	.845***
市民・政治団体	−.086	.694***	.491*	.505*	.063	.408**
宗教団体				.275	.408	.441
その他	−.258			.683***	.602	.601
全体	−.032	.168**	.264***	.278***	.336***	.608***

［注］　1980年から94年までは自民党と社会党，2001年以降は自民党と民主党である。
　　　***$p<.01$，**$p<.05$，*$p<.10$
［出所］　圧力団体調査（第1～4次）より筆者作成。

支持の相関係数は全体的に低い。全団体の相関係数をみると，1980年には−0.251であり，自民党と社会党の間で負の相関があった。自民党を支持する団体は社会党を支持しない傾向があったものの，1994年，2001年には有意な相関がみられなくなった。2012年には0.354となり，民主党と自民党への支持に正の相関が初めてみられるようになった。民主党を支持する団体は自民党を支持する傾向にあり，1993年の政権交代時にもみられなかった結果である。自民党の長期政権の下で形成，持続してきた，疑似階級的配置がきわめて流動化したと考えられる。

団体分類別にみると，2012年時点では労働と宗教を除く全分類において，有意な正の相関がみられるようになった。経済・業界団体，福祉団体は過去の調査と比較して最も高い係数となっている。ただ，労働団体に関しては接触と同様に，有意な相関がみられない。2001年には有意な正の相関がみられたものの，再び1990年代中頃の水準に戻っている。疑似階級的配置の一つの極である労働団体の変動はやや弱い。

各政党への接触と支持は関連性が強いのだろうか。接触と支持の相関が高ければ，それだけ社会的亀裂型で想定される団体−政党関係に近い。他方で，相関係数が低ければ，団体がある政党への接触と支持を使い分けており，多元主

第5章 団体-政党関係の構造変化

表5-6 上位2政党への支持の相関係数

	1980年	1994年 (交代前)	1994年 (交代後)	2001年	2012年
農林水産業団体	.110	.560**	.576***	.260	.555*
経済・業界団体	.193	.129	.361***	.344***	.421***
労働団体	−.490***	−.026	−.015	.476***	.095
教育団体	.634**	−.735**	.588*	−.124	.738***
行政関係団体	−.030	.344	.816	.356	.717**
福祉団体	−.049	.213	.354*	.339	.778***
専門家団体	−.174	.539	.803*	.127	.795***
市民・政治団体	−.410	.483*	.615**	.529	.595***
宗教団体				−.540	.069
その他				.871***	.730*
全体	−.251***	−.035	.090	.058	.354***

［注］ 1980年から94年までは自民党と社会党，2001年以降は自民党と民主党である。
　　　***$p<.01$，**$p<.05$，*$p<.10$
［出所］圧力団体調査（第1〜4次）より筆者作成。

義型で想定される流動的な団体-政党関係を意味する。

　1980年から94年頃までは自民党，社会党の双方が0.7程度の相関を維持した。ただし，相関係数が2001年にやや低下し，2012年には0.5程度まで低下した。時系列比較からみると，日本の団体は接触と支持を使い分ける傾向にある。これは，団体が選挙過程と政策過程で異なる行動を選択する可能性が高まっていることを示唆している。

　本節では圧力団体の政党接触，支持のパターンを検討した。中長期的な傾向として，2大政党への政党接触，支持の相関が高まっていた。労働団体の傾向は他の団体と異なり，特定の政党との関係を重視した社会的亀裂型に近いものであった。しかし，他の団体は2大政党双方に対応しており，疑似階級的配置は長期的には複数の政党接触へと徐々に変化しつつある。

　ただし，この長期的な構造変化は2点の留保が必要である。第1に，圧力団体レベルは政治状況に敏感に反応する点である（森・久保 2014）。JIGS3調査によると，地方レベルでは民主党への接触が増加したものの，依然として自民党が接触政党，働きかけ先の第1位である（阿部 2015）。圧力団体レベルで観察されたほどの変化が地方レベルでは起こっていない。第2に，2012年の政権再交代を受けて，2009年以前にまで戻る可能性である。民主党の政策調査会

に参加した団体数を『衆議院公報』からみると，541（2011年），492（2012年），204（2013年），170（2014年）と推移している。2013年以降の数値は2000年代前半の水準であり，一党優位型への揺り戻しもみられる。

5 団体の行動様式

　政権交代により，圧力団体レベルでは従来の接触パターンが大きく変化した。民主党と自民党への接触頻度が並び，接触と支持の乖離も進んだ。このような行動はどのような考慮の下になされているのだろうか。具体的には，自民党の優位性はどこまで維持されているのだろうか。また，団体は各党とどの程度，政策が一致しているのだろうか。団体の政党との政策距離が小さく，また団体がリスク回避的な志向を有していれば，日本の団体－政党関係が多元主義型へと移行していることを示唆する。

　本節ではモデル間の差となる政党の影響力，政策一致の程度，政権交代に対するリスク態度の回答を示し，団体の行動様式の特徴や行動の背景にある要因を検討する。

　自民党は優位政党としての地位をどこまで保持しているのだろうか。従来の調査では，政党の優位性に関する質問がなされていなかった。圧力団体調査では「あなたの団体が関連する政策について，次にあげる政党は，どの程度の影響力を持っていると思いますか。次の尺度でお示しください」として，各党の影響力を質問した。表5-7は，団体分類別の平均値を示している。数値が高いほど，影響力を高く評価している。

　政党の影響力の点では，圧力団体レベル，地方レベルの双方で民主党が自民党を上回った。どちらの調査も2010年の参議院議員通常選挙（参院選）後であり，自民党が優位性を高めた可能性があるものの，民主党の影響力がほぼすべての分類において自民党のそれを上回った。表には示していないが，「3. ある程度」以上を基準にすると，民主党に影響力があるとする圧力団体は約75%，自民党のそれは約70%であった。政権交代を受けて，自民党の優位性は著し

第 5 章　団体 - 政党関係の構造変化

表 5-7　政党の影響力評価（平均値）

	第 4 次圧力団体調査		JIGS3	
	民主党	自民党	与党（民主党）	野党（自民党）
農林水産業団体	3.23	2.92	4.88	4.55
経済・業界団体	3.16	2.96	4.55	4.37
労働団体	3.63	2.43	5.53	4.44
教育団体	3.62	3.38	4.25	4.20
行政関係団体	3.40	3.30	4.00	3.81
福祉団体	3.16	2.79	4.39	4.15
専門家団体	2.83	2.67	4.76	4.29
市民・政治団体	3.56	2.94	4.36	3.96
宗教団体	2.13	2.63	3.63	4.56
その他の団体	2.43	2.43	3.85	3.72
全体	3.23	2.85	4.51	4.20

［出所］　第 4 次圧力団体調査, JIGS3 より筆者作成。
　　　　圧力団体調査では 5 段階, JIGS3 では 7 段階。

く低下し, 民主党と並んだ。この点では, 与党効果の大きさがうかがえる。

　次に, 団体はどの程度, 各党と政策が一致しているのだろうか。両調査では,「あなたの団体が関連する政策について, 次にあげる政党の政策は, あなたの団体の考えとどの程度一致していますか。次の尺度でお示しください」と質問した。表 5-8 は民主党, 自民党との政策一致度の平均値を示している。

　表をみると, 圧力団体レベルの全体をみると, 両党とも平均が 2.8 前後であり, 政策の一致度に大きな差がない。「ある程度」以上を基準とすると, 民主党, 自民党どちらも 7 割程度の団体と政策の一致をみている。ただし, 2 大政党間に全く差がないわけではない。団体分類による差があり, 圧力団体レベルでは労働, 福祉団体は民主党との政策一致度が高い。他方で, 農業や経済などの他の団体は自民党との政策一致度が高い。また, 地方レベルでは自民党の政策一致度が高い。労働団体を除く, すべての分類において, 自民党の政策一致度が民主党よりも高い。またその差も大きく, 地方レベルでの自民党と各種団体の政策の近さがうかがえる。

　表 5-9 は団体の政党との関係に対する態度を示している。調査では「A　与野党を問わず, 特定の政党を常に支持・支援する」と「B　複数の政党との関係を維持する」という 2 つの意見を提示し, どちらに近いかを尋ねた。A に

表 5-8　政党との政策一致度合い（平均値）

	第4次圧力団体調査		JIGS3	
	民主党	自民党	与党（民主党）	野党（自民党）
農林水産業団体	2.70	3.30	2.36	3.25
経済・業界団体	2.73	3.14	2.43	3.31
労働団体	3.03	1.80	2.85	1.77
教育団体	3.27	3.55	2.59	2.97
行政関係団体	2.86	2.86	2.41	3.10
福祉団体	3.03	2.80	2.65	2.75
専門家団体	2.80	2.93	2.54	3.21
市民・政治団体	2.87	2.37	2.39	2.47
宗教団体	2.00	3.00	2.50	3.26
その他の団体	2.75	3.00	2.38	2.82
全体	2.85	2.80	2.48	2.95

［出所］　第4次圧力団体調査，JIGS3 より筆者作成。

近い場合は，特定の政党との関係を重視しており，社会的亀裂型や一党優位型で想定される団体-政党関係に合致する。Bに近い場合は複数の政党との関係を維持することで，政権交代の影響を回避する。こちらは多元主義型で想定される団体-政党関係に合致する。

表5-9 をみると，圧力団体レベルでは約 25% の団体が特定の政党を常に支持・支援する傾向にある。労働団体の約 65% はこちらに近い。支持政党が政権を握ることによって，政策の実現や転換をめざすのであろう。また，農林水産業団体，経済団体は約 30% が該当する。ただ，教育，行政関係，福祉団体などの政策受益団体と括られることもある団体類型では，その割合が特に低い。

他方，約 75% の団体は，複数の政党と関係を維持すると回答した。労働団体を除く，すべての分類において，政権交代のリスクを回避する傾向が強い。複数の政策実現のルートを構築し，その時々の状況に応じて働きかけを強めていくものと考えられる。この回答結果からは，多元主義型の団体-政党関係の基礎が整っているとみられる。

ただし，地方レベルでは状況がやや異なる。地方では特定の政党を常に支持・支援する団体の割合がやや高く，約 40% を占める。もちろん約 60% の団体は複数の政党との関係を維持し，政権交代の影響を回避する傾向があるもの

表 5-9　団体のリスク態度（団体分類別）

		Aに近い	どちらかといえばA	どちらかといえばB	Bに近い	N
第4次圧力団体調査	農林水産業団体	0.0	27.3	54.5	18.2	11
	経済・業界団体	14.7	13.2	51.5	20.6	68
	労働団体	23.3	43.3	16.7	16.7	30
	教育団体	0.0	0.0	50.0	50.0	10
	行政関係団体	0.0	12.5	62.5	25.0	8
	福祉団体	5.9	5.9	47.1	41.2	34
	専門家団体	0.0	22.2	55.6	22.2	18
	市民・政治団体	9.1	3.0	36.4	51.5	33
	宗教団体	22.2	0.0	55.6	22.2	9
	その他	0.0	20.0	40.0	40.0	5
	全体	10.6	15.0	44.7	29.6	226
JIGS3	農林水産業団体	19.0	31.5	31.9	17.6	279
	経済・業界団体	16.2	23.3	38.6	22.0	692
	労働団体	35.3	28.8	17.7	18.1	215
	教育団体	8.6	15.7	42.9	32.9	70
	行政関係団体	11.9	22.0	39.4	26.6	109
	福祉団体	7.8	15.7	40.9	35.7	115
	専門家団体	11.1	17.2	43.4	28.3	99
	市民・政治団体	28.9	16.5	28.1	26.4	121
	宗教団体	22.7	31.8	36.4	9.1	22
	その他	12.5	22.8	38.4	26.3	320
	全体	17.6	23.5	35.4	23.4	2043

［出所］　第4次圧力団体調査，JIGS3より筆者作成。

の，その程度は圧力団体レベルよりも低い。

　本節では，団体の行動様式を2つの調査結果から検討した。影響力評価では自民党の影響力が民主党のそれを下回り，与党効果の大きさが明らかとなった。他方，政策の一致度では自民党のほうが総じて高く，団体からみると，政策の近い政党と認識されている。また，団体は特定の政党を支持するというよりも複数の政党を支持する傾向が強い。

　以上からは，前節でみた2大政党への接触の背景が異なることがうかがえる。団体の民主党への接触が増加したものの，それは影響力評価（与党効果）に依存する面が強く，政策の一致度という点ではやや弱い。そのため，野党に転じた場合，自民党以上に接触が低下すると推測される。また，地方レベルでは特

定の政党を支持し続ける傾向が圧力団体レベルよりはやや強く,また政策の一致度も自民党が民主党を上回っている。そのため,民主党が地方で団体に浸透するうえでの障壁が高かったことも示している。

6 　団体－政党関係の構造変化

　最後に,前節までの知見をまとめ,その含意を検討する。

知見のまとめ

　本章では,3つの問いを軸に1980年代以降の団体－政党関係を分析してきた。第1に,団体－政党関係はどのような状態にあるのか。第2に,団体の行動様式の特徴は何かである。第3に,団体－政党関係にはどのようなパターンが存在し,日本のそれはいかなるパターンへの変化と位置づけられるのか。第1,2の問いに対する本章での知見をまとめると,以下の通りである。

(1) 人材,資金,選挙運動の各側面で団体と政党の関係性が弱まった。政党に接触しない団体,議員に助力を頼めない団体が増加した。

(2) 団体の政党接触パターンにおいて,疑似階級的配置が弱まり,2大政党双方への接触がみられた。政党接触数が1党のみという団体が減少し,民主党と接触する団体は6割(政権交代前は4割),自民党と接触する団体は5割(同6割)であり,民主党が自民党をやや上回った。

(3) 団体の上位2政党に対する支持,接触に有意な正の相関がみられるようになり,それは1993年の政権交代時よりも強まった。さらに,支持と接触の相関はやや弱まり,支持と接触を使い分ける傾向にある。

(4) 団体の行動様式についてみると,政党の影響力評価では民主党が自民党をやや上回り,自民党の優位性は民主党と拮抗した。また,政策の一致度では民主党,自民党どちらも,7割程度の団体と「ある程度」以上の政策の一致をみている。

(5) 約75%の団体は,複数の政党と関係を維持すると回答した。労働団体を

除く，すべての分類において，政権交代のリスクを回避する傾向が強い。以上から，団体からみた政党間の政策距離はそれほど大きくなく，また多くの団体は政権交代リスクの回避を軸に行動している。

含意の検討

本章の分析からは，団体 - 政党関係に2つの構造変化が生じていると考えられる。第1に，団体 - 政党関係の希薄化であり，カルテル政党論で想定される団体 - 政党関係への変化である。現象の規定因についての検討は，今後の課題であるものの，団体の政党政治との距離が拡大している。これはポピュリズムの拡大，政党政治が独自の論理でより強く展開されることに関連していると考えられる。政党や団体のかかわりの希薄化は，無党派層や組織化されない有権者の増加となり，ポピュリズムが拡大する要因である。また，政党が団体との関係を弱めることは，政党の決定が政党を取り巻く制度，環境条件に左右される面を強める。その点では，ローゼンブルースらが指摘するように，平均的な有権者の支持をめざした政策競争（Rosenbluth and Theis 2010 = 2012; 中北 2012）に進んでいく条件が整いつつあることを示しているであろう。

第2に，日本の団体 - 政党関係が一党優位型から多元主義型に近い方向へと変化していることである。行動様式の点からみると，団体 - 政党間，政党間の政策上の相違が縮小し，団体はさまざまな政党との関係を形成する余地が発生している。また，特定の政党に限らず，複数の政党との関係を形成しようとする団体も多い。接触からみると，上位2政党への接触，支持の相関の高まりは長期的に進行している傾向であり，2009年の政権交代によってそれが加速した。また，短期的である可能性はあるが，政党の影響力評価においても自民党の優位性はみられなくなった。

もちろん，団体の接触行動は政策の一致度合いとともに，政党の影響力評価が団体の行動を左右している面がある。この点で，2012年の自民党への政権交代は民主党政権下で進行した多元主義型から一党優位型への回帰をより強めるものと考えられる。ただ，日本の団体 - 政党関係は中長期的には，一党優位型からカルテル政党下および多元主義型で想定される，団体の政党との距離拡大と流動的な行動様式を基調としたものに変容しつつある。

注

1) 利益政治の変容という形で検討したものとして，宮本（2016）を参照。
2) 本節の内容は濱本（2012）で展開してきたものを含む。また，団体 - 政党関係について，次の研究（Allern 2010; Allern and Bale 2012; Otjes and Rasmussen forthcoming; Rasmussen and Lindeboom 2013）を参照。
3) カルテル政党論については，高崎（2004），河崎（2011）を参照。
4) 他のパターンとして，団体と政党の双方が未発達な場合，政党を迂回する傾向にあるコーポラティズム型の2つも考えられる。
5) 行政における野党の排除性については，第6章の分析結果を参照されたい。
6) 団体の行動様式は，ロビイング研究の中で主に検討されてきた論点を含んでいる。詳細な検討は第9章を参照されたい。
7) 2012年以降は選挙運動接触の調査項目がなくなっているため，示していない。
8) 他の多くの議員データソースと同様に，本データのソースも自己申告である。そのため，議員側が記載していない事項もある。特に，宗教団体については，団体の支援が報道されているものもあるが，2004年以降は0名となっている。
9) 紙幅の都合から，以下では図表を割愛している。詳細は報告書（辻中編 2014）を参照されたい。

引用・参考文献

阿部弘臣 2015「政権交代期の利益団体・政党関係――政党間および地域間の比較」辻中豊編『第三次　団体の基礎構造に関する調査報告書』筑波大学, 49-77頁。
石田徹 2013「新しい右翼の台頭とポピュリズム」高橋進・石田徹編『ポピュリズム時代のデモクラシー』法律文化社, 44-69頁。
上神貴佳・堤英敬編 2011『民主党の組織と政策』東洋経済新報社。
大嶽秀夫 2006『小泉純一郎ポピュリズムの研究――その戦略と手法』東洋経済新報社。
上川龍之進 2010『小泉改革の政治学――小泉純一郎は本当に「強い首相」だったのか』東洋経済新報社。
河崎健 2011「政党研究における『カルテル政党』概念形成の分析――共著者カッツとメアの視点より」『上智大学外国語学部紀要』45号, 29-44頁。
清水真人 2005『官邸主導――小泉純一郎の革命』日本経済新聞出版社。
高崎明 2004「ピーター・メアの政党研究――リチャード・カッツとのカルテルパーティー理論を中心に」『早稲田政治公法研究』75号, 1-34頁。
竹中治堅 2006『首相支配――日本政治の変貌』中央公論社。
建林正彦 2004『議員行動の政治経済学――自民党支配の制度分析』有斐閣。
辻中豊 1988『利益集団』（現代政治学叢書14）東京大学出版会。
辻中豊編 2002『現代日本の市民社会・利益団体』（現代世界の市民社会・利益団体研究叢書Ⅰ）木鐸社。
辻中豊 2003「政党と利益団体・圧力団体」北村公彦編『現代日本政党史録3――55年体制前期の政党政治』第一法規, 463-519頁。
辻中豊 2006「2大政党制の圧力団体的基礎」村松岐夫・久米郁男編『日本政治 変動の30年――政治家・官僚・団体調査に見る構造変容』東洋経済新報社, 299-323頁。
辻中豊編 2014『第四次　団体に関する調査報告書』筑波大学。

第5章 団体-政党関係の構造変化

辻中豊・森裕城編 2010『現代社会集団の政治機能――利益団体と市民社会』(現代市民社会叢書2) 木鐸社。
辻中豊・濱本真輔・和嶋克洋 2013「誰が参議院議員になるのか?」『都市問題』104巻5号, 50-58頁。
東大法・第5期蒲島郁夫ゼミ編 2005『参議院の研究 第2巻 議員・国会編』木鐸社。
中北浩爾 2012『現代日本の政党デモクラシー』岩波新書。
濱本真輔 2012「政権交代の団体-政党関係への影響――2つの比較による検証」日本政治学会編『年報政治学2012-II 現代日本の団体政治』木鐸社, 65-87頁。
宮本太郎 2016「利益政治の転換とリアル・デモクラシー」宮本太郎・山口二郎編『リアル・デモクラシー――ポスト「日本型利益政治」の構想』岩波書店, 1-37頁。
村松岐夫・伊藤光利・辻中豊 1986『戦後日本の圧力団体』東洋経済新報社。
森裕城 2002「団体-政党関係――選挙過程を中心に」辻中豊編『現代日本の市民社会・利益団体』(現代世界の市民社会・利益団体研究叢書I) 木鐸社, 140-161頁。
森裕城 2010「政権交代前夜における団体-政党関係の諸相――弱体化しながらも持続していた自民党一党優位の構造」辻中豊・森裕城編 2010『現代社会集団の政治機能――利益団体と市民社会』(現代市民社会叢書2) 木鐸社, 180-194頁。
森裕城・久保慶明 2014「データからみた利益団体の民意表出――有権者調査・利益団体調査・圧力団体調査の分析」『年報政治学2014-I 民意』木鐸社, 200-224頁。
吉田徹 2011『ポピュリズムを考える――民主主義への再入門』NHKブックス。
Allern, Elin H. 2010, *Political Parties and Interest Groups in Norway*, ECPR Press.
Allern, Elin H., and Tim Bale 2012, "Political Parties and Interest Groups: Disentangling Complex Relationships," *Party Politics*, 18(1), pp. 7-25.
Arian,Alan, and Samuel H. Barnes 1974, "The Dominant Party System: A Neglected Model of Democratic Stability," *Journal of Politics*, 36(3), pp. 592-614.
Biezen, Ingrid van, and Thomas Poguntke 2014, "The Decline of Membership-based Politics," *Party Politics*, 20(2), pp. 205-216.
Katz, Richard S. and Peter Mair 1995, "Changing Models of Party Organization and Party Democracy," *Party Politics*, 1(1), pp. 5-28.
Muramatsu, Michio, and Ellis S. Krauss 1990, "The Dominant Party and Social Coalitions in Japan," In T. J. Pempel. ed., *Uncommon Democracies: The One-Party Dominant Regimes*, Cornell University Press.
Otjes, Simon and Anne Rasmussen forthcoming, "The Collaboration between Interest Groups and Political Parties in Multi-party Democracies: Party System Dynamics and the Effect of Power and Ideology," *Party Politics*, pp. 1-14.
Rasmussen, Anne and Gret-Jan Lindeboom 2013, "Interest Group-Party Linkage in the Twenty-first Century: Evidence from Denmark, the Netherlands and the United Kingdom," *European Journal of Political Research*, 52(2), pp. 264-289.
Rosenbluth, Frances McCall and Michael F. Thies 2010, *Japan Transformed: Political Change and Economic Restructuring*, Princeton University Press (徳川家広訳 2012『日本政治の大転換――「鉄とコメの同盟」から日本型自由主義へ』勁草書房).

第6章

団体−行政関係の継続と変化

利益代表の後退,議会政治への応答と中立

久保 慶明

I 圧力団体からみる日本の行政

　行政の活動は,多様な行政手法を通じて圧力団体の活動に影響を及ぼす。それゆえ圧力団体は,自身の利益や価値を実現するためにさまざまな場面で行政に働きかける。本章では,圧力団体と行政との重層的な関係を記述し,その偏りを検討することを通じて,圧力団体の視点から団体−行政関係の継続と変化を明らかにする。

戦後日本の行政と民主党政権

　戦後日本の行政は,民間部門との間に協力的な関係を築き,各業界の資源を動員しながら分権的に政策を立案し,実施してきた(Johnson 1978 = 1982; Samuels 1987; Okimoto 1989 = 1991; 村松 1994; 大山 1996)[1]。自民党単独政権下で行われた第1次圧力団体調査によれば,行政官僚と圧力団体とのネットワーク(以下,行政ネットワーク)は,与党(当時は自民党)と団体とのネットワーク(以

下，与党ネットワーク）と重なり合いながら（辻中 1988: 終章），社会の諸利益を調整する役割を担っていた（村松・伊藤・辻中 1986: 第4章）。

1990年代以降は，行政手続法や情報公開法といった分野横断的な手続の導入と，内閣機能の強化が進んだ。その結果，政権党や内閣の影響力が及ぶ範囲の限定化と，その範囲内における政策決定の集権化が進んだ（牧原 2013）[2]。改革の中で，官僚制の活動は後退し，その中立化が進んだ（村松 2006）。役割意識においては行政主導から政治主導へ，社会協調から社会隔絶へと移行し（真渕 2006），行動様式においては政治家や民間組織との接触が減少した（曽我 2006）。

ただし，行政活動に協力する団体は依然として存在し（森 2010），審議会や天下りといった人的なネットワークも持続していた（濱本・辻中 2010）。高級官僚の役割意識や行動様式の変化に関しても，官僚の不祥事に対する病理的な反応であること（真渕 2006: 156）や，過渡期のものである可能性（曽我 2013: 62-63）が指摘されていた[3]。さらに，パブリック・コメント手続の研究によれば，個別業界の利益にとどまらない，より広い民意に応答するようになってきたという（原田 2011）。

官民関係の更なる改革を試みたのが，民主党政権であった。政策面では，個別業界の利益に還元されない普遍主義を志向し（堤・上神 2011），自民党政権の個別利益志向に替わる理念の実現をめざした（三浦・宮本 2014; 宮本 2016）。運営面では，「政治主導」を掲げてシステム改革に取り組んだ。その手法は，政府内で独立的な地位にある機関の影響力を弱めるというものであり（牧原 2013: 168-170），「官僚内閣制」（松下 1996; 山口 2004; 飯尾 2007）からの脱却をめざしたものとして理解できる。

官民関係の変質

民主党政権期の行政に関しては，これまでに多様な事例研究が積み重ねられてきた（日本行政学会編 2012; 御厨編 2012; 日本再建イニシアティブ編 2013; 伊藤・宮本編 2014; 宮本・山口編 2016: 第Ⅰ部）。それらの知見によれば，政権交代の影響は分野ごとに多様であり，評価も立場によって異なっている。しかし，民主党政権が行政官僚の応答性の低さを問題視し，有権者の支持を背景に介入したと

とらえる点においては，おおむね共通の認識が成立しているといえよう。

もっとも，いかに政権党への応答を求めたとしても，行政官僚の役割が減退するわけではない。行政官僚と民間組織との直接的な接触が減少している背景では，グローバリゼーションの中で「国家の空洞化（hollowing out of the state, hollowing the state）」(Rhodes 1994; Milward and Provan 1993, 2000) が進み，政府の機能的な転換が進んでいる（宮本 2016: 17-19）。

政府の構成員である行政官僚の行動様式は，公共サービスの直接供給から民間部門との契約やネットワークの管理へと比重を移している (Salamon 1989; Rhodes 1997; Klijn 2002 を参照)。また，民間のサービス供給者から成る国家（a state of agents）への変容の中で，サービス供給者の成果指標の管理 (Heinrich et al. 2010) など一定の役割を担い続けている。いかにグローバリゼーションが進もうとも，市場が機能するには政府による管理や統制が不可欠なのである (Rodrik 2007, 2011 = 2013)。

戦後日本の場合，行政は団体との間に融合的な関係を築き，特に自民党単独政権下では社会の諸利益を調整し（村松・伊藤・辻中 1986: 第4章），それらを代表する役割を担ってきた（飯尾 2007）。その機能的な変化が注目されたのは，1990年代以降のことであった（飯尾 1998）。かつて権限を中心として形成されていた行政ネットワークは情報を中心としたものへと変質した（辻中 2000; 濱本・辻中 2010）。民営化では，任務の公的性格を前提として担い手や実施手法が多様化し，規制手法は高度化してきた（原田 2008）。さらに，規制行政における官僚の行動様式は，プロセス全体を見渡しながらシステムを管理，制御するようになってきた（村上 2016）。

本章の目的

こうした官民関係の変質の中で，団体‐行政関係はいかに変容したのだろうか。これまで，団体側の調査データに基づいた検討が十分に行われてきたとは言い難い。その理由の一つは，団体への調査データを用いた従来の研究が，政官関係（政治家と官僚の間の影響力関係や，行政の党派的な偏りなど）に関心を寄せる一方で，社会における行政官僚の自律的な影響力を必ずしも十分に検討してこなかったことによる（村松 2010: 170-171）。

そこで本章では，まずは多様な行政手法から成る団体－行政関係を重層的に記述したうえで，行政の偏りを検討していくこととする。具体的な問いは次の3つである。第1に，圧力団体レベルにおける日本の団体－行政関係は変容したのだろうか。団体－行政関係を重層的に記述し，その継続と変化を検討する。第2に，2009年の政権交代に際して，行政への接触パターンはどう変化したのだろうか。予算編成と税制改正を事例として検討する。第3に，日本の行政はどのような偏りをもっているのだろうか。団体の政党支持と政策選好を手がかりに検討する。

以上の問いを探求するにあたって，本章では団体－行政関係の官庁別の相違に留意する。従来の研究が明らかにしてきたように，日本の中央官庁の行政スタイルや政策形成スタイルは一様ではない（村松 1981; 城山・鈴木・細野編 1999; 城山・細野編 2002; 曽我 2006）。歴史的にみても，①内務，②大蔵・財務，③経済産業という3つの行政ネットワークが存在してきたという（牧原 2013）。

これまでの圧力団体研究では，主に団体分類を単位とした分析が行われてきた（村松・伊藤・辻中 1986）。その背景として，先行する団体研究の知見を参照したことに加えて，主務官庁制のもとでの行政ネットワークを安定的なものとしてとらえていたことも影響したと考えられる[4]。しかし，公益法人制度改革の一環として主務官庁制は廃止された。本章では，団体を対象とした調査データを官庁別に検討することにより，行政ネットワークの特徴を整理していきたい。

構成は以下の通りである。第2節では，行政手法と官庁という2つの観点から，団体－行政関係を重層的に記述する。第3節では，予算編成と税制改正を事例として，政治変動が団体－行政関係に与えた影響を論じる。第4節では，行政手法と団体の政党支持や政策選好との関連を分析し，団体－行政関係のもつ偏りを検討する。以上を踏まえて第5節では，団体－行政関係の継続と変化について議論する。

2 | 団体－行政関係の重層性

　まず，多様な行政手法から成る団体－行政関係を重層的に記述し，団体－行政関係のどの部分が継続し，どの部分が変化しているのかを，検討していこう。

行政手法別の概観

　圧力団体調査では1980年の第1次調査以来，団体の行政活動への関与をさまざまな角度から質問してきた。それらの回答をまとめたのが表6-1である[5]。
　この表からは3つの点を読み取ることができる。第1に，規制にかかわる項目の中では，法的規制と行政指導に該当する割合が減少している[6]。ただし，許認可は第2次調査でいったん減少したものの，それを除けば約5割が対象となり続けている。第2に，意見交換，政策予算協力，審議会といった，利害調整にかかわる項目に該当する割合が減少している。第3に，ポスト提供や補助金は変動があるものの，おおむね2割前後を推移している。
　このように圧力団体と行政との間では，許認可や補助金などを通じた関係性が継続している一方で，利害調整にかかわる場面での関係性が弱まっている。こうした継続と変化について，他の情報源を参照した久保（2014）に依拠しながら，検討を深めてみたい。以下に示すデータは，省庁再編前後で比較できるよう，可能な限り再編前のデータを再編後の単位に揃えて再計算したものである。

許認可等の増加

　まず，規制の推移をまとめよう。総務省行政評価局「許認可等の統一的把握の結果について」では，官庁別の許認可等事項数の推移を把握できる。
　1988年と2012年を比べると，1万278事項から1万4579事項へと，4301事項増加している（増加率40.5％）。特に増加率が高いのは，環境省（121.8％），国家公安委員会（116.2％），法務省（78.2％），総務省（54.8％），厚生労働省（46.3％）である。それに対して，許認可数が減少したのは，公正取引委員会（－

表6-1 団体と行政との関係

[単位：％]

	第1次	第2次	第3次	第4次
許認可	48.6	38.7	50.0	49.6
法的規制	48.0	49.6	36.5	35.6
行政指導	51.3	50.0	47.4	38.5
意見交換	82.0	87.6	71.0	71.7
政策予算協力	66.3	61.9	64.3	44.3
実施執行協力				48.8
政策提言				59.9
モニタリング				39.8
委員派遣	68.4	63.5	60.1	53.3
ポスト提供	18.9	29.8	28.8	20.5
補助金	21.4	27.4	19.1	25.5
業務受託				23.0
N	249	244	233	289

［注］ Nは項目ごとに異なるが，意見交換の値を示している。
［出所］ 圧力団体調査（第1〜4次）より筆者作成。

28.0％)，財務省（-19.7％)，国土交通省（-11.3％）の3つだけである。

　こうしたデータが示すのは，規制改革が進んだ2000年代にも，多くの官庁で許認可等の数が増大していたことである。規制緩和や民営化などの規制改革は，社会への行政の関与を縮減させると考えられやすい。公正取引委員会における減少は，そのような趨勢を反映したものといえる。しかし，そのように規制数を減少させている官庁は多くないのである。

　ただし，ここで示している許認可等の件数は，「許認可等の実態の統一的把握基準」の資料3に基づいたものである（総務省行政評価局 2016)。すなわち，①許認可等の根拠法令の項（項に細分されていない場合は条）ごとに1事項として，②同一の項のうちに用語の異なる数個の許認可等の根拠が規定されている場合は，用語が異なるごとにそれぞれ1事項として，数えている。

　他方，規制緩和等の改革の態様は，①規制の廃止，②規制対象範囲の縮小，③規制基準の緩和，④強い規制から弱い規制への緩和など，さまざまなケースがある。このため，法律の廃止等によって規制自体が廃止される場合は，その根拠条項も廃止されるため，当然，許認可等の件数は減少する。しかし，規制

対象範囲の縮小，規制基準の緩和，強い規制から弱い規制への緩和等の場合は，許認可等の根拠条項が残るため，許認可等の件数の減少には結び付かない。あるいは逆に，許可であったものの一部について届出で足りることとした場合，届出の根拠条項が新たに設けられる等によって件数が増加する場合もある（総務省行政評価局 2016: 2）。

例えば，規制の内訳をみてみると，「強い規制」が減少して「弱い規制」が増加傾向にある。ここで「強い規制」とは「一般的な禁止を特定の場合に解除する行為，特定の権利等を設定する行為等（例：許可，認可，免許，指定等）」を指し，「弱い規制」とは「一定の事実を行政庁に知らせるもので，行政庁は原則として記載事項を確認し，受理するにとどまるもの等（例：届出，提出，報告等）」を指す。「強い規制」は2002年に37.5％を占めていたのに対して，07年には33.5％，12年には32.9％となった。これに対して，「弱い規制」は2002年44.7％から07年49.1％，12年49.2％と増えている。わずかな変化かもしれないが，規制手法の変質ととらえることもできよう。

諮問機関の二層構造内の変化

次に，審議会等の諮問機関の推移をまとめよう。日本の行政は，諮問機関を通して政策に必要な知識を調達し，社会における利害を調整し，政策をつくってきた。構造的にみると，公式の審議会等と非公式な私的諮問機関という二層構造になっている（辻中 1988: 149-152; 金 1998; 濱本・辻中 2010）。1990年代に審議会改革が行われた後は，大規模な改革が行われることなく，2009年の政権交代を迎えた。

政権交代に際して民主党政権は，一部の諮問機関で改廃や委員の差し替えを行った。審議会内部からの観察によれば，「2009年の民主党政権の成立以降，役所が推薦する人物ではなく，政治主導による人選が行われるようになってから，事情が変わってきた」「一言でいえば，従来の枠を超えた多様な背景をもった人物が委員として選任されることが多くなった」という（森田 2014: 15-16）。その時期の推移を量的にまとめていこう[7]。

まず，2008年と2010年の審議会数は115で変化していない。『審議会総覧』をもとに委員構成を整理すると，法務省を除くすべての官庁で，大学教授等の

割合が最多となっている。この傾向は，1996年と2006年の比較において，すでに観察されていた。すなわち，「文部省」と「厚生省」を除くほぼすべての官庁で，公共団体，経済団体の割合が低下する一方，大学教授等の割合が上昇していた（濱本・辻中 2010）。

ただし，政権交代に伴う変化もあった。内閣府と国土交通省で委員数が減少し，逆に厚生労働省では委員数が増加した。特に内閣府では2008年の243人から159人へと74人減少した。内訳をみると付属機関や経済団体からの委員が減少した。

次に，私的諮問機関数の推移をみてみよう。2007年から2010年にかけて，内閣府，経済産業省，農林水産省，総務省で減少したのに対して，文部科学省，厚生労働省，国土交通省では増加した。審議会等の委員数の増減と比べると，内閣府と厚生労働省では審議会等の委員数も私的諮問機関数も減少したのに対して，国土交通省では審議会等の委員数が減少し，私的諮問機関数が増加した。

なぜ，2009年の政権交代を狭んで，私的諮問機関数が減少した省と増加した省があったのだろうか。詳細な事例研究を要するが，2つの説明が可能であろう。第1に，民主党政権の政務三役が従来の政策方針やその決定プロセスを変える際に，審議会等や私的諮問機関を改組した。審議会等の委員数と私的諮問機関数の動きが重なる内閣府や厚生労働省が当てはまるだろう。第2に，官僚の側で民主党政権の方針に対応するため，審議会等や私的諮問機関を改組した。両者の増減が相反する国土交通省が当てはまるだろう[8]。

改革後も続く天下り

次に，衆議院調査局が実施した「天下りに関する予備的調査」に基づいて，民間への再就職者および出向者数の推移を官庁別にみていこう。調査時期は2009年の政権交代を挟む2008年と2011年である。民主党政権による天下り規制の取り組みは，どのような影響を与えたのであろうか[9]。

天下りした職員の総数は，2008年の4256人から2011年の1040人に減少した（-75.6%）。官庁別にみると，特に減少率が高かったのは，外務省（-87.8%），財務省（-83.0%），厚生労働省（-81.9%），経済産業省（-80.5%）である。逆に防衛省（-15.8%）や内閣府（-51.5%）では減少率が低かった。民主党政

第 6 章　団体−行政関係の継続と変化

権による取り組みの影響とみられる。

　法人格別にみると，公益法人で大幅に減少した（2008 年は社団法人 1832 人と財団法人 2032 人，2011 年は公益法人 778 人と一般法人 3 人）。文部科学省では「その他」も減少した（2008 年 305 人，2011 年 0 人）。他方，独立行政法人，特殊法人，認可法人での変化は大きくなかった。官庁別にみると，文部科学省で認可法人への再就職者が倍増したことが特筆される（2008 年 33 人，2011 年 70 人）。全体として再就職や出向が減少せざるをえない状況下で，一部の官庁では，受け入れ先の代替が進んだものと考えられる。

情報の動員範囲の維持

　最後に，行政が相談をもちかける団体の範囲をまとめていこう。表 6-2 に示したのは，圧力団体調査において，「あなたの団体は，国の行政機関が政策を作ったり，執行するときに，相談を受けたり，意見を求められたりすることがありますか。次の尺度でお示しください」という質問に「ある程度」以上と回答した団体に，相談元を選んでもらった結果である。[10] 第 1 次調査では上位 3 つまでを選択する方式，第 2 次調査からはすべて選択する方式に拠っている。

　この表を官僚調査の結果（村松 1981, 2006; 曽我 2006）と突き合わせると，以下のような傾向を見出すことができる。第 1 次圧力団体調査（1980 年）では，現業官庁を中心に相談が盛んであった。厚生労働省（当時は厚生省と労働省），経済産業省（通商産業省），農林水産省，国土交通省（建設省，運輸省，国土庁，北海道開発庁）が，より多くの団体から情報を集めていた。これは第 1 次官僚調査（1976-77 年）のデータと整合的である。

　回答方式の変わった第 2 次圧力団体調査（1994 年）では，全般に盛んな活動をする行政機関の姿をみてとることができる。上記の官庁に加えて，総務省（自治省，郵政省，総務庁），文部科学省（文部省，科学技術庁），財務省（大蔵省），内閣府（総理府，経済企画庁），環境省（環境庁）も団体の情報資源を積極的に集めていた。このように活動的な官僚の姿は，第 2 次官僚調査（1986 年）のデータにも表れている。

　注目すべきことは，第 3 次圧力団体調査（2002-03 年）でも，第 2 次調査で観察された状況がおおむね続いていたことである。どの官庁においても大幅な増

表 6-2　行政機関等からの相談

[単位：％]

	第1次	第2次	第3次	第4次
内閣府	5.6	10.6	9.5	20.5
総務省	7.6	18.7	13.3	12.3
法務省	1.6	6.6	5.2	4.8
外務省	0.4	5.3	9.0	5.5
財務省	4.8	12.7	12.0	3.8
文部科学省	8.4	15.9	14.2	17.4
厚生労働省	24.8	35.4	36.8	33.0
農林水産省	11.6	17.5	19.3	14.3
経済産業省	20.0	26.1	23.6	26.9
国土交通省	10.8	20.8	17.1	18.1
環境省		10.2	14.2	10.9
防衛省	0.4	2.5	2.6	1.1
公正取引委員会		7.8	7.7	3.8
国家公安委員会・警察庁		3.0	3.9	4.5
金融庁			6.0	4.1
消費者庁				10.6
首相官邸・内閣官房				5.5
内閣法制局				1.4
会計検査院				0.7
日本銀行				0.7
その他		2.9	2.2	
N	250	246	234	294

［注］　省庁再編後の組織別に教えている。
　　　　回答は複数選択。第1次は3つまで，第2次からはすべて選択。
　　　　「その他」は公害等調整委員会，宮内庁。
［出所］　圧力団体調査（第1～4次）より筆者作成。

減は生じていない。この傾向は，第3次官僚調査（2001年）で観察された，社会における官僚の活動量低下とは異なる傾向である。すなわち，官僚個人を単位とした官僚調査によれば民間組織との接触量は減少したものの，団体調査をもとに官僚制組織を単位として集計すれば，接触範囲は維持されている。こうした接触量と接触範囲とのずれを整合的に解釈すれば，各官庁は団体との接触の密度を低下させつつ，その範囲を維持していたと推論できよう。

　以上の推移を踏まえて第4次圧力団体調査の結果をみると，3つの点が注目される。第1に，厚生労働省，経済産業省，国土交通省，文部科学省といった

官庁から相談を受ける団体は依然として多い。ネットワークを維持しようとしていることがうかがえる。第2に，財務省から相談を受ける団体が減少し，内閣府から相談を受ける団体が増加している。財務省から内閣府へという比重の移動は，長期的な政策決定システムの変化をうかがわせる。[11] 第3に，新たに設立された消費者庁も団体に接触している。その内訳をみると，経済・業界団体10に対して市民・政治団体9である。生産者と消費者の間で利害調整が行われていると考えられる。[12]

以上，本節では，団体－行政関係を多様な行政手法から成る重層的な関係としてとらえ，その継続と変化を検討してきた。結果をまとめると，頂上レベルの圧力団体と行政の間では，1990年代から2000年代にかけての行政改革や民主党政権による改革を経た後も，許認可，ポスト提供，補助金などを通じた関係性が継続している。他方で，以前に比べれば政策予算協力や意見交換など利害調整にかかわる項目の割合が減少している。ただし，各官庁の側から接触する団体の範囲は必ずしも縮小していない。このように接触する範囲を維持しつつ，政策予算協力や意見交換関係を低下させていることは，かつて行政官僚が果たしていた利益代表としての役割の後退を示している。

3 予算編成と税制改正をめぐる変化[13]

本節では，予算編成と税制改正を事例として，2009年の政権交代に伴う団体の行動パターンの変化をとらえたい。理想主義的なマニフェストを掲げて政権を獲得した民主党は，かつての一党優位政党制に起因する制約（自民党の「柔軟性」，「包括政党化」，野党の「脱正当化」，「非現実主義化」，「官僚の政治化」）に直面しながら（上川 2013），菅直人内閣では与党として現実主義化し，野田佳彦内閣では民主党支持が低迷する中で当初の理念を失っていった（上川 2014）。その中で，団体はどのように行動していたのだろうか。

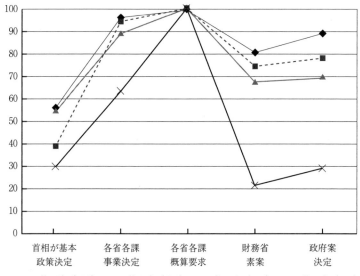

図6-1 予算編成の各段階への働きかけ

首相が基本政策決定　各省各課事業決定　各省各課概算要求　財務省素案　政府案決定

◆ 第1次 (77.0)　-■- 第2次 (63.9)　▲ 第3次 (55.1)　×第4次 (45.1)

［注］　概算要求を100とした値。
　　　　第1-3次はある程度以上の合計。
　　　　括弧内は回答団体のうち予算編成に働きかける団体の割合（％）。
［出所］　圧力団体調査（第1～4次）より筆者作成。

接触の制約

　まず，予算編成過程の変化である。図6-1には，予算編成に働きかける団体の割合を段階別に示している。

　凡例の括弧内に示したのは，各調査時期において予算編成に働きかけると回答した団体の割合である。それをみると，働きかける団体が調査を重ねるごとに減少している。第2次調査（1994年）の時点でも「静かな予算編成」（真渕1998）と評されていたが，そのような状況は依然として続いている。団体は時代とともに，行政に接触しようとしなく――あるいは，したくてもできなく――なった。

　次に注目したいのは，接触時点の限定化である。図の縦軸には，働きかけ先が最も多い「各省各課概算要求」を100とした値をとっている。折れ線の形状をみると，第1次から第3次に比べて，第4次では各省各課概算要求段階への

138

働きかけの集中度が高く，他段階での働きかけの難しさがうかがえる。

野田内閣期には，運営面で党の影響力や官僚への依存が強まり，政策面では業界への利益誘導ととらえられるような決定がなされていった（上川 2014: 145-157）。その時期の調査データにおいて，団体による働きかけが制約されていたことは，自民党政権に比べて民主党政権では，団体の予算編成過程への接触が制約されていたことを示しているといえよう。

政治家接触の増加と官僚接触の維持

このように制約された状況下での予算編成に，団体はどう対応したのだろうか。第4次圧力団体調査では，予算編成と税制改正という具体的な場面において，「中央省庁の政務三役」（大臣，副大臣，政務官），「中央省庁の官僚」「与党」「野党」に働きかけるかを尋ねた。その際，現在（調査時点である野田内閣期）に加えて，政権交代前と政権交代直後の状況も回顧して答えてもらった。その点に注意しながら，政権交代に伴う変化をみていこう。

まず，予算編成に関して，政権交代前と政権交代直後（鳩山内閣期）の割合を比べると，官僚に働きかける団体の割合は約70%であまり変わらなかった。変化したのは与党と政務三役への働きかけである。与党は64.0%から76.4%へ，政務三役は42.4%から52.8%へと増加した。団体分類別に集計すると，与党や政務三役への接触が増加したのは労働団体と市民・政治団体であった。いずれも民主党政権と協力的な関係にある団体の多い分類であり，政権交代による変化ととらえることができるだろう。

次に，税制改正においては，政務三役との接触が37.5%（政権交代前）から53.9%（政権交代直後）へと増加した。これは予算編成と共通した傾向である。それに対して与党には，政権交代の前後にかかわらず約75%の団体が接触していた。注目されるのは野党への接触である。政権交代前，政権交代直後（鳩山内閣期），現在（野田内閣期）の順で増加していった。団体からの接触が影響力の所在を示すとすれば，いずれも自民党税制調査会の影響力の大きさを示唆するデータと考えられる。

このように，団体から政治家への接触は2009年の政権交代直後までに増加し，その傾向は野田内閣期にも続いていた。他方で，官僚への接触は政権交代

後も減ることなく続いていた。団体は，政権交代という政治変動の中で政治家への接触を活発化させつつも，従来からの官僚接触を持続させたのである。

政党（ないし議会）政治の部分的な増大

なぜ，政権交代後も官僚への接触が減ることなく続いたのだろうか。その理由としては，①民主党政権の政策決定過程に接触しにくい団体が官僚を頼っていた，②政権交代の影響を受けにくい行政過程が存在する，という2つが考えられるだろう。①は政権交代の影響を重視する見解といえる。政権移行期の1994年に行われた第2次圧力団体調査においても，政党政治が不安定な状況下で団体は行政を頼ることで自らの利益を達成しようとしている，と論じられていた（村松 1998）。ここでは，②の見方を支持する結果を示しておきたい。

圧力団体調査では，第1次調査から一貫して「あなたの団体の主張をとおしたり，権利，意見，利益を守るために，最終的には政党（ないし議会），行政，裁判所のどれに働きかけることがより有効だと思われますか」という問いを設け，順位を尋ねてきた。その結果を示したのが図6-2である。横軸と縦軸に政党（ないし議会）と行政をとり，45度線を引いている[14]。45度線よりも上に位置すれば行政を選択した団体が多く，下に位置すれば政党（ないし議会）を選択した団体が多いことを意味する。○数字は調査時点を表している。

座標は，予算編成（第4次調査では税制改正も）への働きかけの「あり」と「なし」に応じて示している。例えば第4次調査時点での結果（④予算，●）をみると，「④予算あり」は45度線よりも下に位置し，「④予算なし」は45度線よりも上に位置している。これは予算編成に働きかける団体ほど，政党（ないし議会）よりも行政のほうがより有効な働きかけ先であるととらえていたことを意味する。

この図をみると，第1次調査（◆），第2次調査（×），第3次調査（▲）には，予算編成への働きかけの有無による差はみられない。拮抗していた両者の関係は，第2次（1994年）では行政優位となり，第3次（2002-03年）でもそれが続いた。しかし，2009年の政権交代前になると（④前の予算■，税制□）には，働きかけありの団体のみ，政党（ないし議会）を選択する団体が増加している。政権交代後（④の予算●，税制○）も同様である。

第 6 章　団体－行政関係の継続と変化

図 6-2　予算編成・税制改正への働きかけと政党（ないし議会）・行政への働きかけ

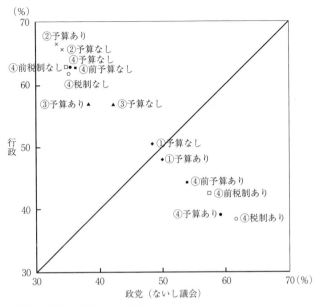

［注］　○数字は調査時点を表す。
［出所］　圧力団体調査（第1～4次）より筆者作成。

　図 6-2 のデータが示すのは，2009 年の政権交代に先駆けて，予算編成や税制改正などでは，政党（ないし議会）政治の影響が増大していたことである。そのきっかけとして考えられるのは，2007 年参議院議員通常選挙（参院選）の影響であろう。この選挙では，当時の自公連立政権が参議院で過半数を割り，多数を占めた民主党の影響力が増大した。予算編成や税制改正など，政治家が関心をもちやすい領域で政党（ないし議会）の影響が拡大した一方で，政治家が関心をもちにくい日常的な行政過程では，従前からの傾向が続いたものと考えられる[15]。

　本節での検討をまとめておこう。予算編成など政策決定過程に対する団体の接触可能性は，長期的に低下傾向にある。そのような状況の中，2007 年の参院選や 2009 年の衆議院議員総選挙の結果，予算編成や税制改正に対する政治家の関与が強まり，団体も政治家への働きかけを強化した。ただし，官僚との

接触は維持され,行政への働きかけが有効であると考える団体も,予算編成や税制改正に働きかけない団体を中心として依然として多い。このようなことから,政党(ないし議会)政治の増大は,部分的なものであったと考えられる。

4 団体 - 行政関係の偏り

では,利益代表を後退させながらも持続する行政ネットワークは,いかなる偏りをもつのだろうか。部分的ながらも増大した政党(ないし議会)政治への偏りが大きくなっているのだろうか。あるいは,政党によって代表されない利益をすくい上げているのだろうか。本節では,団体の政党支持と政策選好をもとに検討したい。

考察の方法

行政ネットワークの偏りに関して,従来の研究では主に政党政治との関係が探求されてきた。具体的には,政党支持(村松・伊藤・辻中 1986:第4章;村松 2010:第6章),政党接触(濱本 2012),友好的な議員数(村松・伊藤・辻中 1986)をもとに,野党に近い団体が行政ルートから排除されているかどうかに注目してきた。

例えば,自民党一党優位期に行われた第1次圧力団体調査によれば,野党と関係の深い団体と官僚との接触が,他国に比べて活発であった(Muramatsu and Krauss 1990;村松・伊藤・辻中 1986)。この傾向は,JIGS調査データをもとにした日韓独の国際比較分析によっても確認されている(濱本 2012)。他方で,制度改革後の2002年から2003年(小泉内閣期)にかけて実施された第3次圧力団体調査データからは,政権党に近い団体の接触だけが活発――野党に対して閉鎖的――であることが報告されている(村松 2010:第6章)。

しかし,代議制民主主義において,行政官僚が応答(response)すべき要求は,政党のみならず,個人や利害関係者など多様な形で存在している(Bryer 2007)。行政ネットワークの党派的な偏りは,そのうちの一部に過ぎない。政

第 6 章　団体－行政関係の継続と変化

党政治への応答に限らず，行政官僚がいかなる偏りを有しているのか，多角的に検討する必要があるだろう。[16]

もちろん，行政官僚の応答性を厳密に検討するためには，政治家，官僚，団体などの政策選好を明らかにしたうえで，実際の帰結とのずれを確認する作業が必要である（曽我 2005 参照）。しかしながら，行政官僚の接触する団体に一定の偏りが存在するのであれば，官僚自身が意識するかどうかを問わず，一定の偏りをもった情報に接する機会が多いだろう。そして，そのような情報に接しない場合に比べれば，それらの情報に応答する可能性が高まるだろう。本章では，このように想定して議論を進める。

なお，以下では，先行研究で取り上げられてきた団体の政党支持に加えて，団体の政策選好という観点からも団体－行政関係の偏りを検討する。第 4 次圧力団体調査では，さまざまな政策争点に対する団体の態度を回答してもらった。これらの争点態度に団体の政策選好が反映されているととらえて，本章では行政手法との関連を検討したい。[17]

政党支持との関係

表 6-3 に示したのは，第 4 次調査における行政接触頻度と政党支持との順位相関係数である。係数は必ずしも大きいとはいえないが，ここでは方向性を重視して解釈していきたい。

まず，首相や官房長官など政治家や事務次官に接触しやすいのは，民主党の支持団体である。それに対して，局長レベルよりも下の官僚への接触は，与党である民主党や国民新党の支持団体だけでなく，野党である自民党や公明党の支持団体にも開かれている。[18]

第 3 次圧力団体調査時点では，当時野党であった民主党の支持団体における官僚への接触可能性は，必ずしも高くなかった（村松 2010: 第 6 章）。政権を獲得したことによって，民主党や国民新党の支持団体は官僚への接触可能性を高めたということができる。

その一方で，下野した自民党や公明党の支持団体が官僚への接触可能性を維持していることは，野党時代の民主党とは対照的である。第 4 次調査は，参議院で自民党が多数を握るねじれ国会下において，野田内閣が三党合意路線によ

表6-3　行政接触と政党支持

	自民党	公明党	民主党	国民新党	みんな	社民党	共産党
首相	.122	.076	.291**	.142*	.079	.096	-.104
官房長官	.148*	.108	.257**	.147*	.062	.072	-.119
大臣	.117	.067	.352**	.021	-.054	.052	-.095
副大臣	.168*	.090	.355**	.050	-.004	.033	-.099
政務官	.092	.073	.345**	.082	.000	.084	-.061
事務次官	.150*	.117	.270**	.112	.009	.084	-.048
局長	.216**	.252**	.287**	.159*	.079	.084	.024
課長	.191**	.259**	.214**	.130*	.075	.080	.070
課長補佐	.214**	.266**	.121	.097	.097	.058	.108
係長	.192**	.256**	.074	.097	.094	.063	.157*

［注］　**5％水準，*1％水準で統計的に有意（両側検定）。値はスピアマンのρ。
［出所］　第4次圧力団体調査より筆者作成。

って国会を運営していた時期に行われた。民主党の支持率も回復しきれずにいた。そうした状況が，自民党や公明党の支持団体に官僚への接触可能性を開いたものと考えられる。

次に，行政手法別に政党支持との関係を検討したのが，表6-4である。これをみると4つのパターンに分類できる。第1に，時点間での変化がほとんどみられないのが規制関連項目である。法的規制はもともと政党支持との相関がほとんどなく，許認可や行政指導は自民党支持が強いという傾向をもっている。また，ポスト提供も同様の傾向を示している。

第2に，かつて自民党支持との相関が強かったものの，現在は相関が弱まった項目が補助金である。補助金政治は自民党政治の特徴の一つであったが (Calder 1988 = 1989; Scheiner 2005; 斎藤 2010)，2012年時点では自民党支持との関連が弱まった。これは，政権交代に伴う影響とみられる。

第3に，時々の政党（ないし議会）政治に応じて変化するのが，意見交換や政策予算協力といった利害調整にかかわる項目である。保革伯仲期であった第1次圧力団体調査では，自民党や民社党の支持と正の相関関係にあった。自民党が過半数を割り，多党化した第2次調査では，社会党や共産党を除いて，政党支持との相関が弱まった。しかし，自公政権期の第3次調査では自民党や公明党支持との相関が強まり，さらに，民自公が協調していた第4次調査ではこれら三党への支持との相関が強まった。同様の傾向は，第4次調査で新たに設

第6章　団体－行政関係の継続と変化

表6-4　行政手法と政党支持

		自民党	公明党	新自由		社民連	民社党	社会党	共産党
第1次	許認可	.249**	-.015	.041		-.026	.007	-.120	-.056
	法的規制	.074	-.063	-.097		-.095	-.016	-.088	-.141*
	行政指導	.262**	-.059	.031		-.069	-.031	-.191**	-.136*
	意見交換	.286**	.109	.146*		.108	.193**	-.012	-.023
	政策予算協力	.370**	.131*	.161*		.074	.182**	-.053	-.036
	委員派遣	.138*	.190**	.170**		.194**	.267**	.108	.090
	ポスト提供	.225**	.113	.158*		.084	.149*	.005	-.049
	補助金	.137*	.023	.041		.004	-.015	-.091	-.005

		自民党	公明党	新生党	日本新党	さきがけ	民社党	社会党	共産党
第2次	許認可	.189**	.065	.161*	.085	.083	.047	-.014	.055
	法的規制	-.017	-.113	-.054	-.079	-.104	-.109	-.123	-.116
	行政指導	.202**	-.054	.053	-.032	-.014	-.112	-.173**	.046
	意見交換	-.022	-.088	-.016	-.054	-.062	-.047	-.152*	-.187**
	政策予算協力	.035	-.013	.029	-.011	-.023	.001	-.082	-.095
	委員派遣	.026	.013	.042	.029	.023	.020	-.011	-.124
	ポスト提供	.216**	-.012	.093	.029	.060	.000	-.059	.068
	補助金	.164**	.041	.060	.028	.053	-.012	-.044	.057

		自民党	公明党	民主党	保守新党	自由党		社民党	共産党
第3次	許認可	.215**	.068	-.220**	.010	-.096		-.177*	-.124
	法的規制	.169*	-.011	-.080	-.093	-.079		-.102	-.169*
	行政指導	.351**	.170*	-.161*	.139	-.037		-.094	-.042
	意見交換	.186*	.150*	.005	.095	.020		-.075	-.011
	政策予算協力	.333**	.177*	.026	.179*	.068		-.030	.000
	委員派遣	.335**	.250**	.185*	.193*	.182*		.026	-.023
	ポスト提供	.223**	.075	-.161*	.083	-.002		-.121	-.034
	補助金	.178*	.103	-.074	.079	-.001		.015	.072

		自民党	公明党	民主党	国民新党	みんな		社民党	共産党
第4次	許認可	.169*	-.021	-.013	-.077	-.027		-.130	-.105
	法的規制	.052	.003	-.043	-.087	-.067		-.071	-.094
	行政指導	.295**	.210**	.123	.156*	.128		-.013	.010
	意見交換	.148*	.155*	.241**	.105	.055		.079	.086
	政策予算協力	.250**	.307**	.200**	.122	.132*		.025	.067
	実施執行協力	.217**	.257**	.185**	.125	.093		.034	.031
	政策提言	.045	.147*	.190**	.004	-.021		.077	.051
	モニタリング	.126	.182**	.102	.081	.147*		.071	.149*
	委員派遣	.127	.083	.027	-.015	.028		-.137*	-.099
	ポスト提供	.168*	.248**	.072	.193*	.158*		.048	.144*
	補助金	.118	.090	-.047	.093	.123		-.027	.046
	業務受託	.116	.230**	-.029	.142	.163*		-.030	.016

［注］　**1%水準，*5%水準で統計的に有意（両側検定）。値はスピアマンのρ。
［出所］　圧力団体調査（第1～4次）より筆者作成。

問した実施執行協力にも表れている。

　第4に，政党政治全体の動向に応じて変化すると考えられるのが，審議会等への委員派遣である。第1次調査と第3次調査では，多くの政党との間で正の相関関係があるのに対して，自民党の地位が揺らいだ第2次調査と第4次調査では，ほとんど相関関係をもっていない。本書第2章で整理したように，審議会の委員が入れ替わることは少なくない。そのことを踏まえれば，政党間の競争が活発で不安定な状況下の審議会では，より中立的な志向性をもつ委員が多くなると考えられる。

政策選好との関係

　次に，政策選好との関連を検討していこう。表6-5に示したのは，各種争点に対する態度に関して，主成分分析を行った結果である[19]。解釈を容易にするため回転後の成分行列を示している。スクリープロット（固有値を図示したもの）を参考にしながら，4つの主成分を析出した。累積寄与率は62.996%である。

　第1主成分は，日米安保体制や防衛力強化，憲法改正に積極的である一方，労働者の争議権拡大に消極的である。保守的な態度を示していると解釈できる。第2主成分は，所得格差是正や市民の政治参加，福祉政策に積極的である一方，非正規労働者の増大や原子力産業の推進に消極的である。リベラルや社会民主主義的な態度を示していると解釈できる。第3主成分は，外国人労働者の受け入れや中国との協調に積極的である。対外協調的な態度を示していると解釈できる。第4主成分は，教育や産業空洞化に対する政府関与に積極的である一方，経済活動への国家関与にも積極的である。国家介入的な態度を示していると解釈できる。

　以上4つの主成分について，その得点の平均値を行政手法別にとったのが表6-6である。表6-4で検討した政党支持に比べると，全般に相関する項目が少ない。これは，団体の政党支持に比べて，団体の政策選好への応答性は高くないこと，言い換えれば中立的であることを意味している[20]。

　その中で相関関係にある項目を列挙していくと，許認可を受ける団体では保守的な態度をもつ団体が多い。行政指導を受ける団体では対外協調的な団体が多く，リベラル・社会民主主義的な団体は少ない。政策予算や実施執行に協力

第6章　団体−行政関係の継続と変化

表6-5　政策選好の主成分分析

	保守	リベラル	対外協調	国家介入
政府の主要な課題は，国民間の所得格差是正だ	−.138	.755	.011	−.049
年金や老人医療などの社会福祉は財政が苦しくても極力充実するべきだ	−.201	.721	.125	.226
政府は国内産業の空洞化を回避する措置をもっととるべきだ	.232	.540	.126	.445
日本は外国人労働者をもっと受け入れるべきだ	.035	−.067	.850	.058
労働力の需給調整のために非正規労働者が増大するのはやむを得ない	.354	−.667	.305	.007
経済活動に対する国家の関与は，少なければ少ないほどよい	.539	−.066	.242	−.551
原子力産業は今後も推進していくべきだ	.513	−.525	−.061	.269
政府は学校教育の問題にもっと関与すべきだ	.279	−.024	.107	.761
日本は懸案の諸問題にかかわらず中国ともっと親しくするべきだ	−.280	.400	.582	.024
日本は防衛力をもっと強化するべきだ	.812	−.310	−.047	.142
日米安保体制は今まで通り維持していくべきだ	.837	−.214	−.014	.137
今の憲法は時代に合わなくなっているので改正するべきだ	.762	−.287	−.175	.182
公務員や公営企業労働者の争議権は法律によって認められるべきだ	−.418	.512	.063	.095
市民の政治参加はますます拡大していくべきだ	−.140	.755	.096	−.111
二大政党による政権交代があることは望ましい	.512	.061	.395	−.063
寄与率（％）	22.312	22.216	9.754	8.714
累積寄与率（％）	22.312	44.528	54.282	62.996

［注］　バリマックス法，回転後の成分行列。網かけは，因子負荷量の絶対値が.4以上。
［出所］　第4次圧力団体調査より筆者作成。

する団体では，保守的な態度をもつ団体が多い。審議会に委員を派遣している団体も同様である。これらに対して，実施執行に協力する団体や行政職員へのポスト提供団体では，リベラル・社会民主主義的な態度が弱い。最後に，補助金を受給する団体では，リベラル・社会民主主義的な態度が弱く，国家介入に積極的である。

　総じてみると，必ずしも統一的な対立軸が形成されているとはいえないものの，行政に関与する団体では保守的，対外協調的，国家介入的な態度をもつ団体が多く，逆に，リベラル・社会民主主義的な態度をもつ団体が少ない。

表 6-6　行政関与団体における主成分得点の平均値

	保守	リベラル	対外協調	国家介入
許認可	.197*	−.088	.081	.118
法的規制	.090	−.045	.054	.137
行政指導	.189	−.226*	.205**	.018
意見交換	.077	.038	.011	.077*
政策予算協力	.220**	.008	.054	−.062
実施執行協力	.162*	−.153*	.048	.090
政策提言	−.093	.063	−.009	.022
モニタリング	−.027	.037	.090	.013
委員派遣	.179**	−.099	.036	−.039
ポスト提供	.251	−.258*	.012	−.169
補助金	.148	−.281**	.054	.221**
業務受託	.249	−.260	.019	−.265

［注］　**5%水準，*1%水準で統計的に有意（両側検定）。
［出所］　第4次圧力団体調査より筆者作成。

官庁別の特徴

　最後に，官庁別の動向をみておこう。表6-7では，相談元（表6-2参照）として30団体以上が挙げた官庁について，団体の政党支持との関連を示している。

　まず指摘できる点として，表6-4に比べて関連する項目が少ない。団体への相談という点からみれば，ここで挙げた各官庁が中立的に活動していることを示している。その中で，総務省や国土交通省では民主党支持団体に相談することが多い。民主党の取り組んだ主な課題の中で，総務省は地域主権改革，国土交通省は公共事業費の削減にかかわる官庁である。更なる検討が必要であるものの，そうした趨勢と整合的な結果である。

　表6-8では，表6-7と同様の官庁について，団体の政策選好との関連を示している。統計的に有意な項目は2つにとどまるが，政党支持に比べると各官庁の特徴を読み取りやすい。それぞれまとめていこう。

　まず，経済産業省が相談する団体では，保守的な態度や対外協調的な態度が強い。文部科学省も同様に，保守主義的な態度が強い。経済産業省とは逆に，保守主義的な態度が弱いのは環境省の相談団体である。また，経済産業省と同

第 6 章 団体 - 行政関係の継続と変化

表 6-7 相談元の行政機関と政党支持

	自民党	公明党	民主党	国民新	みんな	社民党	共産党
内閣府	.083	.089	.053	-.010	.065	.017	.012
総務省	.034	.060	.202**	-.040	-.078	.096	.035
文部科学省	.064	.175*	-.010	.033	.134	.067	.040
厚生労働省	-.005	-.037	.172*	-.073	-.010	.015	-.033
農林水産省	.124	-.049	.016	-.004	-.106	.005	-.045
経済産業省	.006	.024	-.031	-.092	-.001	-.125	-.078
国土交通省	.129	.149*	.245**	.027	.005	.071	.091
環境省	-.022	.035	-.067	.121	.072	.082	.063
消費者庁	.009	.036	.032	.099	.037	.084	.019

［注］ **5％水準，*1％水準で統計的に有意（両側検定）。値はスピアマンのρ。
［出所］ 第 4 次圧力団体調査より筆者作成。

表 6-8 相談元の行政機関と主成分得点

	保守	リベラル	対外協調	国家介入
内閣府	.117	.056	-.020	-.176
	.918	.931	1.253	1.157
総務省	.006	.073	-.031	.041
	1.003	1.045	1.133	1.140
文部科学省	.195	.025	.129	-.116
	.857	.965	1.216	1.128
厚生労働省	-.090	.226**	.011	.153
	1.007	.985	1.043	1.270
農林水産省	.098	-.041	-.023	.195
	.969	.960	1.149	1.008
経済産業省	.215**	-.258	.177	.033
	.818	.852	1.044	1.056
国土交通省	-.136	.081	-.044	-.081
	.972	1.002	.922	1.146
環境省	-.203	-.081	.020	-.098
	1.103	.898	1.300	1.105
消費者庁	-.074	.110	.247	.001
	1.001	.691	1.068	1.166

［注］ 上段：平均値，下段：標準偏差。
　　　**5％水準，*1％水準で統計的に有意（両側検定）。
［出所］ 第 4 次圧力団体調査より筆者作成。

様に，対外協調的な態度が強いのは消費者庁の相談団体である。

次に，厚生労働省が相談する団体ではリベラル・社会民主主義的な態度が強い。厚生労働省は，経済産業省と並んで多くの団体から情報を入手している団体だが，相談先の団体の態度は異なる方を向いている。

また，厚生労働省が相談する団体では，国家介入的な態度も強い。同様の傾向をもつのが農林水産省である。これら2つの省は，環太平洋パートナーシップ（TPP）交渉にみられるように経済グローバル化の波にさらされている。それに対抗する官民の関係を読み取れる。逆に，国家介入に否定的な団体に多く相談しているのが内閣府である。

もっとも，表6-8に示した標準偏差をみると，第1主成分（保守）や第2主成分（リベラル）に比べて，第3主成分（対外協調）や第4主成分（国家介入）では，ばらつきが大きい。各官庁が多様な意見を摂取しようとしていることがうかがえる。

5 団体 – 行政関係の変質

以上，本章では，圧力団体と行政との関係を重層的に記述したうえで，その偏りを検討してきた。得られた知見をまとめ，冒頭に掲げた3つの問いについて検討していこう。

知見のまとめ
(1) 圧力団体と行政との関係を行政手法別に整理すると，戦後日本の行政の特徴とされてきた行政指導が減少し，意見交換，政策予算協力，審議会といった利害調整にかかわる項目が減少した。他方で，許認可，ポスト提供，補助金などを通じた関係性は維持されている。
(2) 許認可等の総数を1988年と2012年で比べると，全体で4301項目（40.5%）増加した。審議会と私的諮問機関の二層構造は，2009年の政権交代後も維持された。ただし，内閣府と厚生労働省では審議会等の委員数と私

的諮問機関数がともに減少したのに対して，国土交通省では審議会等の委員数が減少し，私的諮問機関数は増加した。2008年と2011年の天下りを比較すると，全体で3216人減少し（−75.6%），特に公益法人への天下り人数が大幅に減少した。

(3) 第1次から第4次の圧力団体調査の結果によれば，官僚が政策等について団体に相談する範囲は，持続している。高級官僚を対象とした既存の調査が官僚の活動量の低下を観察してきたことを踏まえれば，各官庁は団体との接触の密度を低下させつつも，その範囲を維持していると考えられる。その範囲が特に広いのは，厚生労働省（第4次調査では対象団体の33.0%に接触），経済産業省（26.9%），内閣府（20.5%）である。

(4) 民主党政権下では，自公政権に比べて予算編成過程における団体の接触時点が概算要求段階に集中していた。また，2009年の政権交代に前後して，予算編成と税制改正における団体の政治家への接触が増加し，その有効性も増大した。ただし，官僚との接触は維持された。また，予算編成や税制改正に働きかけない団体では，行政への働きかけが有効であると考える団体が60%を超えている。

(5) 行政接触と政党支持との関連をみると，首相や官房長官など政治家や事務次官に接触しやすいのは，民主党の支持団体である。それに対して，局長レベルよりも下のレベルの官僚への接触は，政権党だけでなく，野党である自民党や公明党の支持団体にも開かれている。民自公の三党合意路線を反映したものと考えられる。

(6) 行政手法と政党支持との関連は，4つのパターンに分けられる。①時期にかかわらず自民党支持との関連が強い項目（許認可，行政指導，ポスト提供），②かつて存在していた自民党支持との相関が弱まった項目（補助金），③政党（ないし議会）に応じて変化する項目（意見交換，政策予算協力），④政党間競争が活発な時期に中立化する項目（審議会への委員派遣）である。

(7) 行政手法と政策選好（主成分分析により析出）との関連は，政党支持に比べると全般に弱い。ただし，行政に何らかのかかわりをもつ団体では，保守的，対外協調的，国家介入的な態度をもつ団体が多く，リベラル・市民主義的な態度をもつ団体は少ない。

(8) 官庁別にみると，総務省や国土交通省では民主党支持団体，経済産業省では保守的な態度をもつ団体，厚生労働省ではリベラル・社会民主主義的な態度をもつ団体に，それぞれ相談することが多い。

利益代表の後退，議会政治への応答と中立

以上の知見を踏まえて，本章の冒頭で掲げた3つの問いへの答えをまとめよう。第1に，頂上レベルの圧力団体と行政との間では，行政官僚による利益代表の後退が進んでいる。許認可，ポスト提供，補助金などを通じた関係性を継続させつつ，政策予算協力や意見交換など利害調整にかかわる項目での関係性が弱まっている。このような動向は，官僚調査の分析から指摘されてきた活動量の低下（村松 2006; 真渕 2006; 曽我 2006）と整合的な結果といえる。

第2に，予算編成と税制改正といった政策決定過程では，2009年の政権交代後だけでなく，その前の時点ですでに政党（ないし議会）政治の増大が始まっていた。すなわち，回顧質問への回答によれば，2009年の政権交代よりも前から，予算編成等に働きかける団体は政党（ないし議会）への働きかけが有効と考え，そうでない団体は行政への働きかけが有効と考えていた。この結果が示すのは，2007年参院選における民主党の勝利が，政策決定過程の変容をもたらし，圧力団体の認識や行動に影響を及ぼしていた可能性である。

第3に，行政手法別にみると，日本の団体－行政関係には政党（ないし議会）に応答しやすい部分とそうでない部分とが観察される。国会の議席率に応答しやすいのは，利害調整にかかわる政策決定・予算編成への協力や意見交換，審議会への委員派遣である。これらに該当する団体では，国会で影響力をもつ政党への支持が強い。他方で，かつて自民党支持と相関していた補助金は，民主党政権下では自民党支持とも民主党支持とも相関していなかった。中立化したものと考えられる。

ただし，こうした政党（ないし議会）に応答しない部分においても，偏りが全くないわけではない。許認可，行政指導，ポスト提供といった項目における自民党支持，行政に何らかのかかわりをもつ団体での保守的，対外協調的，国家介入的な態度，総務省や国土交通省が相談する団体での民主党支持，経済産業省が相談する団体での保守的な態度，厚生労働省が相談する団体でのリベラ

ル・社会民主主義的な態度等が観察できる。こうした知見は，政党（ないし議会）政治によって表出されない，行政過程独自の利益表出の回路が依然として存在することを示している。

注

1) 政府部門と民間部門を媒介する機能を果たしてきたのが業界団体であった（米倉 1993）。ただし，以上のような政策形成のイメージの多くが，産業政策を対象としたものである点には留意されたい。
2) 官邸主導や首相主導と呼ばれる政策決定が観察されるようになったが（大嶽 2006;竹中 2006;待鳥 2012），首相やその関心ごとに濃淡があることも指摘されている（上川 2010）。
3) 官僚の役割を再定義しようという試みも続けられてきた（例えば西尾 1998;宮本 2006）。
4) 第2章で紹介したように，第1次調査で対象団体を選ぶ際に官僚調査で名前の挙がった団体をリスト化したことは，その表れとみることができる。
5) 各項目の略記名は以下の通り。4時点で共通する項目は，許認可，法的規制，行政指導を受ける関係がある（許認可，法的規制，行政指導），団体や業界などの事情について意見交換をしている（意見交換），政策決定や予算活動に対する協力や支持をしている（政策予算協力），審議会や諮問機関に委員を送っている（委員派遣），行政機関の退職者にポストを提供している（ポスト提供），補助金や助成金などの交付を受けている（補助金），という9項目がある。さらに，第4次調査では，政策実施や法執行に協力している（実施執行協力），政策提言をしている（政策提言），政策実施や法執行の動向をモニタリングしている（モニタリング），業務を受託している（業務受託），出向職員を受け入れている，という5項目を新たに設問した。ただし，出向職員については，該当率が低かったため，割愛している。
6) 行政指導の減少は，行政手続法の施行（1994年）によって行政との関係が公式化したことと整合的である。
7) 審議会研究の動向については，金（1998），濱本・辻中（2010）参照。2009年の政権交代直後の動向については濱本（2012: 75）を参照。なお，審議会等と私的諮問機関の情報収集に際しては，和嶋克洋さん（筑波大学大学院）のご協力をいただいた。記して御礼申し上げたい。
8) 2008年から12年までを対象に，各官庁における審議会や懇談会等の4つのデータ（会合数，会合数に占める懇談会会合比率，開催回数，開催回数に占める懇談会開催比率）を収集し，クラスター分析を行った研究によれば，内閣府や厚生労働省は審議会等と私的諮問機関の両方を必要に応じて使い分けているクラスター，国土交通省は懇談会の比率が低く審議会を多用するクラスターに分類されている（尾尾 2014: 14-18）。
9) 天下り研究の動向については，曺（1995），濱本・辻中（2010）を参照。民主党政権も含めた天下り規制の取り組みについては，小林（2012）を参照。
10) 第1次調査から第3次調査までのワーディングが「たびたび」「かなり」「ある程度」

「あまりない」「ない」であったのに対して，第4次調査では「非常に頻繁」「かなり頻繁」「ある程度」「あまりない」「全くない」に変更している。

11) もっとも，民主党政権の中でも，財務相を経験して組閣した菅と野田の各内閣は，財務省との関係が緊密であったといわれる（牧原 2013）。

12) 主な官庁の団体分類の内訳は以下の通りである。厚生労働省：福祉団体 31，労働団体 22，経済・業界団体 17，経済産業省：経済・業界団体 49，労働団体 9，内閣府：福祉団体 16，市民・政治団体 12，経済・業界団体 12，国土交通省：経済・業界団体 23，労働団体 10，文部科学省：教育団体 11，専門家団体 10，福祉団体 9。他官庁については紙幅の都合で省略するが，経済・業界団体は全ての官庁から，それに次いで，市民・政治団体がほとんどの官庁から相談を受けていることが注目される。

13) 本節の記述には，山本・久保（2014: 第2節。久保担当部分）によるものを含む。団体分類別の接触パターンの変化の詳細については，第7章と第8章を参照されたい。

14) 「裁判所」と回答した団体は少ないため，ここでは省略している。

15) 第8章の検討によれば，政党（ないし議会）を選択した団体の多くは，民主党に近いリベラル系の団体である。なお，政権交代に先駆けた変化のきっかけとしては，①1990年代の制度改革によって集権的な政策決定が浸透し，政党政治の比重が高まったという見方，②2008年の主務官庁制廃止によって，団体と行政の関係が流動化し，政党（ないし議会）政治の影響を受けやすくなったという見方もありうる。しかし，①については2002-03年に実施した第3次調査で予算編成の有無に応じた違いを観察できないため，②については第1次調査から第2次調査にかけての変動を説明できないため，ここでは採用していない。

16) 詳細な検討は今後の課題として残されているが，行政官僚による「応答」の多様性については，行政裁量と行政責任を論じた西尾（1974, 1984），そこでも言及された代表的官僚制論（Representative Bureaucracy; Kingsley 1944; 水口 1985; 坂本 2006: 第1部），パブリック・コメント手続の研究から「広範囲応答型」という官僚像を描いた原田（2011），介護認定に携わる第一線職員の「応答」を論じた荒見（2014）から示唆を得た。

17) 政党支持や政策選好と，行政手法との関連が見出される場合としては，①政治家や官僚が政党支持や政策選好に一定の傾向性をもつ団体を選んでいる場合，②これまでも行政とかかわりをもってきた団体の間で政党支持や政策選好に変化が表れる場合，という2つが考えられる。例えば，審議会を官僚の隠れ蓑ととらえる見方は①に親和的であるが，審議会に委員を派遣している団体からすれば，政治変動に応じて②のように意見を変容させる可能性もある。こうしたメカニズムの検討は，本章では行っていない。本章の焦点は，団体－行政関係の構造的な偏りを検討することである。

18) 課長補佐や係長と民主党との間に相関がみられないのは，民主党支持かどうかにかかわりなく接触が多いことによる。

19) 選択肢は，「賛成」「どちらかといえば賛成」「どちらともいえない」「どちらかといえば反対」「反対」の5つである。値が大きくなるほど賛成となるよう数値化したうえで，量的変数とみなして計算している。

20) もっとも，これら4つの主成分と政党支持の中には相関する項目もある。相関係数は以下の通りである（スピアマンの ρ。以下に示す係数は，いずれも両側検定におい

て1％水準で有意）。保守的な態度を示す第1主成分は自民党支持とやや弱い正の相関関係にあり（.333），共産党や社民党への支持とは非常に弱い負の相関関係にある（それぞれ -.188, -.272）。また，リベラル・社会民主主義的な態度を示す第2主成分は，民主党支持と非常に弱い正の相関関係にあり（.172），自民党と公明党への支持とは非常に弱い負の相関関係にある（それぞれ -.178, -.212）。

引用・参考文献

荒見玲子 2014「政策実施に関わるアクターの応答性の規定要因とそのメカニズム」『社会科学研究』65巻1号，135-177頁。
飯尾潤 1998「日本における官民関係の位相」『公共政策』（日本公共政策学会年報1998）。
飯尾潤 2007『日本の統治構造——官僚内閣制から議院内閣制へ』中公新書。
伊藤光利・宮本太郎編 2014『民主党政権の挑戦と挫折——その経験から何を学ぶか』日本経済評論社。
大嶽秀夫 2006『小泉純一郎 ポピュリズムの研究——その戦略と手法』東洋経済新報社。
大山耕輔 1996『行政指導の政治経済学——産業政策の形成と実施』有斐閣。
尾田基 2014「アドボカシー・チャネルとしての諮問機関——審議会と懇談会の使い分けに着目して」『IIRワーキングペーパー』No. 14-01 (http://pubs.iir.hit-u.ac.jp/admin/ja/pdfs/file/1782)。
上川龍之進 2010『小泉改革の政治学——小泉純一郎は本当に「強い首相」だったのか』東洋経済新報社。
上川龍之進 2013「民主党政権の失敗と一党優位政党制の弊害」『レヴァイアサン』53号，9-34頁。
上川龍之進 2014「民主党政権における予算編成・税制改正——民主党の『与党化』と『自民党化』」伊藤光利・宮本太郎編『民主党政権の挑戦と挫折——その経験から何を学ぶか』日本経済評論社，119-169頁。
金雄熙 1998『同意調達の浸透性ネットワークとしての政府諮問機関に関する研究』筑波大学大学院国際政治経済学研究科博士学位請求論文。
久保慶明 2014「官民関係の変質」『第四次 団体に関する調査 報告書』筑波大学，54-69頁。
小林公夫 2012「国家公務員の天下り根絶に向けた近年の取組」『レファレンス』62巻8号，27-63頁。
斎藤淳 2010『自民党長期政権の政治経済学——利益誘導政治の自己矛盾』勁草書房。
坂本勝 2006『公務員制度の研究——日米英幹部職の代表性と政策役割』法律文化社。
城山英明・鈴木寛・細野助博編 1999『中央省庁の政策形成過程——日本官僚制の解剖』中央大学出版部。
城山英明・細野助博編著 2002『続・中央省庁の政策形成過程——その持続と変容』中央大学出版部。
曺圭哲 1995『日本の政府・企業関係と政府資源動員のオズモティック・ネットワーカーとしての天下り』筑波大学博士学位論文。
総務省行政評価局 2016「許認可等の統一的把握の結果について」（平成28年3月）。
曽我謙悟 2005『ゲームとしての官僚制』東京大学出版会。
曽我謙悟 2006「中央省庁の政策形成スタイル」村松岐夫・久米郁男編『日本政治 変動の30年——政治家・官僚・団体調査に見る構造変容』東洋経済新報社，159-180頁。
曽我謙悟 2013『行政学』有斐閣。

竹中治堅 2006『首相支配――日本政治の変貌』中央公論新社。
辻中豊 1988『利益集団』(現代政治学叢書 14)東京大学出版会。
辻中豊 2000「官僚制ネットワークの構造と変容――階統制ネットワークから情報ネットワークの深化へ」水口憲人・北原鉄也・真渕勝編『変化をどう説明するか――行政篇』木鐸社、85-104頁。
堤英敬・上神貴佳 2011「民主党の政策――継続性と変化」上神貴佳・堤英敬編『民主党の組織と政策』東洋経済新報社、225-253頁。
西尾隆 1998「行政のアカウンタビリティとその内在化――『応答的政府』への途」日本行政学会編『年報行政研究 33 行政と責任』ぎょうせい、63-82頁。
西尾勝 1974「行政国家における行政裁量」溪内謙・阿利莫二・井出嘉憲・西尾勝編『現代行政と官僚制』上巻、東京大学出版会、81-118頁。
西尾勝 1984「政府機関の行政責任」岩波講座『基本法学・責任』岩波書店、183-210頁。
日本行政学会編 2012『年報行政研究 47 政権交代と官僚制』ぎょうせい。
日本再建イニシアティブ編 2013『民主党政権 失敗の検証――日本政治は何を活かすか』中公新書。
濱本真輔 2012「政権交代の団体 - 政党関係への影――2つの比較による検証」『年報政治学 2012-II 現代日本の団体政治』木鐸社、65-87頁。
濱本真輔・辻中豊 2010「行政ネットワークにおける団体――諮問機関と天下りの分析から」辻中豊・森裕城編『現代社会集団の政治機能――利益団体と市民社会』木鐸社、156-179頁。
原田大樹 2008「民営化と再規制――日本法の現状と課題」『法律時報』80巻10号、54-60頁。
原田久 2011『広範囲応答型の官僚制――パブリック・コメント手続の研究』信山社。
牧原出 2013『権力移行――何が政治を安定させるのか』NHK 出版。
待鳥聡史 2012『首相政治の制度分析――現代日本政治の権力基盤形成』千倉書房。
松下圭一 1996『政治・行政の考え方』岩波書店。
真渕勝 1998「静かな予算編成――自民党単独政権末期の政治過程」『レヴァイアサン』1998年冬臨時増刊号、44-56頁。
真渕勝 2006「官僚制の変容――委縮する官僚」村松岐夫・久米郁男編『日本政治 変動の30年――政治家・官僚・団体調査に見る構造変容』東洋経済新報社、137-158頁。
三浦まり・宮本太郎 2014「民主党政権下における雇用・福祉レジーム転換の模索」伊藤光利・宮本太郎編『民主党政権の挑戦と挫折――その経験から何を学ぶか』日本経済評論社、53-89頁。
御厨貴編 2012『「政治主導」の教訓――政権交代は何をもたらしたのか』勁草書房。
水口憲人 1985「官僚制と少数民族集団――公務員制度と政治統合」平井友義・毛利敏彦・山口定編『統合と抵抗の政治学』有斐閣、229-249頁。
宮本太郎 2016「利益政治の転換とリアル・デモクラシー」宮本太郎・山口二郎編『リアル・デモクラシー――ポスト「日本型利益政治」の構想』岩波書店、1-37頁。
宮本太郎・山口二郎編 2016『リアル・デモクラシー――ポスト「日本型利益政治」の構想』岩波書店。
宮本融 2006「日本官僚論の再定義――官僚は『政策知識専門家』か『行政管理者』か?」『年報政治学 2006-II号 政治学の新潮流』木鐸社、83-124頁。
村上裕一 2016『技術基準と官僚制――変容する規制空間の中で』岩波書店。
村松岐夫 1981『戦後日本の官僚制』東洋経済新報社。
村松岐夫 1994『日本の行政――活動型官僚制の変貌』中公新書。

第 6 章 団体-行政関係の継続と変化

村松岐夫 1998「圧力団体の政治行動——政党か行政か」『レヴァイアサン』1998年増刊号,7-21頁.
村松岐夫 2006「官僚制の活動の後退と中立化」『学習院大学法学会雑誌』41巻2号, 47-92頁.
村松岐夫 2010『政官スクラム型リーダーシップの崩壊』東洋経済新報社.
村松岐夫編 2012『最新 公務員制度改革』学陽書房.
村松岐夫・伊藤光利・辻中豊 1986『戦後日本の圧力団体』東洋経済新報社.
森田朗 2014『会議の政治学 II』慈学社.
森裕城 2010「団体-行政関係の諸相——国との関係を中心として」辻中豊・森裕城編『現代社会集団の政治機能——利益団体と市民社会』(現代市民社会叢書2) 木鐸社, 135-155頁.
山口二郎 2009『政権交代論』岩波書店.
山本英弘・久保慶明 2014「圧力団体の要求ルートと政治的影響力——政党か行政か」辻中豊編『第四次 団体に関する調査 報告書』筑波大学, 83-97頁.
米倉誠一郎 1993「業界団体の機能」岡崎哲二・奥野正寛編『現代日本経済システムの源流』日本経済新聞社, 183-209頁.
Bryer, Thomas. A. 2007, "Toward a Relevant Agenda for a Responsive Public Administration," *Journal of Public Administration Research and Theory*, 17(3), pp. 479-500.
Calder, Kent E. 1988, *Crisis and Compensation: Public Policy and Political Stability in Japan, 1949-1986*, Princeton University Press (淑子カルダー訳 1989『自民党長期政権の研究——危機と補助金』文藝春秋).
Heinrich, Carolyn J., Laurence E. Lynn Jr., and H. Brinton Milward 2010, "A State of Agents? Sharpening the Debate and Evidence over the Extent and Impact of the Transformation of Governance," *Journal of Public Administration Research and Theory*, 20, pp. i3-i19.
Johnson, Chalmers A. 1978, *MITI and the Japanese Miracle: the Growth of Industrial Policy 1925-1975*, Stanford University Press (矢野俊比古監訳 1982『通産省と日本の奇跡』TBSブリタニカ).
Kingsley, Donald J. 1944, *Representative Bureaucracy: An Interpretation of the British Civil Service*, The Antioch Press.
Klijn, E.H. 2002, "Governing Networks in the Hollow State: Contracting Out, Process Management or a Combination of the Two", *Public Management Review*, 4(2), pp. 149-165.
Milward, H. Brinton, and Keith G. Provan 1993, "The Hollow State: Private Provision of Public Services," in Helen Ingram and Steven Rathgeb Smith eds., *Public Policy for Democracy*, Brookings, pp. 222-237.
Milward, H. Brinton, and Keith G. Provan 2000, "Governing the Hollow State," *Journal of Public Administration Research and Theory*, 10(2), pp. 359-379.
Muramatsu, Michio, and Ellis S. Krauss 1990, "The Dominant Party and Social Coalitions in Japan," in T. J. Pempel ed. *Uncommon Democracies: The One-Party Dominant Regimes*, Cornell University Press, pp. 282-305.
Okimoto, Daniel I. 1989, *Between MITI and the Market: Japanese Industrial Policy for High Technology*, Stanford University Press (渡辺敏訳 1991『通産省とハイテク産業——日本の競争力を生むメカニズム』サイマル出版会).
Rhodes, R. A. W. 1994, "The Hollowing Out of The State: The Changing Nature of the Public Service in Britain," *The Political Quarterly*, 65(1), pp. 138-151.
Rhodes, R. A. W. 1997, *Understanding Governance: Policy Networks, Governance, Reflexivity*

and Accountability, Open University Press.

Rodrik, Dani 2007, *One Economics, Many Recipe: Globalization, Institutions, and Economic Growth*, Princeton University Press.

Rodrik, Dani 2011, *The Globalization Paradox: Democracy and the Future of the World Economy*, W. W. Norton & Company(柴山桂太・大川良文訳 2013『グローバリゼーション・パラドクス――世界経済の未来を決める三つの道』白水社)。

Salamon, Lester M. 1989, *Beyond Privatization: The Tools of Government Action*, Urban Institute Press.

Samuels, Richard J. 1987, *The Business of the Japanese State: Energy Markets in Comparative and Historical Perspective*, Cornell University Press.

Scheiner, Ethan 2005, *Democracy without Competition in Japan: Opposition Failure in a One-Party Dominant State*, Cambridge University Press.

第7章

マスメディアと圧力政治

メディア多元主義の現況

竹中佳彦

1 メディア多元主義

　自由民主党一党優位体制下にあった1970年代の終わりごろから，日本の政治システムを多元主義ととらえる見方が登場した[1]。その中で，マスメディアの影響力を重視するメディア多元主義（referent pluralism）を主張したのが蒲島郁夫であった。

　蒲島は，エリートの認知する影響力の階層構造は，実際のそれと深い相関があるとして，1980年3月の「エリートの平等観」調査のデータを用いて，①各集団の影響力評価の順位の一致度が高いこと，②マスメディアのリーダー以外のすべての集団リーダーが，日本の政治・社会システム全体に対して最も影響力のある集団をマスメディアととらえていることを明らかにした。

　さらに蒲島は，①マスメディアのリーダーが，政党支持，政治イデオロギー，社会経済的平等観，伝統的価値観のいずれについても政治的に中立であること（中立性），②利益集団の影響力と4つの権力集団——自民党指導者，エリート

官僚，野党指導者，マスメディア——への接触度との関係などの考察から，マスメディアが，政治イデオロギーや集団の大小・新旧の違いを超えて多様な集団リーダーと人的つながりをもつこと（包括性）の2点を示し，マスメディアが，自民党と官僚からなる伝統的な権力集団の核外に位置し，権力から排除される傾向がある集団の選好を政治システムに注入していると論じた（Kabashima and Broadbent 1986; 蒲島 1985, 1990, 2004; 蒲島・竹下・芹川 2010）。

周知のように自民党一党優位体制崩壊後，連立政権が常態となり，2009年に自民党が下野して，2012年まで民主党を中心とする連立政権が続いた。他方，本書の第1章で示されている脱組織化，第3章で示されている団体リソースの縮小や団体間関係の弱化も進んでいる。日本の政治・社会が大きく変容していることから，圧力団体の影響力や権力集団への接触に変化があっても不思議ではない。変化の仕方によっては，メディア多元主義が，もはや妥当しなくなっているかもしれないのにもかかわらず，その検証はこれまで行われてこなかった。その大きな要因の一つは，「エリートの平等観」調査に相当する調査がその後，実施されてこなかったからである[2]。

第4次圧力団体調査には，圧力団体リーダーに，①政治アクターの影響力評価，および自己影響力評価を尋ねる質問，②自己と政党のイデオロギー尺度上の位置を尋ねる質問，③内閣・官僚・政党・マスメディアへの接触度を尋ねる質問がある。エリート全般に対する調査ではないが，マスメディアを含む政治アクターの影響力評価や接触度を測る設問が盛り込まれているため，メディア多元主義を検証することが，ある程度，可能になっている。

本章では，①圧力団体リーダーは，マスメディアを含む政治アクターの影響力をどう評価しているのか，②民主党を中心とする連立政権となり，圧力団体は，内閣・官僚・政党・マスメディアとどの程度，接触しているのか，③マスメディアは，権力集団と比較して，影響力の弱い集団に接触の機会を与えているのかを明らかにし，メディア多元主義の現況を考察することにしたい[3]。それは，政権交代の意味を明らかにすることにもなるであろう。

2 圧力団体リーダーによる政治アクターの影響力評価

　圧力団体リーダーは，政治アクターの影響力をどのように評価しているのであろうか。第4次圧力団体調査には，「あなたの団体が関連する政策について，次に挙げるグループは，どの程度の影響力を持っていると思いますか」という設問があり，影響力を，「非常に強い」「かなり強い」「ある程度」「あまりない」「全くない」の5段階で評価するよう求めている。「非常に強い」を5，「全くない」を1として影響力評価の平均値を算出した。3が中間である。
　その際，1980年の「エリートの平等観」調査 (三宅ほか 1985; Verba et al. 1987)[4]，および2006年のJIGS2調査における影響力評価と比較した[5]。両調査は，①調査対象が圧力団体に限定されておらず，②質問文や調査項目も第4次圧力団体調査と同一ではなく[6]，③影響力を7段階尺度で測定しているので[7]，比較には慎重さを要するが，その結果を示したのが図7-1である。
　まず1980年の「エリートの平等観」調査によれば，官僚と政党の影響力評価が高く，次に経済・業界団体，さらに労働団体，農林水産業団体が続き，学者・文化人や市民団体の影響力評価はあまり高くない。これらのアクターの影響力の順序は，「55年体制」当時の政治の常識に近いものであったといえよう。これらのアクターよりも高い影響力をもっているとされるのが，蒲島が指摘したようにマスメディアである。
　JIGS2調査でも，「エリートの平等観」調査同様，官僚，与党，経済・業界団体の影響力評価は高い。一方，市民団体，労働団体，野党の影響力評価は低く，農林水産業団体の影響力も低い。マスメディアの影響力は，両者の中間に位置する。
　これらを踏まえて第4次圧力団体調査の結果をみると，アクターの影響力評価は全体的にあまり高くない。影響力が相対的に高いのは官僚と与党で，政策決定の中核にあると考えられてきたアクターである。圧力団体の影響力は総じて低く，経済・業界団体，市民団体，労働団体，農林水産業団体の順に低くなっていく。マスメディアは，圧力団体よりも高く，野党と同じぐらいである。

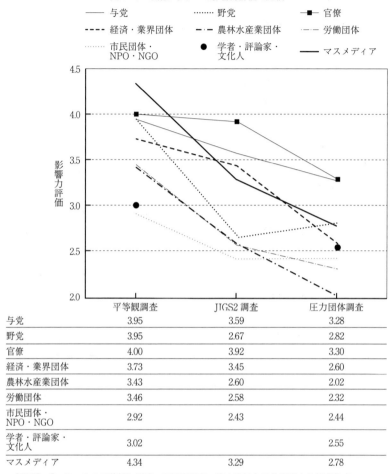

図7-1 政治アクターの影響力評価の比較

	平等観調査	JIGS2調査	圧力団体調査
与党	3.95	3.59	3.28
野党	3.95	2.67	2.82
官僚	4.00	3.92	3.30
経済・業界団体	3.73	3.45	2.60
農林水産業団体	3.43	2.60	2.02
労働団体	3.46	2.58	2.32
市民団体・NPO・NGO	2.92	2.43	2.44
学者・評論家・文化人	3.02		2.55
マスメディア	4.34	3.29	2.78

［出所］「エリートの平等観」調査，JIGS2調査，第4次圧力団体調査より筆者作成。

　以上のように第4次圧力団体調査のマスメディアの影響力は，「エリートの平等観」調査のそれよりも低い。「エリートの平等観」調査の質問文が同じではないことに起因する面もあるだろうが，マスメディアの影響力は，かつて蒲島（1985, 1990, 2004）が論じたときよりも低下していると思われる。

　ただ，詳細は割愛するが，マスメディアの影響力について，宗教団体リーダ

ーは，政治アクターの中で最も高いとし，農林水産業団体，市民・政治団体，教育団体，福祉団体，労働団体のリーダーも，官僚や与党，政務三役に次いで高いととらえている（竹中 2014a）。マスメディアは，政策決定に直接関与していないことを考えれば，その影響力は相対的には高く評価されているということもできよう。

3 圧力団体の政治アクターへの接触度

蒲島は，圧力団体リーダーが，政策決定者とイデオロギーを共有しているとき，協調関係の中で影響力を行使しうると述べている（蒲島 1985: 153）。本書第4章でみたように，労働団体や市民・政治団体は左寄り，経済・産業団体や農林水産業団体はやや保守的であり，自民党や民主党への支持と団体リーダーのイデオロギーとは連関している。また民主党を中心とする連立政権への交代以前は，保守的なリーダーをもつ団体ほど自民党に，リベラルなリーダーをもつ団体ほど民主党に接触する傾向があったが，その関係は民主党政権下では弱まった。

圧力団体の政党および行政への接触度

民主党政権下の圧力団体のマスメディア，政党，行政への接触はどうなっていたのだろうか[8]。本節では，まず民主党への政権交代によって圧力団体の政党や行政への接触度が変化したのかどうかをみてみよう。

リコール（記憶）調査ではあるが，現在の接触度から政権交代前の接触度を引いた接触度の増減を民主党と自民党について比較した。図7-2がその結果である。

労働団体は，政権交代にもかかわらず民主党と自民党への接触の仕方が大きく変化してはおらず，むしろ両党への接触がともに減っている。それ以外の団体は，政権交代によって，多かれ少なかれ，民主党への接触を増やし，自民党への接触を減らしている。特に教育団体，農林水産業団体，専門家団体の傾き

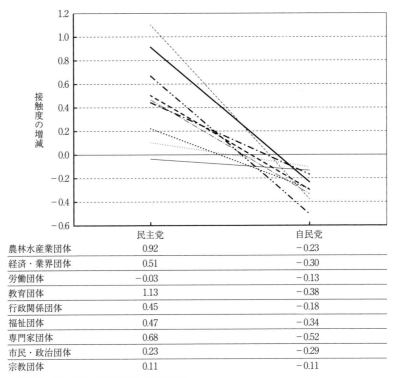

図 7-2　団体別の政党接触度の増減

	民主党	自民党
農林水産業団体	0.92	−0.23
経済・業界団体	0.51	−0.30
労働団体	−0.03	−0.13
教育団体	1.13	−0.38
行政関係団体	0.45	−0.18
福祉団体	0.47	−0.34
専門家団体	0.68	−0.52
市民・政治団体	0.23	−0.29
宗教団体	0.11	−0.11

［出所］　第4次圧力団体調査より筆者作成。

が大きく，これらの団体が，民主党へ接近し，自民党から離れたことがわかる。

　以上のように圧力団体は，労働団体を除き，政権交代によって民主党への接触を増やし，自民党への接触を減らしている。圧力団体は，政権の中心となる政党に接触すると考えてよいだろう。

　図7-3は自公連立政権から民主党連立政権への交代前後の内閣接触度の増減，図7-4は同じく官僚接触度の増減を，第4次圧力団体調査によってみたものである。

第 7 章　マスメディアと圧力政治

図 7-3　団体別の内閣接触度の増減

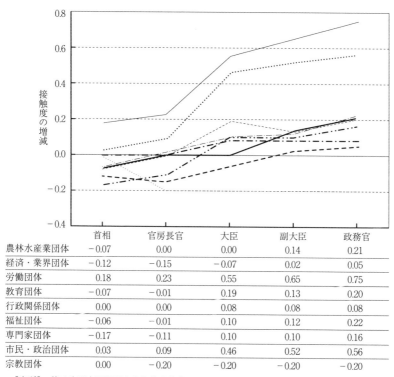

	首相	官房長官	大臣	副大臣	政務官
農林水産業団体	−0.07	0.00	0.00	0.14	0.21
経済・業界団体	−0.12	−0.15	−0.07	0.02	0.05
労働団体	0.18	0.23	0.55	0.65	0.75
教育団体	−0.07	−0.01	0.19	0.13	0.20
行政関係団体	0.00	0.00	0.08	0.08	0.08
福祉団体	−0.06	−0.01	0.10	0.12	0.22
専門家団体	−0.17	−0.11	0.10	0.10	0.16
市民・政治団体	0.03	0.09	0.46	0.52	0.56
宗教団体	0.00	−0.20	−0.20	−0.20	−0.20

［出所］　第 4 次圧力団体調査より筆者作成。

　一見してわかるのは，労働団体が，0.18〜0.75 ポイントにすぎないとはいえ，内閣および事務次官への接触を増大させていることである。局長以下の官僚に対しても相対的に接触が増えている。市民・政治団体も，内閣や官僚への接触度が相対的に増えており，自民党から民主党への政権交代によって，一般に権力集団に接触しにくいととらえられている団体のそれへの接触が増大している。

　これに対して経済・業界団体は，接触がほとんど増えておらず，むしろ首相，官房長官，大臣，事務次官への接触は減っている。農林水産業団体も，副大臣

図 7-4　団体別の官僚接触度の増減

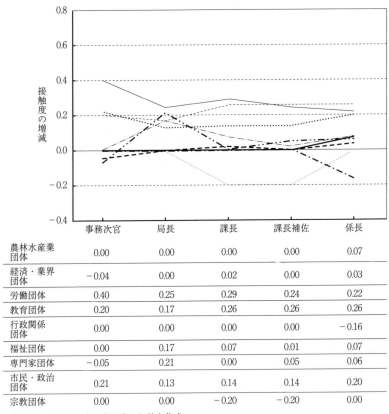

	事務次官	局長	課長	課長補佐	係長
農林水産業団体	0.00	0.00	0.00	0.00	0.07
経済・業界団体	−0.04	0.00	0.02	0.00	0.03
労働団体	0.40	0.25	0.29	0.24	0.22
教育団体	0.20	0.17	0.26	0.26	0.26
行政関係団体	0.00	0.00	0.00	0.00	−0.16
福祉団体	0.00	0.17	0.07	0.01	0.07
専門家団体	−0.05	0.21	0.00	0.05	0.06
市民・政治団体	0.21	0.13	0.14	0.14	0.20
宗教団体	0.00	0.00	−0.20	−0.20	0.00

［出所］　第4次圧力団体調査より筆者作成。

と政務官への接触は若干増えているが，それ以外の役職との接触はほとんど変化がない。

　政党や内閣への接触度の変化と比べると，官僚への接触度の変化は小さい。実のところ，課長，課長補佐，係長への接触度は，団体の種類による違いはあまりない。官僚への接触度は，ばらつきが小さく，官僚は，どのような圧力団

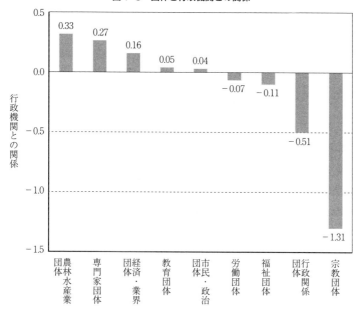

図7-5 団体と行政機関との関係

[出所] 第4次圧力団体調査より筆者作成。

体に対しても，接触の機会を提供している（竹中 2014a）。

民主党との関係が稀薄な経済・業界団体や農林水産業団体は，民主党政権になっても，官僚との接触度を減らしていない。民主党政権発足前からインサイド・ロビイングを行いうる行政機関との強いつながりがあるからであろう。

第4次圧力団体調査には，圧力団体が，国の行政機関と，「(1)政策決定や予算活動に対する協力や支持をしている」「(2)団体や業界の事情について意見交換をしている」「(3)審議会や諮問機関に委員をおくっている」「(4)政策提言をしている」「(5)政策実施や法執行に対する協力や援助をしている」「(6)政策実施や法執行の動向をモニタリングしている」「(7)行政機関の方が退職した後のポストを提供している」という関係があるかどうかを尋ねている。この7つの質問への回答を主成分分析によって総合し，行政機関との関係という尺度を作成した。団体分類ごとの得点の平均値を示したのが図7-5である。

縦軸が行政機関との関係の強さを示しており，農林水産業団体が0.33で，

行政機関との関係が最も強い。専門家団体が0.27, 経済・業界団体が0.16で続いている。市民・政治団体は0.04, 労働団体は−0.07, 福祉団体は−0.11と, 民主党政権になって官僚との接触が増えても, 行政機関との関係は強くないことがわかる。

圧力団体のメディアへの接触度

マスメディアには, どのような圧力団体が接触しているのだろうか。第4次圧力団体調査には,「あなたの団体は, 次にあげるメディア関係者とどの程度接触していますか」として,「専門紙・業界紙（雑誌も含む）関係者」「新聞（全国紙・ブロック紙）関係者」「雑誌・週刊誌関係者」「テレビ・ラジオ関係者」への接触度を尋ねる質問がある。接触度は, 政党や行政と同様に5段階で測られているので,「非常に頻繁」を5,「かなり頻繁」を4,「ある程度」を3,「あまりない」を2,「全くない」を1として計算した。図7-6はその結果である。

接触度は, 多くの団体で, 専門紙・業界紙, 新聞, テレビ・ラジオ, 雑誌・週刊誌の順に高いといえよう。労働団体, 宗教団体, 農林水産業団体は, 専門紙・業界紙への接触度が高い。新聞, テレビ・ラジオ, 雑誌といったマスメディアへの接触度が最も高いのは市民・政治団体であり, 次に労働団体, 福祉団体が続く。新聞への接触度が3を超えているのはこの3つの団体だけであり, これらの団体も, テレビ・ラジオや雑誌といったメディアへの接触度はあまり高くない。行政関係団体, 農林水産業団体, 教育団体, 経済・業界団体のマスメディアへの接触度は低い。団体のメディア接触度は総じて低いといえよう。

なぜ市民・政治団体や労働団体, 福祉団体のような, 圧力団体の中ではいくらかリベラルなリーダーを擁する団体のマスメディアへの接触度が高く, 農林水産業団体や経済・業界団体など, やや保守的なリーダーを擁する団体のマスメディアへの接触度が低いのだろうか。

有権者は, マスメディアのイデオロギーの位置をやや左ではあるが, ほぼ中間ととらえており（竹中 2014b）, マスメディアは中立性を保っている。しかし保守的なリーダーを擁する団体は, 図7-5にみたように, インサイド・ロビイングを行いうるような行政機関との強い関係を築いており, マスメディアに訴える必要性がない。マスメディアが中立的であるとはいえ, 保守的なリーダー

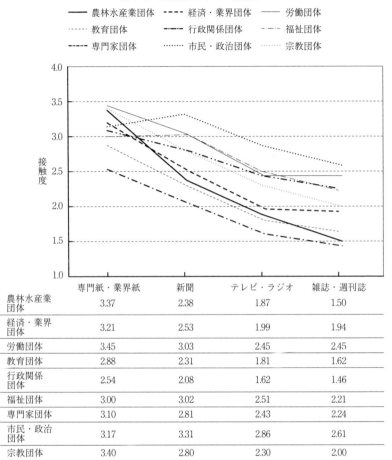

図 7-6　団体別のメディア接触度

	専門紙・業界紙	新聞	テレビ・ラジオ	雑誌・週刊誌
農林水産業団体	3.37	2.38	1.87	1.50
経済・業界団体	3.21	2.53	1.99	1.94
労働団体	3.45	3.03	2.45	2.45
教育団体	2.88	2.31	1.81	1.62
行政関係団体	2.54	2.08	1.62	1.46
福祉団体	3.00	3.02	2.51	2.21
専門家団体	3.10	2.81	2.43	2.24
市民・政治団体	3.17	3.31	2.86	2.61
宗教団体	3.40	2.80	2.30	2.00

［出所］　第 4 次圧力団体調査より筆者作成。

をもつ団体の接触度が低いのはそのためであろう。

　それは，マスメディアへの働きかけの有効性の認識からも読み取れる。図 7-7 は，「あなたの団体の権利や利益，意見を主張するうえで，次に挙げるメディア関係者への働きかけはどのくらい有効ですか」という質問に対して，「非常に有効」から「全く有効でない」の 5 段階で回答したもののうち，「新聞（全国紙・ブロック紙）関係者」と「テレビ・ラジオ関係者」について団体分類

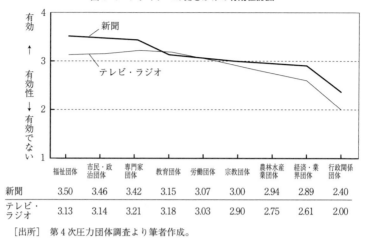

図 7-7 メディアへの働きかけの有効性認識

[出所] 第4次圧力団体調査より筆者作成。

ごとの平均を示した結果である。

　新聞への働きかけが有効だと認識しているのは，福祉団体，市民・政治団体，専門家団体などであり，行政関係団体，経済・業界団体，農林水産業団体は相対的に有効ではないと考えている。テレビ・ラジオへの働きかけが有効だという認識は，全体として新聞の有効性よりも低い。労働団体の有効性認識は必ずしも高くないが，メディアへの接触度が高いリベラルなリーダーをもつ団体ほど，メディアへ働きかけることが有効だと考えているといえよう。

4 | 圧力団体の影響力と権力集団への接触

　「55年体制」下で，権力集団への接触が容易ではなかった市民・政治団体や労働団体が，民主党政権へ接近し，マスメディアに依然として接触しているのに対して，経済・業界団体は，官僚との接触を保ちつつ，民主党政権やマスメディアとの接触を増やしていない。農林水産業団体も，マスメディアとの接触は増やさず，官僚との接触を保つ一方，民主党政権への接近を試みている。以

第7章 マスメディアと圧力政治

上から判断すると,蒲島が主張したメディア多元主義（Kabashima and Broadbent 1986; 蒲島 1990, 2004; 蒲島・竹下・芹川 2010）は,民主党政権下には当てはまらないであろう。それを検証してみよう。

蒲島は,「エリートの平等観」調査を用いて,政治家・官僚などを含むすべてのエリートによる影響力の評価得点を算出して独立変数とし,圧力団体リーダーの権力集団への接触度を従属変数とする単回帰分析を行っている[9]（蒲島 1990）。

第4次圧力団体調査は,「エリートの平等観」調査とは異なり,政治家・官僚などを調査対象とはしておらず,また影響力評価の調査項目も異なっている。第4次圧力団体調査では,圧力団体としては,経済・業界団体,労働団体,農林水産業団体,市民団体・非営利組織（NPO）・非政府組織（NGO）,専門家団体の5つの影響力評価のみが調査項目になっている。全圧力団体リーダーによる影響力評価得点（平均値）は,経済・業界団体が2.60,労働団体が2.32,農林水産業団体が2.02,市民団体・NPO・NGOが2.44,専門家団体が2.59である（図7-1,および表7-1参照）。

表7-1には,この得点と,この得点をそれぞれの団体分類に属する団体のみで集計した値（団体分類ごとの影響力評価）を示した。後者は,例えば農林水産業団体であれば,自団体を農林水産業団体と回答したすべての団体のみによって,農林水産業団体の影響力評価の平均を算出したものである。これによって,自団体はさておき,自団体の属する圧力団体分類の影響力をどうとらえているのかがわかる。

さらに第4次圧力団体調査では,「あなたの団体が関連する政策について,あなたの団体は,どの程度の影響力をおもちでしょうか」として,「非常に強い」「かなり強い」「ある程度」「あまりない」「全くない」の5段階で自己影響力評価を尋ねているので,団体分類ごとの自己影響力評価の平均値も表7-1に記した。

自己影響力評価は,経済・業界団体が低く,労働団体や市民・政治団体,農林水産業団体は相対的に高い。ただ,どの団体も,圧力団体全体による影響力評価よりも自己影響力評価が高い。全圧力団体リーダーによる影響力評価得点の標準偏差は,自己影響力評価のそれよりも大きく,圧力団体リーダーによる

表 7-1 影響力評価と自己影響力評価の違い

団体分類	全圧力団体リーダーによる影響力評価			団体分類ごとの影響力評価			自己影響力評価		
	平均	標準偏差	N	平均	標準偏差	N	平均	標準偏差	N
農林水産業団体	2.02	1.057	262	3.64	1.447	14	2.93	0.704	15
経済・業界団体	2.60	1.108	268	2.92	1.025	89	2.76	0.765	91
労働団体	2.32	1.101	261	3.77	0.858	30	3.00	0.683	31
教育団体							3.20	1.207	15
行政関係団体							3.09	0.701	11
福祉団体							3.05	0.825	42
専門家団体	2.59	1.032	259	2.83	1.200	18	2.89	0.809	19
市民・政治団体	2.44	1.061	263	3.14	0.879	35	3.00	0.862	36
宗教団体							2.70	1.059	10
その他							1.86	0.690	7
計							2.89	0.831	277

［注］ 影響力評価の項目は，団体分類と違い，「市民団体・NPO・NGO」となっているが，便宜上，「市民・政治団体」と同じものと扱った。
［出所］ 第4次圧力団体調査より筆者作成。

評価にばらつきがあることがわかる。団体分類ごとの影響力評価は，全圧力団体リーダーによる影響力評価よりも高いので，圧力団体リーダーは，自団体はともかく，自団体の属する圧力団体分類の影響力を高くとらえ，他の団体分類の影響力を低く評価している。

全圧力団体リーダーによる影響力評価がなされている5つの団体に限定して，全リーダーによる影響力評価得点と自己影響力評価とのスピアマンの順位相関係数を算出すると -0.11 ($p=0.142$) で，有意ではないものの，やや逆相関の関係にある。影響力評価得点と自己影響力評価にギャップがあることから，影響力評価や自己影響力評価の信頼性に疑問を付す向きもあるだろう。本章でどちらの指標がより現実を表しているのかを検証することはできないが，権力への接触度も自己評価なので，自己影響力評価を用いることが直ちに不当だとはいえないであろう。標準偏差が相対的に小さいといっても，同じ種類の団体でも影響力は異なるであろうし，少なくとも $N=277$ を確保できる点は長所である。[10]

蒲島（1990）と異なり，圧力団体リーダーの自己影響力評価を独立変数，圧力団体の権力への接触度を従属変数として単回帰分析を行った。その結果をまとめたのが表7-2である。権力への接触度は，5段階評価を用い，「非常に頻

第7章 マスメディアと圧力政治

表 7-2 圧力団体の自己影響力評価による政治アクターへの接触の単回帰分析

接触対象		定数			自己影響力評価			adjusted R^2
		B	SE	p	B	SE	p	
内閣	首相	0.61	.148	.000	0.25	.049	.000	.09
	官房長官	0.54	.140	.000	0.27	.046	.000	.11
	大臣	0.22	.214	.298	0.64	.071	.000	.23
	副大臣	0.53	.209	.011	0.54	.069	.000	.18
	政務官	0.37	.211	.078	0.59	.070	.000	.21
官僚	事務次官	0.48	.210	.024	0.50	.070	.000	.16
	局長	0.55	.217	.011	0.68	.072	.000	.25
	課長	1.36	.237	.000	0.61	.079	.000	.18
	課長補佐	1.66	.260	.000	0.55	.087	.000	.13
	係長	1.97	.273	.000	0.51	.091	.000	.10
政党	民主党	0.96	.267	.000	0.63	.089	.000	.16
	自民党	1.11	.237	.000	0.44	.079	.000	.11
メディア	専門紙・業界紙	2.13	.221	.000	0.35	.073	.000	.07
	新聞	1.89	.220	.000	0.29	.073	.000	.05
	雑誌・週刊誌	1.40	.190	.000	0.23	.063	.000	.04
	テレビ・ラジオ	1.80	.211	.000	0.15	.070	.033	.01

［出所］第4次圧力団体調査より筆者作成。

繁」を5,「かなり頻繁」を4,「ある程度」を3,「あまりない」を2,「全くない」を1とした。

　自由度調整済み決定係数はいずれも低いので，自己影響力評価で権力への接触を十分に説明できるわけではない。しかし回帰係数は，大臣と政務官への接触の定数を除いて，5％水準で有意であった。自己影響力評価の回帰係数はすべて正の値であり，自己影響力評価が高い団体ほど，接触度が高いことを意味している。局長，大臣，民主党，課長，政務官，課長補佐，副大臣，係長は，自己影響力評価の係数が相対的に大きく，自己影響力評価の高い団体ほど接触していることになる。

　他方，テレビ・ラジオ，雑誌・週刊誌，首相，官房長官，新聞は，自己影響力評価の係数が相対的に小さく，自己影響力評価の高い団体ほど接触度が高いとはいえ，自己影響力評価の違いによる接触度の差はやや小さい。決定係数も，マスメディアは他の政治アクターより小さい。

　以上のように内閣や官僚への接触は自己影響力評価と関係しているが，マス

メディアへの接触は自己影響力評価とあまり関係していない。つまり自己影響力評価が低い団体は相対的に内閣や官僚に接触しにくいが、マスメディアは自己影響力評価が低い団体にも門戸を開放しているといえよう。

自己影響力評価は、表7-1に示したように、団体分類の違いによって大きな差があるというわけではない。ただ、いわゆる「55年体制」では権力集団の中核に接触しにくかった労働団体や市民団体・NPO・NGOの自己影響力評価は相対的に高く、権力集団の中核に接触しやすかった経済・業界団体の自己影響力評価は相対的に低い。自民党から民主党への政権交代によって、これまで権力集団に接触しにくかった団体がそれに接触できるようになり、自己の影響力が大きいと認識しているのかもしれない。また農林水産業団体は自己影響力評価が高いが、民主党連立政権発足前の自公連立政権下の農政に不満を強め、自民党から距離を置く傾向があった。他方、経済・業界団体や農林水産業団体は、図7-7でみたように、マスメディアに働きかけることが有効だとは認識しておらず、接触度は低い。このように考えれば、民主党連立政権下の圧力政治は、「55年体制」下のメディア多元主義とは様相を異にしていたと考えたほうがよさそうである。

この圧力政治の様相の変化は、自民党・公明党の連立から民主党中心の連立への政権交代によるものである。これまで権力集団の核に接触しにくかった団体がそこに接触できるようになり、自己影響力評価が逆転し、圧力団体は、マスメディアの機能を待つまでもなく、これまで取り上げてもらうことのできなかった自分たちの声を政治過程に反映させようとするようになったのである。その後の自公連立政権の復活は、自己影響力評価の再逆転をもたらし、権力集団と圧力団体との関係を以前の状態に戻したのではないかと推測される。

5 マスメディアに対する感情の悪化

表7-3は、団体の自己影響力評価、行政との関係（主成分得点）、マスメディアへの働きかけの有効性の認識との相関をスピアマンの順位相関係数で示した

表 7-3 自己影響力と行政・メディアとの関係（スピアマンの順位相関係数）

	行政との関係	働きかけの有効性		
		新聞	雑誌	テレビ・ラジオ
自己影響力	.46***	.22***	.16*	.15*
行政との関係		.10	.03	.08
働きかけの有効性				
新聞			.65***	.79***
雑誌				.70***
テレビ・ラジオ				

［注］ *p<.05, **p<.01, ***p<.001.
［出所］ 第4次圧力団体調査より筆者作成。

ものである。

　行政機関との関係と自己影響力評価の順位相関係数は 0.46（p = 0.000）で，相関が高い。おそらく行政機関との関係が強い団体は，インサイド・ロビイングに訴えることが可能なため，自己影響力を高く評価し，マスメディアに働きかけなくても自己の利益を実現しうると考えているのであろう。それゆえ行政機関との関係と，新聞，雑誌，テレビ・ラジオへの働きかけの有効性との相関係数はいずれもあまり高くない。

　対照的に，行政機関との関係があまりない団体は，インサイド・ロビイングに訴えにくい。そのため自己影響力評価が低く，自己の利益を実現するためには，必要に応じてマスメディアに働きかける必要があるだろう。

　行政機関との関係は一朝一夕には変わらない。農林水産業団体や経済・業界団体のような行政機関と強い関係をもつ団体は，官僚には接触しても，内閣や政党にはさほど接触する必要がない。他方，自己影響力評価は，政権交代によって権力の中核に接触できるようになれば高まるが，内閣に接触できるようになっても，行政機関との強い関係を形成できていない市民団体や労働団体は，マスメディアに働きかける必要があるのである。

　民主党連立政権が崩壊し，権力集団，圧力団体，マスメディアが以前の関係に復したのであれば，再びメディア多元主義的な状況が現れる余地がある。したがってマスメディアの果たす役割は重要である。

　図 7-8 は，JES 調査（1983 年衆議院総選挙後調査），JES Ⅱ 調査（1995 年 2 月調

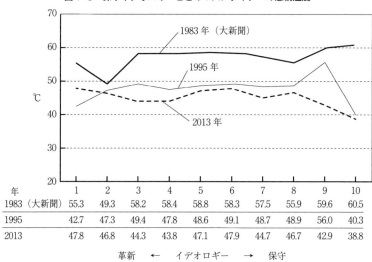

図7-8 保革イデオロギーごとのマスメディアへの感情温度

年	1	2	3	4	5	6	7	8	9	10
1983（大新聞）	55.3	49.3	58.2	58.4	58.8	58.3	57.5	55.9	59.6	60.5
1995	42.7	47.3	49.4	47.8	48.6	49.1	48.7	48.9	56.0	40.3
2013	47.8	46.8	44.3	43.8	47.1	47.9	44.7	46.7	42.9	38.8

革新 ← イデオロギー → 保守

[出所] JES調査，JESⅡ調査，JIGS有権者調査より筆者作成。

査），JIGS有権者調査（2013年）のマスメディアへの感情温度を保革イデオロギーごとに示したものである。1983年には，有権者は，イデオロギー尺度の2を例外として，保革を超えてマスメディアに好感情を抱いていた。ところが1995年には，イデオロギー尺度の9以外は50℃を割り，反感をもつ人が増えた。さらに2013年には，全般的に反感をもつ人が増えている。

これらは，いずれも有権者にマスメディアの感情を尋ねたものであって，圧力団体のマスメディアに対する感情ではない。しかし有権者の感情は，圧力団体にもある程度，反映していると考えられる。こうしたマスメディアへの感情の悪化は，SNS（social networking service）の隆盛に象徴されるように，マスメディアに対する信頼感の低下と言い換えることもできよう。そういう中でマスメディアは，権力集団から排除される傾向がある集団の選好を注入する役割を果たすことができるのだろうか。

6 失敗の代償

本章で明らかになったのは以下の通りである。
(1) 今日の圧力団体リーダーは，政治アクターの影響力を全体としてあまり高く評価していない。影響力評価が相対的に高いのは官僚と与党で，従来，政策決定の中核にあると考えられてきたアクターである。経済・業界団体を含め，圧力団体の影響力は総じて低いと評価されている。マスメディアの影響力は，圧力団体よりも高く，野党と同じぐらいと評価されているが，かつて蒲島（1985, 1990, 2004）が論じたときよりも低下していると思われる。
(2) 労働団体は，政権交代にもかかわらず，民主党と自民党への接触の仕方が大きく変化していないが，それ以外の団体は，政権交代によって，多かれ少なかれ，民主党への接触を増やし，自民党への接触を減らしている。
(3) 自民党から民主党への政権交代によって，労働団体や市民団体・NPO・NGO など，一般に権力集団の核に接触しにくいととらえられてきた団体が内閣や官僚への接触を増大させている。これに対して経済・業界団体は，接触がほとんど増えておらず，むしろ首相，官房長官，大臣，事務次官への接触は減っている。農林水産業団体も，副大臣と政務官への接触は若干増えているが，それ以外の役職への接触はほとんど変化がない。
(4) 新聞，テレビ・ラジオ，雑誌といったマスメディアへの接触度が最も高いのは市民・政治団体であり，労働団体，福祉団体がこれに続く。行政関係団体，農林水産業団体，教育団体，経済・業界団体のマスメディアへの接触度は低い。
(5) 圧力団体の自己影響力評価を独立変数，圧力団体の権力集団への接触度を従属変数とした単回帰分析を行った結果，局長，大臣，民主党，課長，政務官，課長補佐，副大臣，係長は，自己影響力評価の高い団体ほど接触している。他方，テレビ・ラジオ，雑誌・週刊誌，首相，官房長官，新聞は，自己影響力評価の違いによる接触度の差はやや小さい。自己影響力評

価が低い団体は相対的に内閣や官僚に接触しにくいが，マスメディアは自己影響力評価が低い団体にも門戸を開放しているといえる。しかし自己影響力評価が高いのは労働団体や市民団体・NPO・NGOであり，経済・業界団体の自己影響力評価は相対的に低い。

　「55年体制」当時の日本は，マスメディアが，自民党と官僚からなる伝統的な権力集団の核外に位置し，権力集団から排除される傾向がある集団の選好を政治システムに注入しているというメディア多元主義でとらえることが可能であった。民主党を中心とした連立政権になっても，自己影響力評価が低い団体は相対的に内閣や官僚に接触しにくいが，マスメディアはそれらにも門戸を開放している。しかしマスメディアの影響力評価は低下しており，圧力団体のマスメディアへの接触も少ない。

　民主党政権下で自己影響力評価が高いのは，権力集団への接触が増大した労働団体や市民団体・NPO・NGOである。政権交代によって，これまで権力集団の核に接触しにくかった団体がそれに接触できるようになり，マスメディアに働きかけなくても自分たちの声を政治過程に反映させられると考えるようになった。他方，権力集団への接触が増えていない経済・業界団体は，自己影響力評価が低くても，以前から行政機関との強い関係があるので，マスメディアを通じて働きかける必要がない。

　政権交代があれば，特定の集団の選好が権力集団から常に排除されるという傾向は小さくなり，マスメディアが，少数派や新興勢力など，権力集団から排除される傾向のある集団の選好を政治システムに注入する必要性は減るであろう。民主党連立政権発足前の自公連立政権について，団体の自己影響力と権力集団への接触度をJIGS2調査の公開データを使って再分析した。その結果，自己影響力を高く評価している団体は，政権与党や国会議員に接触する傾向があるが，官僚やメディアへの接触については，自己影響力評価との関係は相対的に弱いことが示された。もちろんデータの違いに留意は必要だが，民主党連立政権発足前には，かなり弱いながらもメディア多元主義の構図が残存していたと思われる。圧力政治にとって政権交代自体に大きな意義があるといえよう。

　だが民主党連立政権はあっという間に瓦解した。2016年3月に民進党が結成されたが，自民党に対抗しうる勢力としてまだ認知されておらず，政権交代

の常態化が見込めない状況はしばらく続きそうである。もしそれが長期にわたるとすれば，少数派などの選好は，どのような形で政治システムに注入されていくのだろうか。いつになるかわからない政権交代を待つしかないのだろうか。それとも再びマスメディアが少数派などの代弁者となるのだろうか。有権者のマスメディアに対する反感の強まりを考えると，マスメディアは，もはや少数派などの代弁者として機能しえないのではないだろうか。

政権交代が起こらず，政権政党と団体との関係が固定化し，マスメディアへの有権者の信頼感が弱い政治システムが，かつての自民党一党優位体制よりもよいシステムだとはとてもいえないであろう。民主党連立政権の失敗がもたらした代償は大きい。

注

1) 代表的なものとして，大嶽（1979），猪口（1983），佐藤・松崎（1986）など。
2) 辻中豊と森裕城は，メディアに影響力があるかどうか，メディアが中立的かどうかという点ばかりを論じていても，圧力団体側の動向を把握しなければ，メディア多元主義の存在を実証することはできないと批判している（森 2008; 辻中・森 2010: 312-313)。
3) 本章は，竹中（2014a, 2014b）を改稿したものであることをお断りしておく。
4) 「エリートの平等観」調査のデータは，レヴァイアサン・データバンクを通して入手した（http://www.bokutakusha.com/ldb/ldb_databank.html）。同調査の質問文は注6を参照。比較対象とした調査項目の正確な表記は，「労働団体」「農業団体」「経営者団体」「マス・コミ（新聞，テレビ，ラジオ）」「文化人・学者」「市民運動・住民運動団体」「官僚」「政党」である。「エリートの平等観」調査では「与党」「野党」を分けて尋ねていないので，図7-1にはいずれも「政党」の値を記した。それ以外の項目はほぼ同等のものとみなせるであろう。第4次圧力団体調査と比較するために，変数 sector13 の「1 財界」「2 労働組合」「3 農業団体」「10 市民運動・住民運動団体」「11 部落解放同盟」「12 婦人運動団体」に該当するサンプルを選び，政治家や官僚，マスメディア，文化人・学者などを分析から除いた。ただし全サンプルで計算しても，平均値に著しい違いはない。
5) JIGS2調査の質問文は，「次にあげるグループは，日本の政治にどの程度の影響力を持っていると思いますか。日本政治全般とあなたの団体が関心のある政策領域について，『ほとんど影響力なし』を1とし『非常に影響力あり』を7とする尺度に当てはめて，点数をご記入ください」である。調査項目は26項目にわたるが，比較対象としたものの正確な表記は，「農林漁業団体」「経済・業界団体」「労働団体」「市民団体」「与党」「野党」「マスメディア」である。第4次圧力団体調査の質問文で「あなたの団体が関連する政策について」となっているので，JIGS2調査は，「あなたの団体が関心のある政策領域について」の回答を用いた。JIGS2調査は社会団体全般を対象としているので，

第4次圧力団体調査と比較するに際して、「他所に支部・支所がある団体の本部」のみを選んで分析した。団体本部のみを選んだ場合とそうでない場合とを比較しても、平均値にあまり大きな違いはない。ただし「政治全般」に対する影響力と「団体が関心のある政策領域」に対する影響力との間には違いがある。団体本部のみを選んだ場合の「政治全般」に対する影響力評価は、与党 4.13、野党 2.93、官僚 4.10、経済・業界団体 3.89、農林漁業団体 3.13、労働団体 2.89、市民団体 2.56、マスメディア 3.55 で、すべて図 7-1 の値を上回り、マスメディアの影響力評価は、与党、官僚、経済・業界団体に次ぐ。なお、竹中（2014a, 2014b）での JIGS2 調査の影響力評価の値は、JIGS2 調査の公開前に提供を受けたデータを利用して分析したが、提供を受けたデータには入力ミスがあったということで、本章の結果と異なる。お詫び申し上げたい。

6) 「エリートの平等観」調査の質問文は、「下記の諸グループが我々の生活にどの程度影響力をもっていると思いますか。……"非常に影響力あり"を1とし"ほとんどなし"を7とする尺度にあてはまると何点にあたりますか」であり、厳密にいえば、政策決定に対する影響力ではなく、生活に対する影響力を測定する設問である。したがって辻中（2012）は、蒲島（1985, 1990, 2004）について、生活に対する影響力を公共政策への決定に対する影響力と誤って解釈したと批判している。

7) 7段階尺度を5段階尺度に揃えるため、7段階尺度の回答から1を引いて6で割り、4を掛けたうえで1を足し、小数第3位を四捨五入したものを用いて計算した。「エリートの平等観」調査は、非常に影響力があるという回答が5になるようにコードした。

8) 圧力団体と政党への接触、行政への接触の詳細は、それぞれ本書の第5章、第6章を参照されたい。

9) 第4次圧力団体調査のデータを用いてほぼ同様の分析を行ったが、自由度調整済み決定係数は低いものばかりで、影響力評価の回帰係数が5%水準で有意なものもほとんどなかった（竹中 2014a）。

10) ただし大臣は $N=274$、民主党と自民党は $N=263$ である。

11) 圧力団体の自己影響力評価は、局長との接触度、政策立案・執行時の行政からの相談、大臣との接触度と関係がある（竹中 2014b）。

12) JES 調査は、「大新聞」への感情温度である。JES 調査（綿貫譲治上智大学名誉教授・三宅一郎神戸大学名誉教授・猪口孝東京大学名誉教授・蒲島郁夫東京大学名誉教授）および JES II 調査（蒲島名誉教授・綿貫名誉教授・三宅名誉教授・小林良彰慶應義塾大学教授・池田謙一同志社大学教授）のデータは、レヴァイアサン・データバンクを通して入手した。

引用・参考文献

猪口孝 1983『現代日本政治経済の構図』東洋経済新報社。
大嶽秀夫 1979『現代日本の政治権力経済権力』三一書房。
蒲島郁夫 1985「影響力の階層構造」三宅一郎・綿貫譲治・嶋澄・蒲島郁夫『平等をめぐるエリートと対抗エリート』創文社、133-172 頁。
蒲島郁夫 1990「マス・メディアと政治」『レヴァイアサン』7 号、7-29 頁。
蒲島郁夫 2004『戦後政治の軌跡――自民党システムの形成と変容』岩波書店。
蒲島郁夫・竹下俊郎・芹川洋一 2010『メディアと政治〔改訂版〕』有斐閣。

佐藤誠三郎・松崎哲久 1986『自民党政権』中央公論社。
竹中佳彦 2014a「マスメディアと圧力政治——メディア多元主義の現況」辻中豊編『第四次　団体に関する調査報告書』筑波大学，98-134 頁。
竹中佳彦 2014b「利益表出におけるイデオロギー——選挙・圧力団体・マスメディア」2014 年度日本選挙学会報告論文（早稲田大学，5 月 17 日），1-79 頁。
辻中豊 2012『政治学入門——公的決定の構造・アクター・状況』放送大学教育振興会。
辻中豊・森裕城 2010「総括と展望——政権交代前夜の日本の市民社会と利益団体」辻中豊・森裕城編『現代社会集団の政治機能——利益団体と市民社会』（現代市民社会叢書 2）木鐸社，303-320 頁。
三宅一郎・綿貫譲治・嶋澄・蒲島郁夫 1985『平等をめぐるエリートと対抗エリート』創文社。
森裕城 2008「書評　谷藤悦史著『現代メディアと政治　劇場型ジャーナリズムと政治』一藝社，2005 年，星浩・逢坂巌著『テレビ政治　国会報道から TV タックルまで』朝日新聞社，2006 年，蒲島郁夫・竹下俊郎・芹川洋一著『メディアと政治』有斐閣，2007 年」『選挙研究』23 号，167-170 頁。
Kabashima, Ikuo, and Jeffrey Broadbent 1986, "Referent Pluralism: Mass Media and Politics in Japan," *Journal of Japanese Studies*, 12 (Summer), pp. 329-361.
Verba, Sidney, Steven Kelman, Gary R. Orren, Ichiro Miyake, Joji Watanuki, Ikuo Kabashima, and G. Donald Ferree, Jr. 1987, *Elites and the Idea of Equality: A Comparison of Japan, Sweden, and the United States*, Harvard University Press.

第**8**章

ロビイングと影響力の構造

政権交代前後の持続と変容

山本 英弘

1 ロビイング戦術と利益表出

圧力団体のロビイング活動

　圧力団体は，さまざまな手段を用いて自らの価値や利益を表出し，政治過程に影響を及ぼそうとする。このような活動はロビイング（lobbying）と総称される（石生 2002; Baumgartner et al. 2009; Leech 2010）。それでは，圧力団体はどのような手段を用いて政治過程に利益を表出しているのだろうか，また，それによってどの程度の政治的影響力を発揮しているのだろうか。この課題は，圧力団体研究において主要な位置を占め続けてきた。

　圧力団体研究の嚆矢となる集団理論や多元主義的な観点からは，多様な団体が政治に働きかけることで，政治的利益が平等に反映されると考えられてきた（Truman 1951; Dahl 1961 = 1988）。しかし一方で，団体の政治への働きかけは平等に行われているわけではなく，利益表出がビジネス団体などに偏重していることが指摘されてきた（Schattschneider 1960 = 1972; McConnel 1966; Lowi 1979 =

1981; Schlozman and Tierney 1986; Danielian and Page 1994; Schlozman, Verba, and Brady 2012)。このような観点に立つと、圧力団体の活動はむしろ政治的なバイアスを生み出す源泉だと考えられる。

このように、圧力団体の活動をどのようにとらえるかで、その政治的機能に対する評価は全く異なるものとなる。もっとも、団体の利益表出の回路は、政党や議員、官僚、マスメディアなど複数存在している。そのため、さまざまな団体が異なる回路を用いるのであれば、結果として多様な利益が表出されているのかもしれない（Binderkrantz et al. 2015）。しかしながら、特定の団体がいずれの回路においても優勢であり、やはり利益の表出が偏っていることも考えられる。そこで、団体によってどのような表出回路が用いられているのか、そして、政策の実現や政府への評価とどのように関連しているのかを検討していく必要がある。

団体が政治的影響力を行使するためにロビイングを行うのだとすれば[1]、最も有効に作用するアクターに働きかけるものと考えられる。ロビイング研究においては、当初、利害が一致する同盟的なアクターに働きかけるのか、それとも、利害が異なるアクターに働きかけて説得するのかが注目されてきた（Milbrath 1963; Austin-Smith and Wright 1994, 1996; Hojnacki and Kimball 1998）。

また、政党や議員か、それとも官僚か、いずれの政治的エリートに働きかけるのが団体にとって有効であり、実際に接触しているのかといった課題も追究されてきた（Gais and Walker 1991; Holyoke 2003; Binderkrantz 2005; Baumgartner et al. 2009; Naoi and Krauss 2009; McKay 2011; Scheiner et al. 2013）。政党や議員あるいは官僚のいずれに接触するのかは、社会過程に存在する団体側からみた権力の所在を探究するうえで重要なポイントである。

さらには、政治的エリートへの直接的な接触に限らず、マスメディアへの情報提供、または集会やデモといった示威的行動によって間接的に政治過程に影響を及ぼすアウトサイド戦術も用いられる（Kollman 1998）。こうした戦術は政治的エリートへの接触機会をもたない団体であっても政治的決定に影響を及ぼす可能性を示す一方で（Kitschelt 1986; Kriesi et al. 1995）、政治活動が活発な団体が政治的エリートへの接触に加えて、働きかけを強めるために行うことも考えられる（Kollman 1998; 石生 2002; Binderkrantz 2005）。

日本におけるロビイング

　日本政治研究においては，自民党の一党優位の下，自民党や官僚と親和的である諸団体（経済業界団体や各種の政策受益団体）と，野党と親和的である諸団体（労働団体や市民団体）の2つの系列からなる構造が指摘されてきた（石田 1961; 村松 1981）。つまり，政権交代の可能性が低いために，イデオロギーや政策選好が大きく異ならない限り，多くの団体は政策実現のために自民党を支持してきたのである。団体のロビイングについても，経済団体や農業団体などのセクター団体，あるいは政策受益団体は与党自民党や中央省庁に働きかける回路を用いるのに対して，労働団体や市民団体といった既存の政治体系とは異なる価値を表明する価値推進団体は野党に働きかけたり，集会やマスメディアを利用するアウトサイド戦術を用いることが示されてきた（村松・伊藤・辻中 1986; 山本 2009, 2010, 2012）。

　政治的エリートへの接触については，さらに自民党単独政権が不安定化する過程において，団体が政党と接触するのか，それとも行政と接触するのかが焦点とされてきた（村松・伊藤・辻中 1986; 村松 1998, 2010; Naoi and Krauss 2009; Scheiner et al. 2013）。これまでの圧力団体調査によれば，自民党政権の安定期である第1次調査（1980年）と比べて第2次調査（1994年）や第3次調査（2003年）では，政党への接触の有効性認知が減少し，行政への接触の有効性認知が増加している（村松 1998, 2010; Scheiner et al. 2013）。その理由として，1994年の非自民連立内閣からの政権移行期においては，政党政治が不安定であるため，相対的に安定している行政への接触を志向していたことが指摘されている（村松 1998, 2010）。また，選挙制度の変化によって政党の集権化が進んだため，圧力団体の側でも集権的に政党の活動を監視し，サンクションを与えることができる組織において政党との接触が多いことが示されている（Naoi and Krauss 2009）。

　もっとも，以上に示した自民党優位の政治構造とその下でのロビイングのパターンは，2009年の民主党への政権交代を経て，大きく変化した可能性がある[2]。団体が政策実現の可能性を勘案するなら，新たな政権党である民主党への接触を増やしていると考えられる。これまでも自民党に対して対立的であり，民主党と親和的であった労働団体や市民団体にとっては，政策選好が近い政権

が誕生したことでより接触を強め，政治的影響力を増しているかもしれない。

さらに，1990年代以降の政治改革の流れを受け，民主党政権では政治主導が志向された。それに伴い，内閣と与党の一元化，各省庁における政務三役を中心とする政策決定，集権的な党運営などが試みられた（御厨編 2012; 飯尾編 2013; 伊藤・宮本編 2014; 前田・堤編 2015 など）。圧力団体の側でも，このような変化に応じて行政接触から政党接触へと変化した可能性が考えられる。

本章では，以上の問題関心に，2012年に実施された第4次圧力団体調査データを用いて，圧力団体のロビイングのパターンと，そこからみえる日本の政治構造の変容を検討していく。分析を通して，民主党への政権交代が生じたことによって，ロビイングのパターンはどのように変化したのか，そして，こうした変化の動向はその後（2012年以降）の自民党への再度の政権交代に対して，どのような示唆を与えるのかを考察していきたい。

2 政策選好にもとづく圧力団体の分類

団体の分類方法

従来の日本の研究では，政策領域にもとづく団体分類が用いられてきた（村松・伊藤・辻中 1986; 辻中編 2002; 辻中・森編 2010）。具体的には，社会の経済的・職業的な構成を反映している市場的なセクター団体（経済・業界団体，専門家団体），政府の活動にその存立が依存したり，少なくとも政府の活動に密着して存立している政策受益団体（農業団体，教育団体，行政関係団体，福祉団体），イデオロギーや価値体系が体制や政策体系の中に深く根を下ろしていない価値推進団体（労働団体，市民団体，政治団体）[3]である。

過去の圧力団体調査や JIGS 調査では，このような団体分類ごとに，政治的エリートに対する接触パターンが異なることが示されてきた。つまり，セクター団体や政策受益団体は自民党や中央省庁への接触が多いのに対して，価値推進団体は野党（社会党・民主党）への接触が多いのである（村松・伊藤・辻中 1986; 山本 2009, 2010, 2012）。これは，石田（1961）や村松（1981）によって指摘

されてきた，既存の価値を権威的に配分する政策過程と，現体制へ対抗するイデオロギーからなる過程の2つの系列の存在を裏づけている。

このような議論では，同一の政策領域内では政策選好が一致していることが前提とされている。しかし，必ずしもそうとは限らない。例えば，労働団体は政策過程の主要アクターとイデオロギー的に対立的だと位置づけられる一方で，大企業労使連合の存在が指摘されたように（村松・伊藤・辻中 1986; 伊藤 1988, 1998 など），大企業と利益を同じくするものが存在する。久米（2005）は第2次，第3次の圧力団体調査をもとに団体の政策選好の類型化を行い，労働団体については再分配志向の政府批判派ばかりでなく，行政改革や経済構造改革を支持するグループが一定程度存在することを明らかにしている。同様に，経済・業界団体においても，輸出や海外市場を主とする業界と国内市場を主とする業界とでは，貿易の自由化などに関する選好が異なるものと考えられる。このように同じ政策領域内でも利害が異なる団体が混在しており，それぞれの団体でロビイングのパターンが異なる可能性がある。

政策選好にもとづく団体分類の析出

そこで，まずは政策選好をもとに団体の分類を試みる。第4次調査では政策選好について5件尺度で質問されている。これを量的変数とみなして，政策選好の質問を用いてクラスター分析（ward 法）を行い，サンプルの253団体を2つのクラスターに分類した。

表8-1は，クラスターごとに各政策選好の項目の平均値を示している（最低1点，最高5点。値が大きいほど賛成）。ほとんどの項目の平均値に，2つのクラスター間で統計的な有意差がみられる。

両者を比較すると，クラスター2のほうが意見の賛否が明確に示されている。所得格差の是正，社会福祉の充実，公務員等の争議権，市民の政治参加の拡大については平均値が4点を超える一方で，非正規労働者の増大，原子力産業の推進，防衛力の強化，日米安保体制の維持，日本国憲法の改正については平均値が1点台である。ここから，経済的には平等を志向する社会民主主義的なスタンスであり，かつ，外交的には平和主義を志向していることがみてとれる。そこで，クラスター2を「リベラル系団体」と名づけることにする。

表 8-1 政策選好のクラスター

	クラスター 1 保守系	クラスター 2 リベラル系	t値
政府の主要な課題は，国民間の所得格差是正だ	3.43	4.36	−7.63**
年金や老人医療などの社会福祉は財政が苦しくても極力充実するべきだ	3.43	4.45	−8.54**
政府は国内産業の空洞化を回避する措置をもっととるべきだ	3.94	4.13	−1.49
日本は外国人労働者をもっと受け入れるべきだ	3.18	3.18	−0.01
労働力の需給調整のために非正規労働者が増大するのはやむを得ない	2.69	1.39	10.90**
経済活動に対する国家の関与は，少なければ少ないほどよい	3.08	2.55	4.59**
原子力産業は今後も推進していくべきだ	2.89	1.18	12.41**
政府は学校教育の問題にもっと関与すべきだ	3.37	2.64	5.21**
日本は懸案の諸問題にかかわらず中国ともっと親しくするべきだ	3.20	3.95	−7.67**
日本は防衛力をもっと強化するべきだ	3.30	1.43	19.11**
日米安保体制は今まで通り維持していくべきだ	3.62	1.63	18.33**
今の憲法は時代に合わなくなっているので改正するべきだ	3.29	1.34	17.45**
公務員や公営企業労働者の争議権は法律によって認められるべきだ	3.13	4.27	−10.28**
市民の政治参加はますます拡大していくべきだ	3.57	4.61	−9.65**
二大政党による政権交代があることは望ましい	3.48	3.02	3.36**
N	197	56	

［注］ *: p<.05 **: p<0.01 5件尺度の平均値であり，値が大きいほど賛成である。
［出所］ 第4次圧力団体調査より筆者作成。

クラスター1にはついては中間的な回答が多い。所得格差是正や社会福祉の充実，あるいは市民の政治参加などについてはクラスター2と統計的な有意差はみられるものの平均値が3点台であり，どちらかといえば肯定的である。一方で，防衛力の強化，日米安保体制の維持，日本国憲法の改正などでも平均値が3点台と肯定的であり，これらに強く否定的なクラスター2との明確な差がみられる。政策選好は明示的ではないものの，相対的にみて親米・保守主義的であるため，ここではクラスター1を「穏健な保守系団体」と名づけておく。ただし，以下，本文中では原則として「保守系」とのみ表記する。

戦後日本政治の対立軸として，安全保障・防衛問題を挙げることができる。この対立軸は，東西冷戦の終焉と自民党一党支配の終わりによって解体したと

第8章 ロビイングと影響力の構造

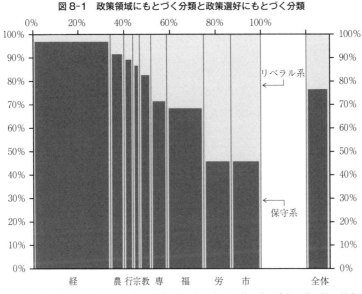

図8-1 政策領域にもとづく分類と政策選好にもとづく分類

[注] 経＝経済・業界団体，農＝農業団体，行＝行政団体，宗＝宗教団体，教＝教育団体，専＝専門家団体，福＝福祉団体，労＝労働団体，市＝市民団体
[出所] 第4次圧力団体調査より筆者作成。

される（大嶽 1999）。第1次圧力団体調査においても保革対抗の構図が示されているが（村松・伊藤・辻中 1986），第3次調査ではすでに確認されていない（丹羽 2006a, 2006b）。しかしながら，ここでの分析では団体の意識の中では，現在においても，経済政策などよりも明確に選好の相違がみられることがわかる。[7]

それでは，それぞれの政策選好にもとづく分類は，政策領域にもとづく団体分類ごとにどのように分布しているのだろうか。図8-1は，横軸に政策領域にもとづく分類，縦軸に政策選好にもとづく分類をとって，モザイク・プロットによって示したものである（団体分類の「その他」は除外）。濃い色が保守系，薄い色がリベラル系を表している。図の縦幅をみることで，政策領域にもとづく各分類における政策選好にもとづく分類の割合がわかる。もっとも，政策領域にもとづく分類ごとにサンプル数が異なるため，横幅によってそれを表している。

189

図の濃い色の面積からもわかるように保守系の団体が多く，全体の77.9％（197団体）を占めている。これに対して，薄い色で表されるリベラル系の団体は22.1％（56団体）である。

　団体分類ごとの分布をみると，経済・業界，農業，教育，行政，宗教の各分類では保守系団体がほとんどを占めている。とりわけ経済・業界団体においては86団体のうち84団体（97.7％）までが保守系であり，政策選好の相違がみられない。

　これに対して，専門家，福祉，労働，市民・政治の各分類では，リベラル系団体が一定程度みられる。労働団体，市民・政治団体ともに30団体のうち16団体（53.3％）であり，領域内が政策選好によってほぼ半分に分かれている。

　従来の議論では，これらの団体は自民党や官僚といった政策形成の主要アクターとは異なる価値体系にあるとされてきた。確かに，他の団体分類と比べてリベラル系団体が多いことから，こうした議論の妥当性を確認することができる。しかしながら，労働団体，市民・政治団体であっても，およそ半数は比較的保守的な政策選好を有している。したがって，団体分類を一枚岩とみなすことは，誤解を招くおそれがある。そこで以下では，政策選好にもとづく分類を用いて分析を進めていく。

3　圧力団体の接触パターン

　以上の政策選好の分類にもとづき，圧力団体のロビイングをみていこう。前述のように，2012年に行われた第4次調査では，民主党政権下における団体活動をとらえることができる。民主党政権下では，これまで自民党を支持してきた諸団体は，野党自民党に接触しても自らが望む政策が実現する可能性が低下したと考えられる。また，政権交代当初，民主党は幹事長室に陳情の受付を一元化し，自民党寄りの団体に予算配分の削減などで圧力をかけ，民主党支持への転換を促した（伊藤2014）。さらに，民主党は政治主導を謳って政権を獲得し，当初は実際に政務三役を中心とし，官僚を排除するかのような政策形成

を試みた。したがって，団体は中央省庁（官僚）への接触による政策実現も困難になったとも考えられる。こうした点を鑑みると，団体は与党となった民主党への接触を増やし，自民党や省庁への接触を減らしたのかもしれない。

このような変化が予想される一方で，鉄の三角形ともいわれるような政官業の長年にわたる強固な関係が継続してきたことを踏まえると，短期の政権交代では接触パターンに大きな変化はみられないかもしれない。再度の政権交代もありうるので，従来の支持関係をすぐに変える必要はないとも考えられる。

また，団体は，与党かどうかにかかわらず，そもそも利害関係の一致度が高く，政策選好が近い政治的エリートに接触すると考えられる。民主党は「コンクリートから人へ」をキャッチフレーズに，企業や業界を介した土建国家型の利益配分から個人の直接支援へと福祉レジームの転換を試みた（三浦・宮本 2014）。そのため，自民党を支持してきたセクター団体や政策受益団体は，政策選好の相違から，民主党と接触したとしても効果的に政治的影響力を発揮できなかったかもしれない。

その一方で，リベラル系団体にとっては，民主党との政策選好が比較的近く，自らに有利な政治環境が到来したといえる。従来から民主党と親和的であった労働団体のほか，「コンクリートから人へ」や「新しい公共」というキャッチフレーズによって，その役割が注目された福祉団体や市民団体などにとっては，与党との接触が増大したと考えられる。もっとも，前述のように政策決定過程から官僚を排除しようとしたことを鑑みると，省庁への接触は増えていないかもしれない。また，与党という政策形成の主要アクターに接触できるようになり，集会やメディア利用といったアウトサイド戦術によって世論を喚起する必要性が弱まったとも考えられる。実際，最大の労働団体である日本労働組合総連合（連合）は，民主党政権下においてはインサイド戦術に特化する方針をとった（三浦 2014）。

以上に挙げたような政権交代に伴って予想されるロビイングの変化は，はたしてデータからも支持されるだろうか。以下，団体にとっての働きかけの有効性，政党，行政，マスメディアの順に確認していく。

図 8-2　政権交代前後での政党（議会），行政への働きかけの有効性（第 4 次調査）

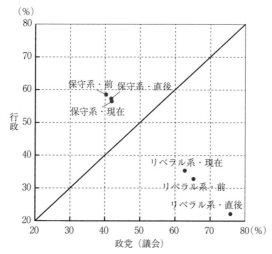

［出所］　第 4 次圧力団体調査より筆者作成。

働きかけの有効性

　実際の接触に先立ち，まずは政党・議員と行政のそれぞれに働きかけることの有効性をどのように認知しているのかを確認しておこう。圧力団体調査では，政党（議会），行政，裁判所という三権のうち，働きかけるうえでどれが有効かについて順位をつけるかたちで質問している。これにより，団体にとってどのエリート・アクターが親和的であるのかをとらえことができ，そこから団体を取り巻く政治的機会構造を推察することができる。

　図 8-2 では横軸に政党（議会），縦軸に行政をとり，それぞれを 1 位に挙げた回答の割合をプロットしている。[9] 第 4 次調査では，政権交代前（図中では「前」），政権交代直後（図中では「直後」），現在（野田政権時，図中では「現在」）のそれぞれについても質問している。そこで，図には，政策選好の分類（保守系，リベラル系）とともに，政権交代前後の時点ごとの結果を示している。[10]

　政党と行政が同じ割合である場合には 45 度線に点がプロットされる。したがって，45 度線よりも右下に点がプロットされているほど政党（議会），左上ほど行政の有効性認知の割合が大きい。

　図をみると，政策選好類型によって大きく異なることがみてとれる。保守系

団体では，政権交代前後の3つの時点でいずれも，行政を1位に挙げる団体が60％弱，政党（議会）が40％程度である。行政への働きかけの有効性を挙げる団体のほうが多いことがわかる。民主党への政権交代によって政治主導が標榜されても行政の優位は変わらない。

これに対して，リベラル系団体では政党（議会）を1位に挙げる団体が60-80％であり，行政が20-30％程度である。政党への働きかけの有効性を挙げる団体の割合がかなり高いといえる。とりわけ，政権交代直後には政党（議会）が高い割合（76.0％）を占めている。リベラル系団体は，従来の自民党政権や官僚よりも，民主党あるいは社会党，共産党と政策選好が近いため，そもそも野党を介しての働きかけの有効性を認知していたものと考えられる。民主党への政権交代によって，ますますその認知を高めたものの，現在（野田政権時）では政権交代前と同水準に戻っている。

以上のように，政策選好によって団体を取り巻く政治環境が大きく異なることが確認できる。

政党（議会），行政，裁判所への働きかけの有効性については，第1～3次の圧力団体調査でも同様に質問されている。ただし，第4次調査と同様の政策選好の質問がないため，政策選好にもとづく分類を用いることができない。それでも，時点間の趨勢を示しておくことは，これまでの政治変動によって団体をとりまく政治的環境がどのように変化したのかをとらえるうえで有益であろう。

図8-3は，過去の3時点の調査および第4次調査の政権交代前後における政党（議会），行政のそれぞれを1位に挙げた回答の割合をプロットしている。

全体の傾向として，45度線よりも左上に点が集中しており，政党よりも行政の有効性を認知している団体が多いことがわかる。時点間の変化をみると，第1次調査では相対的に右下に位置しているものの，第2次調査では左上に大きく移動する。つまり，政党への接触の有効性認知が減少し，行政への接触の有効性認知が増加しているのである。その後，第3次調査では右下に点が戻り，第4次調査ではさらに右下に移動している。第4次調査における，政権交代前後と現在ではあまり相違がみられない。

このような結果から，非自民連立内閣からの政権移行期に行われた第2次調査において最も行政の有効性認知が高い。村松（1998, 2010）が指摘するように，

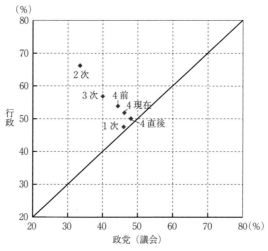

図8-3　4時点での政党（議会），行政への働きかけの有効性（第1～4次調査）

[出所]　圧力団体調査（第1～4次）より筆者作成。

政治の流動期においては，相対的に安定している行政に働きかけたほうが有効だという認識をもつ団体が多いようである。その後は，首相の影響力が強いといわれた小泉政権および政治主導を標榜した民主党政権において政党の有効性認知は高まっていることがみてとれる。もっとも，その水準は1980年という自民党政権安定期と同程度である。

以上のような，団体を取り巻く政治環境の認知を踏まえつつ，個々の政治的エリートとの接触をみていくこととしよう。

政党との接触

表8-2は主要政党との接触頻度を5件尺度で尋ねた回答の平均値を示している（値が大きいほど接触が多い）。なお，調査においては民主党への政権交代前後について尋ねているので，それをもとに接触頻度の変化についても検討する。

表8-2から，政策選好を問わず，政権党である民主党への接触が最も多く，政権交代を経て接触を増大させていることがわかる。これに対して，自民党への接触は，どちらにおいても政権交代前と比べて減少している。保守系団体においては，民主党への接触の平均値が0.5ほど増えたのに対して（2.11→2.67），

第8章 ロビイングと影響力の構造

表 8-2 政党接触の平均値（政権交代前後）

	政権交代後			政権交代前		
	保守系	リベラル系	t 値	保守系	リベラル系	t 値
民主党	2.67	3.26	−2.95**	2.11	3.17	−6.240**
自民党	2.41	2.30	0.69	2.72	2.54	0.915
公明党	1.91	2.33	−2.76**	1.93	2.37	−2.766**
共産党	1.32	2.51	−9.30**	1.30	2.51	−9.489**
社民党	1.45	2.91	−10.65**	1.43	2.94	−11.639**
みんなの党	1.47	1.85	−3.15**	1.44	1.79	−2.961**
国民新党	1.52	1.85	−2.54*	1.47	1.85	−3.051**
N	187	54		183	54	

[注] *: p<.05 **: p<0.01
　　　5件尺度の平均値。値が大きいほど接触が多い。
　　　N は欠損値によって各項目ごとで若干異なるが，民主党の値を掲載している。
[出所] 第4次圧力団体調査より筆者作成。

　自民党への接触の平均値が 0.3 ほど減少している（2.72→2.41）。この変化はリベラル系団体よりも大きく，政策の実現可能性が高い政権党への接触を強めていることがうかがえる。

　政策選好にもとづく分類で比較すると，リベラル系団体のほうが，民主党のほか，社民党，共産党といった政策選好が類似する政党と接触していることがわかる。政権交代の前後とも，自民党を除く全政党について，リベラル系団体のほうが平均値は統計的に有意に大きい。全体的にリベラル系団体のほうが政党への働きかけを活発に行っている。

行政との接触

　これに対して，表 8-3 は行政の各役職との接触頻度を示している。表 8-2 と同じように，5件尺度で尋ねた回答の平均値を示している（値が大きいほど接触が多い）。

　行政との接触頻度については，政策選好による相違はあまりみられない。ただし，政権交代後においては，大臣で保守系 1.99 に対して，リベラル系 2.33，政務官で保守系 2.02 に対して，リベラル系 2.35 であり，平均値に統計的に有意差がみられる。有意ではないが副大臣にでも比較的差がみられることもあわ

表 8-3　行政接触の平均値（政権交代前後）

	政権交代後			政権交代前		
	保守系	リベラル系	t値	保守系	リベラル系	t値
首相	1.30	1.32	−0.21	1.36	1.40	−0.33
官房長官	1.30	1.30	0.01	1.36	1.30	0.55
大臣	1.99	2.33	−2.09*	1.92	2.04	−0.75
副大臣	2.01	2.29	−1.80	1.87	1.94	−0.45
政務官	2.02	2.35	−2.06*	1.84	1.92	−0.57
事務次官	1.93	1.85	0.50	1.92	1.62	1.93
局長	2.58	2.37	1.19	2.49	2.19	1.78
課長	3.18	3.17	0.08	3.11	3.00	0.61
課長補佐	3.31	3.38	−0.36	3.25	3.28	−0.15
係長	3.22	3.31	−0.47	3.12	3.19	−0.33
N	187	53		189	53	

［注］　*: p<.05　**: p<0.01
　　　5件尺度の平均値。値が大きいほど接触が多い。
　　　Nは欠損値によって各項目ごとで若干異なるが，ここでは首相の値を掲載している。
［出所］　第4次圧力団体調査より筆者作成。

せると（保守系 2.01，リベラル系 2.29），政治任用ポストへの接触に差が生じていることがわかる。

　こうした傾向は政権交代前にはみられないことから，民主党政権による統治機構改革は団体の接触パターンに一定の影響を及ぼしたことがうかがえる。その一方で，事務次官以下，官僚への接触については両者では差がみられない。政権交代前後でも目立った変化は確認できない。

マスメディアとの接触

　政治的エリートに間接的に影響を及ぼすにあたり，重要なのがマスメディアの存在である（Danielian and Page 1994; Binderkranz 2012）。マスメディアを介することで，団体の主張はより広く社会に認知されるようになり，世論において争点化される（Kollman 1998）。また，メディア多元主義モデルとして提示されているように，マスメディアとの接触が，政治的エリートとの接触回路をもたない市民団体等にとって，利益表出の機会を補完していることも考えられる（蒲島 1990; Kabashima and Broadbent 1986）。

第 8 章　ロビイングと影響力の構造

表 8-4　マスメディアとのかかわり

		保守系	リベラル系	t 値
メディア接触	専門紙・業界紙	3.10	3.39	−1.83
	新聞	2.71	3.05	−2.21*
	雑誌・週刊誌	1.99	2.46	−3.55**
	テレビ・ラジオ	2.18	2.52	−2.29*
	N	195	54	
メディア働きかけ方法	記者会見	2.22	2.76	−3.00**
	情報提供	3.06	3.48	−2.72**
	意見広告掲載	1.73	1.93	−1.49
	公式抗議	1.59	2.08	−3.90**
	広告掲載を取引材料	1.35	1.22	1.31
	幹部への非公式な接触	1.43	1.44	−0.11
	意見表明	1.76	2.67	−6.13**
	N	197	56	

［注］　*: $p<.05$　**: $p<0.01$
　　　　5 件尺度の平均値。値が大きいほど接触が多い。
　　　　N は欠損値によって各項目ごとで若干異なるが，専門紙・業界紙の値を掲載している。
［出所］　第 4 次圧力団体調査より筆者作成。

　もっとも，マスメディアへの接触機会も政治的エリートと同様に限られている。そのうえ，報道される量も限られているため，団体にとっては希少なリソースである。むしろ，その利用可能性によって利益表出に格差が生じることも考えられる（Danielian and Page 1994）。

　表 8-4 は，マスメディアとの接触頻度と，働きかけの方法を示している。いずれも 5 件尺度で尋ねた回答の平均値を示している（値が大きいほど接触が多い）。さまざまなメディアの中では専門紙・業界紙との接触が最も多く，政策選好による差はみられない。その他のメディアについては，新聞，テレビ・ラジオ，雑誌・週刊誌の順に接触が多い。いずれのメディアにおいても，リベラル系団体のほうが多く接触しており，統計的にも有意差がみられる。

　もっとも，実際にメディアで取り上げられた回数にはあまり相違がみられない。詳細は割愛するが，各メディアに 10 回以上取り上げられた団体は，専門紙・業界紙で保守系 71.4％，リベラル系 69.2％，新聞で保守系 53.4％，リベラル系 57.7％，雑誌・週刊誌で保守系 46.6％，リベラル系 46.2％，テレビ・ラジ

表 8-5 政権交代前後の影響力認知

	政権交代後			政権交代前		
	保守	リベラル	検定統計量	保守	リベラル	検定統計量
政策実施経験	22.6%	43.4%	9.032**	22.5%	35.2%	3.589
政策阻止経験	14.7%	35.2%	11.305**	18.7%	37.7%	8.456**
自己影響力認知	2.86	2.91	−0.405			
N	197	56		197	56	

[注] *: $p<.05$ **: $p<0.01$
　　　自己影響力認知は5件尺度の平均値。値が大きいほど接触が多い。
　　　検定統計量は，政策実施／阻止経験がカイ二乗値，自己影響力認知が t 値。
　　　N は欠損値によって各項目ごとで若干異なる。
[出所] 第4次圧力団体調査より筆者作成。

オで保守系 41.3%，リベラル系 48.1% である。

　マスメディアに働きかける方法としては，情報提供が最も多い。それ以外では，リベラル系団体において，記者会見，意見表明，公式抗議などが行われている。保守系団体においては，情報提供以外の項目については平均値が低く，マスメディアはあまり利用されていない。他の質問においてマスメディアへの姿勢を尋ねているが，リベラル系団体のほうが積極的に活用するという回答が多く，実際の接触や働きかけの多様さにもそれが表れている。

　このほか，ロビイング戦術としては示威的行動によって，一般社会に問題を提起し，世論を喚起する方法も用いられる。さらに，政治的エリートに対しても強制力を行使しうる手段として訴訟がある。詳細は割愛するが，これらの戦術の利用頻度は少ない。例えば，与党への働きかけについて，これらの戦術を用いる頻度の平均値（5件尺度，値が大きいほど頻度が多い）を挙げると，署名が保守系で 1.44，リベラル系で 2.57，大衆集会が保守系で 1.30，リベラル系で 2.43，直接行動（デモ，ストライキなど）が保守系で 1.11，リベラル系で 1.80，訴訟提起が保守系で 1.09，リベラル系で 1.39 である。ただし，いずれにおいてもリベラル系団体のほうが多く用いる傾向にある。

4 影響力と政権評価

政策実施／阻止経験と自己影響力認知

　第3節までに，団体のロビイングの実態をみてきたが，こうした活動は具体的な政治的利益の実現に結び付いているのだろうか。言い換えると，ロビイング活動の成果としての団体の政治的影響力は，どの程度発揮されているのだろうか。政治的影響力は，団体がどの程度の利益媒介機能を果たしているのか，また，団体間で利益媒介の程度にどの程度の偏りがあるのかを表す重要な指標である。そのため，これをとらえるために多くの研究が蓄積されてきた (Hunter 1953 = 1998; Mills 1956 = 1958; Dahl 1961 = 1988; Schlozman and Tierney 1986; Smith 1995; Burstein and Linton 2002; Baumgartner et al. 2009; Klüver 2013 など)。しかしながら，現在までに明確な結論が得られているわけではない。

　その理由の一つとして，影響力を実証的にとらえることが困難である点が挙げられている (Dür 2007; Leech 2010; Lowery 2013)。例えば，団体の利害と一致する政策決定がなされたとしても，それは団体が働きかけたからではなく，偶然一致したにすぎないかもしれない。また，非決定の権力行使として指摘されているように (Bachrach and Baratz 1963; Crenson 1971)，特定のイッシューを政治的争点にしないという形での影響力の行使もありえる (Baumgartner and Jones 1993)。この場合，観察者は影響力を行使する場面に気づくことすらできないだろう。

　このような問題を抱えているものの，団体自身が認知している自己の影響力や政策実施／阻止の経験は，政治的影響力に対する自己評価として有益な情報だと考えられる。また，実際に団体の活動によるかどうかは定かではないが，政策や政権に対する評価が高いほど，団体にとっては自己の利益が満たされているといえるだろう。

　表8-5は，団体が政策を実施させた，または阻止・修正した経験がある割合，および，自己影響力認知を5件尺度で尋ねた回答の平均値（値が大きいほうが影響力大）を示している。政策の実施／阻止については，民主党への政権交代前

表 8-6　4 時点での影響力認知

	第 1 次	第 2 次	第 3 次	第 4 次
政策実施経験	70.6%	46.2%	50.9%	27.3%
政策阻止経験	51.0%	43.3%	46.9%	19.9%
自己影響力認知	3.46	3.00	3.34	2.89
N	252	247	235	277

［注］　自己影響力認知は 5 件尺度の平均値。値が大きいほど接触が多い。
　　　　N は欠損値によって各項目ごとで若干異なる。
［出所］　圧力団体調査（第 1〜4 次）より筆者作成。

後の状況をそれぞれ尋ねている。

　政権交代後（民主党政権下）の値をみていこう。政策を実施した経験については保守系が 22.6% に対して，リベラル系が 43.4%，阻止した経験については保守系が 14.7% に対して，リベラル系が 35.2% であり，いずれにおいてもリベラル系の団体のほうが多い。[11] 前節でみたように，リベラル系団体のほうが活発にロビイングを行っているため，その成果として政策を実施あるいは阻止した経験をもっていると考えられる。

　政権交代前（自民党政権下）と比較すると，リベラル系団体で政策実施経験をもつ団体がやや増えており（35.2%→43.4%），民主党政権下においてリベラル系団体の政策実現機会が高まったことをみてとることができる。しかしながら，全体的にはあまり大きな相違はみられない。

　もっとも，自己影響力認知については，保守系が 2.86，リベラル系が 2.91 である。ある程度は影響力を認知しているものの，両者に差はみられない。リベラル系のほうが活発にロビイングを行っていても，自らの影響力を高く認知しているわけではないようである。

　政策実施／阻止の経験と自己影響力認知については，4 時点の調査で一貫して質問されてきた。そこで，時点間の変化をみていこう（表 8-6）。政策の実施／阻止経験ともに第 1 次調査において最も割合が高く，政策の実施が 70.6%，阻止が 51.0% である。第 2 次調査では，政策の実施が 46.2%，阻止が 43.3% であり，とりわけ実施において割合が大きく低下している。第 3 次調査においては，政策の実施が 50.9%，阻止が 46.9% であり，第 2 次調査よりもやや高いものの，大きな相違はみられない。最後に第 4 次調査では，政策の実施が

27.3%,阻止が19.9%であり,著しく低下している。自己影響力認知についても同様の変化を示しており(3.46→3.00→3.34→2.89),やはり第4次調査において大きく低下している。

このように長期的な傾向をみると,団体の政治的影響力は低下傾向にある[12]。この背景として,選挙制度改革によって政党や議員が個別利益を重視しなくなったこと(Naoi and Krauss 2009; Rosenbluth and Theis 2010 = 2012; Rosenbluth et al. 2011)や,団体の組織基盤が脆弱化していること(辻中・山本・久保 2010; 森・久保 2014; 山本 2016)などが挙げられる。また,第3次調査から第4次調査の10年間の急激な変化については,民主党への政権交代により,保守系団体の多くが影響力を発揮する機会を失い,さらに民主党政権との間の関係が十分に構築できていなかったことが考えられる。

主要政策に対する評価

続いて,最近10年程度の主要な政策についての賛否をみていこう。表8-7では,5件尺度の回答の平均値を示している(値が大きいほど賛成)。農業者の戸別所得補償と子ども手当創設といった再分配に関する政策ではリベラル系団体のほうが賛成の立場に近い。

しかし,それ以外の政策は保守系団体のほうが賛成の立場に近い(介護保険制度創設を除く)。保守系団体では平均値が3点台とおおむね支持を示しているのに対して,リベラル系団体では2点台が目立ち反対に近い立場が示されている。とりわけ,労働者派遣法改正,法人税率引き下げ,環太平洋パートナーシップ協定(TPP)交渉参加といった新自由主義的なグローバリゼーションに伴う大企業に有利な政策に対しては,リベラル系団体の平均値が1点台であり,反対が強い。このように,政策選好ではそれほど大きな差がみられなかったが,具体的な政策への賛否では経済的争点での対立が確認できる。

歴代政権に対する評価

最後に,歴代政権に対する評価をみていこう。図8-4は,中曽根康弘政権以降の主な政権に対する評価を11件尺度(0~10,5が中間)で尋ねた回答の平均値を示している。鳩山,菅政権を除けば,保守系団体において値が大きいほど

表 8-7　主要政策に対する評価

	保守系	リベラル系	t 値
介護保険制度創設	3.48	3.56	−0.554**
労働者派遣法「物の製造業務」適用	2.85	1.92	7.257**
年金制度改革	3.21	2.38	6.469**
三位一体の改革	3.27	2.39	6.492**
郵政民営化	3.26	2.20	7.608**
公益法人制度改革	3.13	2.78	2.312**
国民投票法制定	3.31	1.89	11.667**
子ども手当創設	2.99	3.75	−4.994**
法人税率引き下げ	3.52	1.98	9.967**
農業者戸別所得補償実施	2.89	3.33	−3.806**
TPP 交渉参加	3.24	1.79	9.156**
消費税率引き上げ	3.35	2.28	5.900**
N	182	50	

［注］　*: p＜.05　**: p＜0.01
　　　　5件尺度の平均値。値が大きいほど接触が多い。
　　　　Nは欠損値によって各項目ごとで若干異なるが，介護保険創設の
　　　　値を掲載している。
［出所］　第4次圧力団体調査より筆者作成。

評価が高い。

　とりわけ，中曽根，橋本，小泉，野田の各政権に対しては，保守系団体では平均値が5点を超えて評価が高いのに対して，リベラル系団体では3点未満で評価が低い。これらの政権は民営化や規制緩和など新自由主義的な改革を推し進めてきたことから，政策選好によって団体の評価がはっきり分かれたと考えられる。

　これに対して，鳩山，菅の民主党政権については，保守系とリベラル系の差がみられない。リベラル系団体にとって民主党政権は相対的にみて親和的な存在であったことがわかる。しかしながら，民主党政権でありながら野田政権では保守系団体が支持し，リベラル系団体が不支持を示している。野田政権は，社会保障と税の一体改革において消費増税を推進するなど，政権交代当初に民主党が示してきた理念とは遠く，リベラル系団体にとってはすでに良好な政治的環境ではなかったようである[13]。

　ちなみに，第4次調査では，民主党政権に対する当初の期待と満足度につい

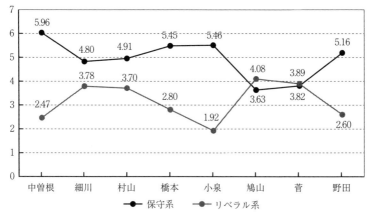

図 8-4　歴代政権に対する評価（10点満点の平均値）

［出所］　第4次圧力団体調査より筆者作成。

ても質問している。これによると，期待していたにもかかわらず満足していないのは，保守系団体で 48.6％，リベラル系団体で 81.0％ である。ここからも，リベラル系団体において民主党に対する失望感が高いことがみてとれる[14]。なお，民主党政権に対する評価を自由回答形式で質問しているが，政策選好にかかわらず，マニフェストの不実行に言及するものが多い。このほかでは，決定の遅さや決定システムの混乱などを挙げるものもみられる。

　以上のことから，政策，政権評価にもとづくと，保守系団体のほうが現状の政治に満足しており，リベラル系団体に不満が多いといえる。先にみたようにリベラル系団体のほうがロビイングを活発に行っていたが，そのことが影響力の発揮につながっているわけではないようである。むしろ，自らの利益が満たされないがゆえに，さまざまな働きかけを行っていると考えられる。これに対して，保守系団体は政治的エリートに積極的に働きかけを行わなくても，おおむね政治的利益が満たされてきたようである。

5 ロビイングと影響力構造の持続と変容

　本章では，圧力団体の政策選好ごとにロビイングによる利益表出のパターンを検討してきた。主な知見を整理しておこう。
(1) 団体の政策選好は2つに分類できる。第1に，それほど明確な政策選好は示さないものの，相対的にみて防衛力の強化，日米安保体制の維持，日本国憲法の改正などの強い国家を求める「穏健な保守系団体」である。第2に，所得格差是正や社会福祉の充実を志向し，平和主義的な「リベラル系団体」である。両者の分布はおおむね保守系団体が8割，リベラル系団体が2割である。政策領域で分類した際の労働，福祉，市民・政治団体でリベラル系団体が多いものの，各領域の半数程度である。
(2) 政党と行政への働きかけの有効性について，保守系団体では行政を挙げる割合が高いのに対して，リベラル系団体では政党を挙げる割合が高い。また，4時点の圧力団体調査を比較すると，1994年の非自民連立内閣からの政権移行期（第2次調査）には，行政に対する相対的な有効性認知が高い。これに対して，首相の影響力が強いといわれた小泉政権（2003年，第3次調査）および政治主導を標榜した民主党政権（2012年，第4次調査）において，政党に対する相対的な有効性認知が高まっている。
(3) 政党接触については，政策選好にかかわらず，政権交代の前後で自民党との接触が減り，民主党との接触が増えている。全般的にリベラル系団体のほうが政党との接触が頻繁である。とりわけ，民主党，社民党，共産党といった政策選好が類似している団体との接触が多い。
(4) 行政との接触については，リベラル系団体のほうが副大臣や政務次官といった政治任用ポストとの接触が多い。その一方で，事務次官以下，官僚への接触については差がみられない。政権交代前後でも目立った変化は確認できない。
(5) 新聞，テレビ・ラジオなど，さまざまなマスメディアとの接触，およびそれらへの働きかけの手段についても，リベラル系団体のほうが積極的に

行っている。また,集会や直接行動といった他のアウトサイド戦術についても,リベラル系団体のほうが多い。
(6) 政策を実現／阻止した経験をもつのはリベラル系団体のほうが多い。しかし,団体の自己影響力認知には政策選好にもとづく分類による差はみられない。また,主要政策に対する賛否および主な政権に対する評価については,おおむね保守系団体のほうが高い。

　以上の知見から,政権交代による多少の変化は確認されるものの,圧力団体のロビイングのパターンは従来とあまり変わっていないようである。保守系とリベラル系という政策選好の相違の存在および,それぞれの政策選好類型による政治的エリートとの接触パターンは,政治過程の本系列と別系列として描かれた構図と合致している。

　ただし,これまで別系列に位置づけられてきたリベラル系団体にとっては,民主党が政権をとったことで政策形成の主要アクターとの接触が容易となった。実際に,与党民主党や省庁の政務三役との接触は,保守系団体よりも多い。しかしながら,団体の自己影響力認知および,主要政策や政権に対する評価をみると,リベラル系団体にとって保守系団体よりも満足できる政治状況ではない。むしろ,自らの利益が満たされないがゆえに,ロビイングを活発に行っているといえる。

　さて,本章では民主党政権下で行った第4次圧力団体調査にもとづいて分析を進めてきた。しかし,2012年12月の総選挙を機に自民党への再度の政権交代が生じ,すでに3年以上が経過している。その間,2014年12月の総選挙でも自民党が圧勝し,ただちに政権交代が生じる政治情勢ではない。民主党は国会での議席を大幅に減らし,党の再建に苦慮する中,2016年3月に維新の党との合併によって民進党となった。

　こうした現状を踏まえると,自民党が政権党に復帰したことで保守系団体は政治的利益の実現可能性を高めた一方で,リベラル系団体は利益の実現機会がより小さくなり,政策選好の近い野党を中心としたロビイングという従来のパターンに回帰したとも考えられる。もっとも,本格的な政権交代を経て,団体と政治との関係には不可逆的な変容が生じたかもしれない。この点については,圧力団体をめぐる政治の動向を今後も継続的に観察しながら判断する必要があ

るだろう。

注

1) ただし,団体がロビイングを行うのは政策実現や影響力行使のためとは限らない。ロウェリー(2007)は,団体が組織の生き残りを目的とし,希少資源の獲得をめぐってロビイングを行うというモデルを提示している。
2) 団体-政党関係の変化は政権交代の結果として生じるものなのか,政権交代に先駆けて起こるものなのかは一つの重要な論点とされる(辻中 2006)。しかし,これまでの調査からは政権交代に先立って団体-政党関係が大きく変化したことは確認できない(森・久保 2014)。したがって,ここでは政権交代による政治的環境の変化が先にあり,その影響で団体の政治行動がどう変化したのかという視点で分析する。
3) 労働団体は,本来,セクター団体であるものの,イデオロギー的に価値推進団体に分類される(森・足立 2002)。
4) 労働団体が自民党政権や官僚と常に疎遠であったわけではない。労働政治研究の蓄積が示すように,自民党の長期政権下で,労働団体は直接政府と交渉する政策制度要求を強めていき,1970年代から80年代にかけて,労働団体の政策過程への参加が拡充していった(辻中 1986, 1987; 篠田 1989; 久米 1998)。
5) クラスター数はデンドログラムを視認して決定した。恣意的だという批判は免れないが,クラスター間の距離が明確に大きいことから2つのクラスターを採用した。
6) 中間的な回答が多い理由の一つとして,政策選好を明確にもたない団体が含まれていることが考えられる。
7) それぞれの分類の保革イデオロギーの自己認識を7段階(1が革新,7が保守)で質問した平均値は,保守系団体で5.34,リベラル系団体で3.17であり,統計的に有意差がみられる($t=8.78, p=0.000$)。
8) 第3章で示されているように,労働団体,市民・政治団体のそれぞれにおいて政策選好にもとづく類型によって,団体間の協力-対立関係が異なっている。
9) 裁判所については,1位に挙げる回答がごく少数であるため表示を割愛する。
10) 政権交代前および直後については回顧質問であるため,記憶が不正確であったり,回答時点の状況の影響を受けている可能性に留意しなければならない。この他でも,政権交代前について尋ねている質問については同様の問題がある。
11) 調査では具体的な実施/阻止例を尋ねているので,その一部を紹介する。保守系団体では,税制改正を挙げる団体が多く,他には地方自治法改正,過疎地域自立促進特別措置法,中小企業憲章,障害者自立支援法の改正,高速道路無料化の修正などが挙げられていた。リベラル系団体では,労働者派遣法の改正,医療保険適用の拡大,地球温暖化対策,男女共同参画の推進などが挙げられていた。
12) ただし,個別の政策領域における団体の政治的影響力が必ずしもこの傾向に沿うわけではない。民主党への政権交代前後の団体の政治的影響力については,例えば,地方の業界団体については山崎(2016),農業団体については河村(2011),Maclachlan(2014),城下(2016),特定郵便局長会については Maclachlan(2014),労働団体については三浦(2014),市民団体については原田(2015),坪郷(2016),企業の政策渉外

については高橋（2012）などの事例研究を参照されたい。
13）阿部（2016）は，コモン・エージェンシー問題に対するゲーム理論的アプローチを援用して，民主党政権が政権維持のために次第に労働団体に対して距離をとるようになり，経済団体寄りのスタンスになっていった可能性を示し，第4次圧力団体調査データで検証している。
14）保守系団体では，そもそも期待もしていないし，満足もしていない団体が32.1％と一定程度みられる。

引用・参考文献

阿部弘臣 2016「民主党政権下における労働と経済——2009年政権交代と利益団体」『筑波法政』65号，71-92頁。
飯尾潤編 2013『政権交代と政党政治』（歴史のなかの日本政治6）中央公論新社。
石生義人 2002「ロビイング」辻中豊編『現代日本の市民社会・利益団体』木鐸社，163-189頁。
石田雄 1961『現代組織論——その政治的考察』岩波書店。
伊藤光利 1988「大企業労使連合の形成」『レヴァイアサン』2号，53-70頁。
伊藤光利 1998「大企業労使連合再訪——その持続と変容」『レヴァイアサン』1998年冬臨時増刊，73-94頁。
伊藤光利 2014「民主党のマニフェストと政権運営」伊藤光利・宮本太郎編『民主党政権の挑戦と挫折——その経験から何を学ぶか』日本経済評論社，1-51頁。
伊藤光利・宮本太郎編 2014『民主党政権の挑戦と挫折』日本経済評論社。
大嶽秀夫 1999『日本政治の対立軸——93年以降の政治再編の中で』中公新書。
蒲島郁夫 1990「マスメディアと政治」『レヴァイアサン』7号，7-29頁。
河村和徳 2011「利益団体内の動態と政権交代——農業票の融解」『年報政治学 2011年-II 政権交代期の「選挙区政治」』，33-51頁。
久米郁男 1998『日本型労使関係の成功——戦後和解の政治経済学』有斐閣。
久米郁男 2005『労働政治——戦後政治のなかの労働組合』中公新書。
篠田徹 1989『世紀末の労働運動』（シリーズ 日本の政治）岩波書店。
城下賢一 2016「農協の政治運動と政界再編・構造改革・自由化——1980年代以後の農協農政運動団体の活動分析」宮本太郎・山口二郎編『リアル・デモクラシー——ポスト「日本型利益政治」の構想』岩波書店，89-123頁。
高橋洋 2012「大企業から見た政治主導——政権交代による政策渉外の変容」御厨貴編『「政治主導」の教訓——政権交代は何をもたらしたのか』勁草書房，289-312頁。
辻中豊 1986「窮地に立つ『労働』の政策決定」中野実編『日本型政策決定の変容』東洋経済新報社，267-300頁。
辻中豊 1987「現代日本政治のコーポラティズム化——労働と保守政権の2つの『戦略』の交錯」内田満編『政治過程』（講座政治学III）三嶺書房，223-262頁。
辻中豊 2006「2大政党制の圧力団体的基礎」村松岐夫・久米郁男編『日本政治 変動の30年——政治家・官僚・団体調査に見る構造変容』東洋経済新報社，299-323頁。
辻中豊編 2002『現代日本の市民社会・利益団体』（現代世界の市民社会・利益団体研究叢書I）木鐸社。
辻中豊・森裕城編 2010『現代社会集団の政治機能——利益団体と市民社会』（現代市民社会叢書2）木鐸社。

辻中豊・山本英弘・久保慶明 2010「日本における団体の形成と存立」辻中豊・森裕城編『現代社会集団の政治機能――利益団体と市民社会』(現代市民社会叢書 2) 木鐸社, 33-64 頁。
坪郷實 2016「政治過程の変容と NPO の政策提言活動」宮本太郎・山口二郎編『リアル・デモクラシー――ポスト「日本型利益政治」の構想』岩波書店, 151-188 頁。
丹羽功 2006a「利益団体間の協力と対立」村松岐夫・久米郁男編『日本政治 変動の 30 年――政治家・官僚・団体調査に見る構造変容』東洋経済新報社, 277-297 頁。
丹羽功 2006b「利益団体の協力関係と影響力」『近畿大学法学』53 巻 3・4 号, 274-298 頁。
原田峻 2015「NPO 法改正・新寄付税制の政策過程――唱道連合と政策志向的学習の変遷に着目して」『The Nonprofit Review』15 巻 1 号, 1-12 頁。
前田幸男・堤英敬編 2015『統治の条件――民主党に見る政権運営と党内統治』千倉書房。
三浦まり 2014「民主党政権下における連合――政策活動と社会的労働運動の分断を乗り越えて」伊藤光利・宮本太郎編『民主党政権の挑戦と挫折』日本経済評論社, 171-194 頁。
三浦まり・宮本太郎 2014「民主党政権下における雇用・福祉レジーム転換の模索」伊藤光利・宮本太郎編『民主党政権の挑戦と挫折』日本経済評論社, 53-89 頁。
御厨貴編 2012『「政治主導」の教訓――政権交代は何をもたらしたのか』勁草書房。
村松岐夫 1981『戦後日本の官僚制』東洋経済新報社。
村松岐夫 1998「圧力団体の政治活動――政党か行政か」『レヴァイアサン』1998 年冬臨時増刊, 7-21 頁。
村松岐夫 2010『政官スクラム型リーダーシップの崩壊』東洋経済新報社。
村松岐夫・伊藤光利・辻中豊 1986『戦後日本の圧力団体』東洋経済新報社。
森裕城・足立研幾 2002「行政‐団体関係――政府と社会の接触面」辻中豊編『現代日本の市民社会・利益団体』(現代世界の市民社会・利益団体研究叢書 I) 木鐸社, 119-138 頁。
森裕城・久保慶明 2014「データからみた利益団体の民意表出――有権者調査・利益団体調査・圧力団体調査の分析」『年報政治学 2014-I 民意』木鐸社, 200-224 頁。
山崎幹根 2016「政権交代による政策変動と政策コミュニティ――北海道開発政策を事例として」宮本太郎・山口二郎編『リアル・デモクラシー――ポスト「日本型利益政治」の構想』岩波書店, 63-87 頁。
山本英弘 2009「利益団体のロビイングと影響力――二時点の JIGS 調査を比較して」『レヴァイアサン』45 号, 44-67 頁。
山本英弘 2010「利益団体のロビイング――3 つのルートと政治的機会構造」辻中豊・森裕城編『現代社会集団の政治機能――利益団体と市民社会』(現代市民社会叢書 2) 木鐸社, 215-236 頁。
山本英弘 2012「ロビイング戦術の階層構造」『年報政治学 2012 年-II 政権交代期の「選挙区政治」』, 181-202 頁。
山本英弘 2016「社会過程における圧力団体――形成・リソース・団体間関係」辻中豊編『政治変動期の圧力団体』有斐閣, 55-78 頁。
Austin-Smith, David and John R. Wright 1994, "Counteractive Lobbying," *American Journal of Political Science*, 38(1), pp. 25-44.
Austin-Smith, David and John R. Wright 1996, "Theory and Evidence for Counteractive Lobbying," *American Journal of Political Science*, 40(2), pp. 543-564.
Bachrach, Peter and Morton S. Baratz 1963, "Decisions and Nondecisions: An Analytical Framework," *American Political Science Review*, 57(3), pp. 632-642.
Baumgartner, Frank R., Jeffrey. M. Berry, Marie Hojnacki, David C. Kimball and Beth L. Leech

2009, *Lobbying and Policy Change: Who Wins, Who Loses, and Why*, University of Chicago Press.
Baumgartner, Frank R. and Bryan D. Jones 1993, *Agendas and Instability in American Politics*, University of Chicago Press.
Binderkrantz, Anne 2005, "Interest Group Strategies: Navigating Between Privileged Access and Strategies of Pressure," *Political Studies*, 53(4), pp. 694-715.
Binderkrantz, Anne 2012, "Interest Groups in the Media: Bias and Diversity over Time," *European Journal of Political Research*, 51(1), pp. 117-139.
Binderkrantz, Anne, Peter M. Christiansen, and Helene H. Pedersen 2015, "Interest Group Access to the Bureaucracy, Parliament, and the Media", *Governance*, 28 (1), pp. 95-112.
Burstein, Paul and April Linton 2002, "The Impact of Political Parties, Interest Groups, and Social Movement Organizations on Public Policy: Some Recent Evidence and Theoretical Concerns," *Social Forces*, 81(2), pp. 380-408.
Crenson, Matthew, A. 1971, *The Un-Politics of Air Pollution: A Study of Non-Decisionmaking in the Cities*, Johns Hopkins Press.
Dahl, Robert, A. 1961, *Who Governs?: Democracy and Power in an American City*, Yale University Press (河村望・高橋和宏訳 1988『統治するのはだれか──アメリカの一都市における民主主義と権力』行人社).
Danielian, Lusic H. and Benjamin I. Page 1994, "The Heavenly Chorus: Interest Group Voices on TV News," *American Journal of Political Science*, 38(4), pp. 1056-1078.
Dür, Andreas 2007, "The Question of Interest Group Influence," *Journal of Public Policy*, 27(1), pp. 1-12.
Gais, Thomas L. and Jack L. Walker, Jr. 1991, "Pathways to Influence in American Politics," Jack L. Walker, *Mobilizing Interest Groups in America: Patrons, Professions, and Social Movements*, University of Michigan Press, pp. 103-121.
Holyoke, Thomas J. 2003, "Choosing Battlegrounds: Interest Group Lobbying across Multiple Venues," *Political Research Quarterly*, 56(3), pp. 325-336.
Hojnacki, Marie and David C. Kimball 1998, "Organized Interests and the Decision of Whom to Lobby in Congress," *American Political Science Review*, 92 (4), pp. 775-790.
Hunter, Floid 1953, *Community Power Structure: A Study of Decision Makers*, The University of North Carolina Press (鈴木広監訳 1998『コミュニティの権力構造──政策決定者の研究』恒星社厚生閣).
Kabashima, Ikuo and Jeffrey Broadbent 1986, "Referent Pluralism: Mass Media and Politics in Japan," *Journal of Japanese Studies*, 12(21), pp. 329-361.
Kitschelt, Herbert P. 1986, "Political Opportunity Structures and Political Protest: AntiNuclear Movements in Four Democracies," *British Journal of Political Science*, 16(1), pp. 57-85.
Kollman, Ken 1998, *Outside Lobbying: Public Opinion and Interest Group Strategies*, Princeton University Press.
Kriesi, Hanspeter, Ruud Koopmans, Jan W. Duyvendak, and Marco G. Giugni 1995, *New Social Movements in Western Europe: A Comparative Analysis*, University of Minnesota Press.
Klüver, Heike 2013, *Lobbying in the European Union: Interest Groups, Lobbying Coalitions, and Policy Change*, Oxford University Press.
Leech, Beth L. 2010, "Lobbying and Interests," L. Sandy Maisel and Jeffrey M. Berry eds., *The

Oxford Handbook of American Political Parties and Interest Groups, Oxford University Press, pp. 534-551.

Lowery, David 2007, "Why Do Organized Interests Lobby? A Multi-Goal, Multi-Context Theory of Lobbying," *Polity*, 39(1), pp. 29-54.

Lowery, David 2013, "Lobbying Influence: Meaning, Measurement and Missing," *Interest Groups and Advocacy*, 2(1), pp. 1-26.

Lowi, Theodore, J. 1979, *The End of Liberalism: The Second Republic of the United States*, W. W. Norton（村松岐夫監訳 1981『自由主義の終焉──現代政府の問題性』木鐸社).

Maclachlan, Patricia L. 2014, "The Electoral Power of Japanese Interest Groups: An Organizational Perspective," *Journal of East Asian Studies*, 14(3), pp. 429-458.

McConnel, Grant 1966, *Private Power and American Democracy*, Knopf.

McKay, Amy M. 2011, "The Decision to Lobby Bureaucrats," *Public Choice*, 147, pp. 123-138.

Milbrath, Lester 1963, *The Washington Lobbyists*, Chicago: Rand McNally.

Mills, Charles W. 1956, *The Power Elite*, Oxford University Press（鵜飼信成・綿貫譲治訳 1958『パワー・エリート』上・下，東京大学出版会).

Naoi, Megumi and Ellis Krauss 2009, "Who Lobbies Whom?: Special Interest Politics under Alternative Electoral Systems," *American Journal of Political Science*, 53(4), pp. 874-892.

Rosenbluth, Frances, Jun Saito, and Kyohei Yamada 2011, "Electoral Adaption in Japan: Party Strategy after Electoral Rule Change," *Journal of Social Science*, 62(1), pp. 5-23.

Rosenbluth, Frances, and Michael F. Thies 2010, *Japan Transformed: Political Change and Economic Restructuring*, Princeton University Press（徳川家広訳 2012『日本政治の大転換──「鉄とコメの同盟」から日本型自由主義へ』勁草書房).

Schlozman, Kay L. and John T. Tierney 1986, *Organized Interests and American Democracy*, Harper & Row.

Schlozman, Kay L., Sidney Verba and Henry E. Brady 2012, *The Unheavenly Chorus: Unequal Political Voice and the Broken Promise of American Democracy*, Princeton University Press.

Schattschneider, Elmer E. 1960, *The Semi-Sovereign People: a Realists View of Democracy in America*, Holt, Rinehart and Winston（内山秀夫訳 1972『半主権人民』而立書房).

Scheiner, Ethan, Robert Pekkanen, Michio Muramatsu, and Ellis Krauss 2013, "When Do Interest Groups Contact Bureaucrats Rather than Politicians?: Evidence on Fire Alarms and Smoke Detectors from Japan," *Japanese Journal of Political Science*, 14(3), pp. 283-304.

Smith, Richard A. 1995, "Interest Group Influence in the US Congress," *Legislative Studies Quarterly*, 20(1), pp. 89-139.

Truman, David 1951, *The Governmental Process: The Political Interests and Public Opinion*, Knopf.

終 章

政治変動期の圧力団体

過渡期を迎える圧力団体政治

辻中　豊・久保慶明

　本書では，第1章で圧力団体政治の前段階を論じた後，第2章から第8章まで第4次圧力団体調査の分析結果を報告してきた。その目的は，自民・公明連立政権に挟まれた民主党連立政権（2009年秋から12年末，以下，民主党政権）という政治変動期に，それ自体も過渡期を迎えている圧力団体政治の姿を浮き彫りにすることであった。終章では，各章で得られた知見をもとに圧力団体政治の継続と変化を整理し，さらに，調査時期である民主党政権（および野田内閣）の特徴を圧力団体の視点から描いていきたい。

1　圧力団体政治の継続と変化

社会過程における圧力団体

　第2章「圧力団体調査の対象確定方法」（久保慶明）が示すように，2012年の第4次調査では675団体を対象として，44.1％に当たる298団体から回答を得た。1980年の第1次調査や94年の第2次調査に比べると，農林水産業団体

や労働団体の割合が低下し，市民・政治団体や福祉団体の割合が上昇した。

社会過程における圧力団体の検討からは，頂上レベルの団体世界そのものが変容しつつあることが示されている。第3章「**社会過程における圧力団体**」（山本英弘）によれば，終戦直後に形成された生産セクター優位の構造が徐々に変化し，それに伴いリソースも縮小し，団体間の相互関係も弱化している。また，圧力団体の世界が，さまざまな団体を代表して利益を表出する「団体の団体」（団体を構成員とする連合的団体）から，個人会員も受け入れながら事業を経営し，その際に必要な利益を表出する団体へと力点を移している。また，**第4章「圧力団体リーダーのイデオロギー」**（竹中佳彦）によれば，圧力団体が社会の選好を代表する機能が低下し，団体 – 政党間の政策選好に乖離がみられる。

このような変化の中で，圧力団体間の関係にも変化の兆しが表れている。第3章によれば，団体間の利害対立が強く認知されているのは，労働政策や女性・高齢者・若者政策といった領域である。第1次調査で折出されたいわゆる「大企業労使連合」の存在をみてとることはできない。また，以前（第2次調査）から指摘されてきた地方を中心とする連合に加えて，新自由主義的なグローバリゼーションに対抗する連合の存在も示唆される。

しかしながら，第4章によれば，団体 – 政党間の政策選好に乖離がみられる中で，政党支持者，支持団体，政党のイデオロギーが一致しているという点からいえば，どちらかといえば自民党の支持団体は，なお社会集団の利益を代表しているようにみえる。これは自民党の頑強さの一つの要因であるといえよう。また，**第8章「ロビイングと影響力の構造」**（山本英弘）によれば，各種の団体分類の中に穏健な保守系とリベラル系の双方が並立する状況が続いている。そして，両者の比率が全体としては3対1である点も，日本の政治（配置）の圧力団体的基礎を理解するうえで示唆的である。

もちろん，以上のような構図が草の根レベルでの利益団体や有権者の動向を反映したものかどうかについては，今後，更なる検討を重ねていく必要があるだろう。

政治過程における圧力団体

第5章から第8章では，2009年の政権交代に伴う圧力団体政治の継続と変

化を，団体－政党関係，団体－行政関係，メディア多元主義，ロビイングと影響力の構造といった観点から明らかにしてきた。

　第5章「団体－政党関係の構造変化」（濱本真輔）では，政党研究と利益集団研究の双方から示されてきた団体－政党関係のモデルを整理したうえで，一党優位型の団体－政党関係から，カルテル政党論や多元主義型の想定する団体－政党関係への変化を指摘している。まず，資金，人材，選挙運動のそれぞれにおける関係性の低下は，カルテル政党論の想定する団体－政党関係への変化を示唆している。次に，2009年の政権交代は，これまで進行してきた上位2政党への接触，支持の相関の高まりを加速させるものであった。影響力評価においては，自民党の優位性が失われた。それゆえ，2009年の民主党への政権交代は一党優位型から多元主義型への移行を，2012年の自民党への政権交代は民主党政権下で進行した多元主義型から一党優位型への回帰を，それぞれ強めるものであったと推論している。

　第6章「団体－行政関係の継続と変化」（久保慶明）では，官民関係の変質をめぐる議論を整理し，行政官僚による利益代表が後退傾向にあることを示したうえで，頂上レベルの団体－行政関係には政党（ないし議会）政治に応答しやすい部分と応答しにくい部分があることを示している。意見交換や政策決定・予算活動への協力など，利害調整にかかわる行政との関係が弱まっている中で，2007年参議院議員通常選挙（参院選）や09年衆議院議員総選挙の結果は，団体の認識や行動における政党（ないし議会）政治の部分的な増大をもたらした。ただし，政党（ないし議会）への応答は，利害調整に関するものに限定される。かつて自民党支持と相関していた補助金は，民主党政権下では自民党支持とも民主党支持とも相関しなくなった。他方で，許認可，行政指導，ポスト提供といった項目における自民党支持，行政に何らかのかかわりをもつ団体における保守的，対外協調的，国家介入的な態度，さらに，官庁別での偏りが存在している。こうした知見は，政党（ないし議会）政治によって表出されない，行政過程を通じた独自の利益表出の回路が存在することを示唆している。

　第7章「マスメディアと圧力政治」（竹中佳彦）では，いわゆる55年体制下の日本政治をメディア多元主義としてとらえたうえで，民主党政権期はメディア多元主義とは異なる様相を示していたと指摘している。ここでメディア多元

主義とは，自民党と官僚からなる伝統的な権力集団の核外に位置し，権力集団から排除される傾向がある集団の選好を政治システムに注入する構造を指している。第4次調査の結果によれば，民主党政権下では，かつて自民党政権下で排除されてきた労働団体や市民団体が権力集団への接触を増加させていた。他方で，自民党政権下で権力集団と緊密な関係を築いてきた経済・業界団体は，マスメディアを通じた権力集団への働きかけに消極的であった。その理由として，政権交代前から築かれてきた行政機関との関係が，政権交代後にも続いたことを指摘している。

第8章「ロビイングと影響力の構造」（山本英弘）では，圧力団体のロビイングのパターンと影響力行使という観点から，団体による利益表出の構造とその変容を検討し，圧力団体のロビイングのパターンは従来とあまり変わっていないことを指摘している。保守系団体とリベラル系団体という政策選好の相違の存在と，それぞれの政策選好類型による政治エリートとの接触パターンは，政治過程の本系列と別系列として描かれてきた構図と合致している。ただし，これまで別系列に位置づけられてきたリベラル系の団体にとっては，民主党が政権をとったことで政策形成の主要アクターとの接触が可能となった。しかしながら，団体の主観的な影響力認知および，主要政策や政権に対する評価をみると，リベラル系団体にとって保守系団体よりも満足できる政治状況にあるわけではない。むしろ，自らの利益が満たされないがゆえに，ロビイングを活発に行っていると推論している。

以上のように，政権交代という政治変動は，政治過程における圧力団体の行動に確かに影響を与えたものの，その規模や速度は一様ではない。具体的には，次の2点において留保が必要であろう。

第1に，頂上レベルの圧力団体が政治変動（政権連合の変動）に敏感なことである。第1章でもふれたように，頂上レベルで活動する圧力団体は他の利益団体に比べて政治変動の影響を受けやすい。本書では，利益団体（JIGS）調査や他のデータソースを積極的に参照することにより，圧力団体レベルの動向を相対化することに努めてきた。各章から得られた知見によれば，頂上レベルの圧力団体の行動と広く草の根レベルを含む利益団体の行動とは必ずしも一致しない。圧力団体の動向が市民社会における団体全体の動向を反映したものとみる

終 章　政治変動期の圧力団体

表終-1　選挙活動，政党候補者への支持・推薦・支援　　　［単位：％］

			選挙活動	民主党候補者 支持・推薦・支援	自民党候補者 支持・推薦・支援	その他候補者 支持・推薦・支援	N
第4次圧力 団体調査	09総選挙		24.2	14.0	10.7	9.6	279
	10参院選	選挙区	24.1	15.2	9.5	9.1	277
		比例区		16.3	8.5	7.3	276
JIGS3 調査	09総選挙		20.3	12.3	20.0	6.9	3,296
	10参院選	選挙区	19.2	12.6	18.9	6.4	3,296
		比例区		11.0	16.0	6.9	3,296

［注］　第4次圧力団体調査の N は項目ごとに異なるため，参考として民主党候補者支持・推薦・支援の値を示している。
［出典］　第4次圧力団体調査（2012年5-8月），JIGS3調査（2012年11月-13年3月）より筆者作成。

ことには，やはり慎重でなければならない。

　この点は，選挙過程における団体の行動においても観察できる。表終-1は2009年総選挙と2010年参院選への団体のかかわり方を示したものである。各項目を第4次圧力団体調査とJIGS3調査の間で比較すると，JIGS3調査において自民党候補者を支持・推薦・支援する団体の割合が，2010年参院選の時点においても高い。民主党政権下においても，選挙過程における自民党一党優位の構造が続いていたことがわかる。

　第2に，変化の漸次性である。第5章によれば，2009年の政権交代以前から，団体の行動には政党-団体関係の希薄化や政党間競争の活発化の影響が表れていた。第6章によれば，行政官僚に接触しやすい団体の政党支持は，国会での議席率に対応していた。つまり，圧力団体の行動は，政権交代という劇的な変動だけによって変化するのではなく，政権交代ほどは大きくない変動によっても変化するのである。このことが示すのは，圧力団体が政治変動に敏感である側面と，圧力団体政治に粘着的側面があるという両面性である。

日本の自由民主主義における圧力団体

　ここまでの議論をもとに，自民党政権期から民主党政権期への政治変動の中での，圧力団体政治の継続と変化をまとめておきたい。まず，継続していたのは，保守と革新（たしかに保守は穏健な保守であったが）が3対1で並立し，対立

する構造であり，その中で自民党の支持団体はなお社会の基底にある集団利益を代表していたことである。圧力団体のロビイング自体のパターンも変わっていなかった。許認可や行政指導を受ける団体での自民党支持も相変わらず強かった。

　変化のうち，第1～3次調査では観察できたものの，今回の調査では観察できなくなった現象として，まず，かつての大企業労使連合が姿を消した。一党優位型の団体－政党関係も，少なくとも民主党政権下では姿を消した（その後，おそらく回帰が生じた）。いわゆる圧力団体らしい予算活動や政策立案での行政機関との協力関係も弱まった。また，メディアが権力集団外の集団利益を反映しようとするメディア多元主義も，政権交代によって薄まった。全体としてみると，団体が政策決定過程における活動量，影響力をやや後退させていた。[1]

　第4次調査で，新たに観察された現象としては，まず，圧力団体の活動が，個人会員に基礎を置く事業型に力点を移しつつあった。また，労働政策や女性・高齢者・若者政策での対立が出現するとともに，新自由主義的なグローバリゼーションに対抗する連合の存在も示唆された。さらに，リベラル系の団体は，民主党への政権交代に伴ってロビイングを活発化させていた。

　以上の整理を踏まえて，圧力団体世界が日本の自由民主主義の媒体としてもつ中庸的性格を指摘して分析からの示唆としたい。

　圧力団体は，その名称から常に否定的なニュアンスを伴って語られることが多い。ただ，トップレベルの政権交代に対して敏感に行動しつつ，草の根の基盤となる社会集団の利益を代表し，また政党の議席変化といった漸次的な変化にも応答する性格をもっている。そして労働政策や女性・高齢者・若者政策など今日的な争点で対立しつつ，二手に（3対1で）分かれる保守系とリベラル系も，福祉や市民の参加には両者ともに肯定的であり，全体としては穏健な性格をもっている。いわば自由民主主義の媒体として機能しているのである。確かに圧力団体世界は緩やかに縮小しつつあるが，自由民主主義の安定にとって不可欠な部分であることを，このことは示唆する。[2]

2 圧力団体からみた民主党政権[3]

民主党政権への期待と不満

次に，圧力団体の視点から民主党政権の特徴をとらえていきたい。『時事世論調査』によると，2009年総選挙直前（8月）の有権者の各党支持率は，自民党17.1％，民主党18.4％，公明党4.5％だった。2012年総選挙直前（12月）には，自民党15.3％，民主党5.9％，公明党3.6％，日本維新の会3.9％となった。単純に考えれば，民主党は政権党を務めた3年半の間に約3分の2の支持を失ったことになる。この変化には，2009年時点で有権者が抱いていた民主党への期待と，その後の政権運営への不満が表れている。

圧力団体の間ではどうだったのだろうか。第4次調査では，2009年の政権交代当時，民主党にどの程度期待していたか，また，2012年時点で民主党による政治に満足しているかどうかを尋ねた（表終-2）。政権交代当時，民主党に「ある程度」以上期待していた団体は約75％あった。しかし，2012年時点で満足している割合は10％に満たない。有権者と同様に多くの団体にとっても，民主党政権は大きな期待を抱かせ，その後不満を抱かせるものだったのである。

調査では，満足や不満の理由を自由に述べてもらった。その内容を分類すると3つのことを読み取れる（表終-3，基本的に不満が多いことに注意）。第1に，政策方針の内容と政権運営の両方が，満足や不満の要因となっていた。政権運営が批判されることの多い民主党だが，政策そのものを支持しない団体も少なくない。第2に，「不満」と回答した団体のうち27.5％がマニフェスト（政権公約）の実現をめぐる問題を指摘した。選挙で掲げた公約を変更，撤回する民主党の姿は，有権者だけでなく団体にも不満を与えた。

第3に，「満足」であれ「不満」であれ，東日本大震災への対応がほとんど挙がっていなかったことが注目される。図終-2や図終-3に示すように，震災後，各団体は支援活動や政府への要望を行った。特に，地方支部をもつ団体（濃い棒）での活動が盛んだった。それにもかかわらず，震災対応は不満の理由として挙がっていない。全国規模で活動する団体にとって，震災対応と民主党

表終-2　民主党への期待度と満足度　　　　［単位：％］

期待度		満足度	
非常に期待していた	10.2	満足	0.4
かなり期待していた	24.2	やや満足	8.6
ある程度	41.0	どちらともいえない	36.9
あまり期待していなかった	16.8	やや不満	23.9
期待していなかった	7.8	不満	30.2
N	244	N	255

［出典］　第4次圧力団体調査より筆者作成。

表終-3　民主党への満足・不満の理由　［単位：％］

	満足	不満
政策方針の内容	60.0	38.3
政権運営	50.0	36.7
マニフェストの実現	5.0	27.5
情報発信	－	5.0
震災対応	－	5.8
その他	5.0	8.3
N	20	120

［出典］　第4次圧力団体調査より筆者作成。

政権への評価は直接結び付くものではなかった。

　このように民主党政権は，社会から大きな期待を集め，それに応じた団体の行動変化を引き起こしながらも，政策方針や政権運営に問題を抱えていた。予算を「コンクリートから人へ」と組み替えた民主党は，業界と政治とのしがらみを断つことをめざした。これは有権者個々人や福祉団体からの支持を集めたかもしれない。その一方で，関連業界からの支持を集めることを困難にした。政権交代後には，マニフェストの一部を変更したり撤回したりする一方，消費増税のように政権公約で掲げなかった新たな政策の決定に踏み切った。マニフェストの実施に期待をかけた人々に失望を与えたであろう。さらに民主党は，政権や党組織の運営に失敗した。自公政権末期と同じように首相は1年ごとに交代した。消費増税に反対した小沢一郎グループは2012年7月に民主党を離党した。これらが原因となって，3年半の民主党政権の間に有権者個人だけでなく団体の間にも不満が蓄積することになった。

終 章 政治変動期の圧力団体

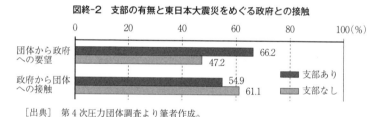

図終-1 支部の有無と東日本大震災支援活動

資金援助 支部あり 88.7 / 支部なし 80.6
物資提供 支部あり 54.9 / 支部なし 25.9
職員等派遣 支部あり 43.7 / 支部なし 18.5
専門家派遣 支部あり 20.4 / 支部なし 10.2
関係団体支援要望 支部あり 45.1 / 支部なし 24.1
その他支援 支部あり 7.0 / 支部なし 13.0

［出典］第4次圧力団体調査より筆者作成。

図終-2 支部の有無と東日本大震災をめぐる政府との接触

団体から政府への要望 支部あり 66.2 / 支部なし 47.2
政府から団体への接触 支部あり 54.9 / 支部なし 61.1

［出典］第4次圧力団体調査より筆者作成。

　もっとも，民主党政権が直面した問題は，自民党などの歴代政権も抱えていた。鳩山由紀夫内閣では，マニフェストの実現をめざして財界と距離を置きながら政権運営を進めた。これは，自民党政治が財界を重視してきたことへの反動とみることができる。菅直人内閣では，東日本大震災の発生後，自民党に大連立をもちかけたが実現できなかった。自公政権時代の2007年，当時の与党自民党と野党民主党の間にも大連立構想が浮上したが，実現には至らなかった。野田佳彦内閣では，社会保障と税の一体改革など自民党と共通する政策の実現をめざした結果，小沢一郎グループが離党した。党内派閥を抱えていた自民党政権も，党や政権の運営方針をめぐって分裂の可能性を常に抱えていた。したがって，民主党政権の評価は自民党などの歴代政権との比較を通じて明らかにされなければならない。

219

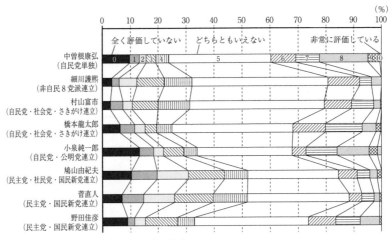

図終-3 歴代政権に対する評価

［出典］ 第4次圧力団体調査より筆者作成。

歴代政権の中の民主党政権

　第4次調査では，8つの歴代政権に対する評価を尋ねた。その結果を示したのが図終-3である。0点を「全く評価していない」，5点を「どちらともいえない」，10点を「非常に評価している」とする尺度に当てはめて点数をつけてもらった。ここでの評価は2012年時点のものであり，各政権当時の評価ではないが，民主党政権の歴史的な位置づけを知るうえでは参考となるであろう。

　図をみると，3つのグループに分かれることがわかる。第1に，肯定的評価の多いグループとして，中曽根康弘，橋本龍太郎，小泉純一郎の自民党政権が該当する。6～10点が3割を超える。ただし，中曽根と橋本に比べると小泉に対する否定的評価の多さが興味深い。第2に，否定的評価の多いグループが鳩山由紀夫と菅直人の民主党政権である。どちらも0～4点が5割を超える。第3に，これら2グループの中間に位置するのが，細川護熙，村山富市，野田佳彦の各政権である。政権基盤は多様であるが，一種の保革折衷型である。

　ただ，政策分野ごとにみると様相は異なってくる。調査では団体が関連する政策や活動分野を複数回答で選んでもらった。主要な分野ごとに肯定的評価の割合を示したのが表終-4である。

終 章 政治変動期の圧力団体

表終-4 政策分野別の政権に対する肯定的評価の割合　　　［単位：％］

首相の所属党		産業振興	資源エネルギー	農林水産業	厚生福祉医療	労働	全体
自民	中曽根康弘（自民党単独）	**53.3**	**43.3**	**36.8**	**34.8**	**40.0**	**39.8**
非自・民	細川護熙（非自民8党派連立）	25.4	28.9	22.9	21.5	27.1	19.5
非自・民	村山富市（自民党・社会党・さきがけ連立）	25.3	21.4	24.5	20.8	33.8	20.8
自民	橋本龍太郎（自民党・社会党・さきがけ連立）	40.0	27.4	30.6	27.6	30.0	32.1
自民	小泉純一郎（自民党・公明党連立）	38.7	36.6	28.8	27.7	28.9	32.4
民主	鳩山由紀夫（民主党・社民党・国民新党連立）	17.1	23.6	20.8	20.6	29.7	15.6
民主	菅直人（民主党・国民新党連立）	13.0	19.2	20.7	14.1	17.3	11.8
民主	野田佳彦（民主党・国民新党連立）	33.8	37.0	24.4	28.0	34.7	26.4
	N	77	73	53	121	75	246

［注］　太字は最多，網掛けは最少。Nはそれぞれ異なるが，参考として野田佳彦（民主党・国民新党連立）のものを記載している。
［出典］　第4次圧力団体調査（問7，8）より筆者作成。

　中曽根の評価が特に高いのは，産業振興分野と資源エネルギー分野である。自民党が単独政権時代に進めた経済政策の実績は，2012年調査時点でも高い評価を集めている。同時に注目されるのは，資源エネルギー分野において，野田への評価が小泉と同程度に高いことである。大飯原子力発電所の再稼働を決めた野田の方針に，産業界からの評価が集まっていることを示唆する。
　これらに比べると，他分野では全体のばらつきが相対的に小さい。鳩山内閣は，農業者戸別所得補償制度と子ども手当制度の導入を決定した。こうした普遍主義的な分配政策は，割合は高くないが農林水産業分野や厚生福祉医療分野での鳩山内閣への一定の評価につながったと推測される。厚生福祉医療分野では野田への評価も高い。橋本や小泉など自民党の厚生大臣経験者と同等の評価を得ている。これは，野田の進めた社会保障と税の一体改革への評価の表れで

表終-5　政権評価の相関係数

	中曽根	細川	村山	橋本	小泉	鳩山	菅	野田
中曽根康弘 (自民党単独)		.394	.399	**.820**	**.794**	−.272		.424
細川護熙 (非自民8党連立)	.394		**.711**	.487	.371	.397	.458	.367
村山富市 (自民党・社会党・さきがけ連立)	.399	**.711**		.577	.470	.277	.379	.329
橋本龍太郎 (自民党・社会党・さきがけ連立)	**.820**	.487	.577		**.781**			.417
小泉純一郎 (自民党・公明党連立)	**.794**	.371	.470	**.781**		−.186		.422
鳩山由紀夫 (民主党・社民党・国民新党連立)	−.272	.397	.277		−.186		**.772**	.304
菅直人 (民主党・国民新党連立)		.458	.379			**.772**		.486
野田佳彦 (民主党・国民新党連立)	.424	.367	.329	.417	.422	.304	.486	

［注］　値はピアソンの積率相関係数。すべて1％水準（両側）で有意。
　　　網掛けは係数の符号が負，太字は係数が0.7以上を示す。
［出典］　第4次圧力団体調査より筆者作成。

あろう。

　労働分野では，菅に比べて鳩山の評価が10ポイント以上高い。これは民主党の主たる支持基盤である労働組合の評価によるところが大きい。表には示していないが，労働組合の中で肯定的に評価した団体の割合は，菅21.7％，野田33.3％に対して，鳩山47.8％である。労働組合の支持を受けて誕生した民主党政権だったが，菅と野田では鳩山ほどの評価を得ることはできなかった。

　このように団体による評価から歴代8政権を分類すると，中曽根・橋本・小泉の自民党政権，鳩山・菅の民主党政権，両者の中間に位置する細川・村山・野田の3グループに分かれる。次に，各政権相互の関係をみてみよう。表終-5に示した相関係数をみると，3グループの存在を確認できる。すなわち，中曽根と橋本と小泉，鳩山と菅，細川と村山が，それぞれ高い正の相関関係にある。

　ただし，野田はいずれの政権ともやや強い相関関係にとどまる。リベラルに傾斜した鳩山，菅の政策路線を，中道寄りに修正した結果と考えられる。これ

は次の点にもあらわれている。すなわち，中曽根・小泉は鳩山と弱い負の相関関係にあり，菅との間には有意な相関関係がない。鳩山（や菅）が，中曽根や小泉らの政策路線とは対立的な路線をとっていたことがデータに表れている。

　もっとも，係数の正負をみると，ほとんどが正である。これは，どの政権に対しても常に一定の評価を与える団体が多いことを意味する。党派にかかわらず，政権を評価する指向をもつ団体の存在を示唆している。

　以上のような評価は，それぞれの時期の政策的な特徴と整合的なものといえる。自民党単独政権は，幅広い政策分野で評価を集めている。中曽根内閣への評価の高さは，幅広い支持を集める包括政党としてのかつての自民党の特徴を示唆している。1993年に成立した，細川を首班とする非自民連立政権や村山を首班とする自社さ連立政権は，これまで自民党と距離を置いてきた労働組合からも評価されている。社会党が政権党となったことを反映したものであろう。

　その後誕生した橋本内閣は，産業分野を中心に評価を受けたものの，かつての自民党単独政権期ほどの評価を得ることはできなかった。さらに，新自由主義的な政策を推し進めた小泉内閣に対しては否定的な評価が増加した。2009年に誕生した民主党政権では，当初の鳩山内閣が財界と距離を置き，日本労働組合総連合会（連合）など労働組合から評価を得た。しかし，菅の政権運営は労働組合からも評価を得られなかった。後任の野田は中道路線をとって幅広い分野で評価を得たものの，民主党の支持基盤である労働組合からの評価は回復しなかった。

　ここまでの結果から得られる示唆は，次の3点である。第1に，そもそも2009年の政権交代時点において，民主党のめざす政策内容に不満を覚えていた団体が少なくなかった。そのような団体に対して，民主党は政権獲得によって予算など国家資源を活用して党勢を拡大する機会を得たが，各業界との関係を構築することはできず，政権運営にも成功できなかった。その結果，圧力団体からの評価は低調なものにとどまった。

　第2に，表終-5で示したように歴代政権への評価が正の相関をもつことは，政権党志向の団体が少なくないことを示唆する。第5章で示したように，団体－政党関係は長期的に希薄化している。その中で，団体は自らの利益を実現す

るために，政権党になると見込まれる政党との関係を重視しながら行動している。

　第3に，それにもかかわらず民主党への評価が低調なものにとどまった一因として，参議院の影響が挙げられる。歴代政権への評価をみると，同じ民主党政権の間でも，鳩山・菅と野田との間には異なるパターンを観察できる。野田は当時野党であった自民党と公明党との三党合意路線を明確に打ち出し，党内の分裂を招いた。その直接のきっかけとなったのは，2010年参院選での敗北である。本書が報告してきた第4次調査の結果は，2009年の政権交代直後の民主党支持への流れに歯止めがかかった後のものである。立法過程における民主党の相対的な影響力低下が，圧力団体政治の変化を抑制した可能性がある。

　以上の点は，2012年12月から再び始まった，自公政権下の圧力団体政治を理解するうえでも示唆的である。民主党政権に比べて，自民党政権を支持する団体には，自民党そのものを支持する団体が少なくない。また，政権党志向の団体にとっては，2013年参院選での勝利によって，自公政権との関係を築きやすくなったと考えられる。もちろん，自公政権下の圧力団体政治について考察するうえでは，行政官僚やマスメディアの役割についても検討する必要がある。今後，継続して考察を重ねていきたい。

注
1) 第5章，第6章，第8章で検討しているように，1990年代の統治機構改革は政策決定の集権化につながったととらえられている。団体の活動量や影響力の後退が，制度改革や政権交代に伴うものであるのかは更なる検討を要するものの，少なくとも，制度外に位置する団体政治が政策決定の中核から後退しているとはいえるだろう。
2) 異なるアプローチから同様の見解に立つものとして，宮本・山口編（2016）を参照。その序章において，宮本太郎は「社会集団を基礎とした新たなデモクラシーの可能性は，生活保障の再編に関わる各集団の取り組みが，旧来の利益政治の『外部』にいかに浸透していくかによって決まっていくであろう」と述べている（宮本 2016: 35）。
3) 本節は，久保・辻中（2013）に改訂を施したものである。なお，政策選好に応じた政権評価の分析としては，第8章を参照。

引用・参考文献
久保慶明・辻中豊 2013「政治変動期の団体政治――主要団体リーダーによる歴代政権評価の分析」『中央調査報』669号，1-7頁。
宮本太郎 2016「利益政治の転換とリアル・デモクラシー」宮本太郎・山口二郎編『リアル・デ

モクラシー——ポスト「日本型利益政治」の構想』岩波書店，1-37 頁。
宮本太郎・山口二郎編 2016『リアル・デモクラシー——ポスト「日本型利益政治」の構想』岩波書店。

索　引

◆ アルファベット

JA 全中　→全国農業協同組合中央会
JES（Japanese Election Study）調査　98
　——Ⅳ　84, 85, 88
JIGS（Japan Interest Group Study）調査　4, 47, 186
　——1　20
　——2　4, 20, 47, 161
　——3　5, 20, 104
NGO　→非政府組織
NPM　→新しい公共管理
NPO　→非営利団体
TPP　→環太平洋パートナーシップ協定

◆ あ 行

アウトサイド戦術（ロビイング）　80, 184, 185, 191
アソシエーション革命　24, 58
新しい公共管理（New Public Management: NPM）　34
新しい日本をつくる国民会議（21 世紀臨調）　43
圧力政治　79, 80, 174, 178
圧力団体　3, 4, 10, 13-15, 40, 55, 127, 183
　——間関係　65, 212
　——リーダー　82, 85
　——レベル　29, 104, 112, 117, 118, 120, 214
圧力団体政治　3, 4, 7, 15, 211, 224
　社会過程における——　7
圧力団体調査　3, 4, 8, 39, 47, 211
　第 1 次——（1980 年）　2, 5, 40, 42, 45, 46, 58, 61, 63, 64, 131, 135, 138, 140, 142, 146, 185, 193, 200
　第 2 次——（1994 年）　2, 6, 40, 45, 46, 58, 61, 64, 70, 72, 131, 135, 138, 140, 146, 185, 193, 200
　第 3 次——（2002-03 年）　2, 6, 40, 45, 58, 61, 63-65, 70, 72, 135, 138, 140, 143, 144, 146, 185, 193
　第 4 次——（2012 年）　5, 6, 40, 41, 43, 45, 58, 61, 63, 65, 67, 69, 70, 72, 81, 88, 93, 136, 138, 143, 144, 146, 160-162, 186, 193, 205, 220
安倍晋三　5
天下り　134
石田雄　186
イータ値　92
一党優位型　105, 137
一党優位政党制　102, 105-107, 118, 120, 123
一般の団体加入者　85
イデオロギー　79-82, 87, 163, 168
　——尺度　82, 97
　政党の——　84
　脱——　97
伊藤光利　2, 21, 64, 69, 70
医療系団体　57, 69
インサイド戦術（ロビイング）　80, 191
ウォーカー（Jack L. Walker）　16
影響力
　圧力団体の——　161
　自己認知——　105
　政治的——　183, 184, 199
　政党の——　118
影響力評価　161, 171
　——得点　172
　自己——　171, 172, 174, 175, 199, 200
営利セクター　20
「エリートの平等観」調査　161, 179
応答（response）　142, 152, 154
応答性　143
大平正芳　5
小沢一郎　218, 219
オッズ比　65, 75
オルソン（Mancur Olson Jr.）　16, 58

◆ か 行

回答団体　43, 46
外部からの支援　59
外務省　134
学術団体　111
学術・文化団体　18, 20
革新連合　80
価値推進団体　21, 69, 80, 185, 186

カッツ（Richard S. Katz） 102
活動参加 18
蒲島郁夫 84, 85, 159, 163, 171
ガバナンス 23, 24, 34
カルテル政党 102, 106, 107, 123
環境省 131, 135, 148
環境政策 65
関係性の密度 106, 107
環太平洋パートナーシップ協定（TPP） 57, 69
官庁 130, 148
菅直人 6, 10, 137, 201, 202, 219, 220, 222-224
官僚（行政官僚） 91, 128, 129, 134
——制 128
——調査（高級官僚調査） 39, 135, 136
議会 41, 142
——政治 140, 142, 152
疑似階級的配置 102, 116
規制 131, 144
——改革 132
——行政 129
——手法 133
「強い——」 133
「弱い——」 133
教育団体 18, 20, 29, 83, 163
行政 140
——との接触 195
——ネットワーク 127, 129, 130, 142
行政関係団体 20, 26, 68-70
行政機関 135, 167, 175
行政手法 144, 147
行政接触 26, 143
行政団体 83
許認可等 131-133
グローバリゼーション 56, 69, 101, 102, 129
経済・業界団体 20, 29, 45, 67, 69, 85, 116, 137, 165, 168, 170, 175, 187, 190
経済産業省 134-136, 148
経済団体 71, 114
経済同友会 44
系列
——化 64
2つの—— 187
別—— 205
本—— 205
権力集団 159, 165
伝統的な—— 160

言論 NPO 43
小泉純一郎 6, 194, 202, 204, 220-223
公益法人 135
——制度改革 24, 130
後援会の選挙活動 110
公共サービス 58
厚生・医療・福祉 65
公正取引委員会 131
厚生労働省 131, 134-136, 150
構造改革 6
高度経済成長期 57
国政選挙 41
国土交通省 132, 134-136, 148
55 年体制 5, 28, 79, 81, 84, 161, 170, 174, 178
個体群生態学アプローチ 60
国会 40, 42, 44, 49
国会会議録 42, 44
国会議員調査 39
国家公安委員会 131
国家の空洞化（hollowing out of the state, hollowing state） 129
コーポラティズム 2, 63, 64, 70

◆ さ 行

財政資源の枯渇 23
裁判所 140
財務省 132, 134, 135, 137
サラモン（Lester M. Salamon） 24, 58
参加の強制 59
参議院議員 111
参議院議員通常選挙（参院選） 7, 42, 44, 48, 141, 224
参議院の全国区 110
産業団体 84
自営商工業者 85
事業型団体 23
自公連立政権 174
支持政党 92
自治会 18
自治労 →全日本自治団体労働組合
私的諮問機関 133, 134
市民社会組織 4, 10, 58
市民社会の社会運動 70
市民・政治団体 46, 47, 58, 83, 111, 137, 163, 165, 168, 170, 190
リベラル系の—— 69, 71
市民団体 18, 20, 21, 23, 102, 175, 191, 196

228

索　引

自民党　→自由民主党
社会関係資本　55
社会的亀裂型　105-107, 115, 116, 120
社会党　116
社会変動　15, 57
社民党　96
　——支持者　88, 91
　——支持団体のリーダー　88, 91
衆議院議員総選挙　6, 81
宗教団体　20, 83, 162
収入規模　62
収入源　63
自由民主主義　216
自由民主党（自民党）　97, 109, 114-118, 120, 121, 163, 194, 219
　——一党優位　2, 5, 28, 185
　——一党優位体制　159, 160
　——一党優位の構造　29, 215
　——支持者　87, 91
　——支持団体のリーダー　87, 91
　——政権　215, 224
主婦連合　44
趣味グループ　16
趣味・スポーツ団体　18, 20
主務官庁制　130
消費者団体　57, 69
消費者庁　137, 147
情報　135, 143
消防団　18
女性・高齢者・若者政策　65
審議会総覧　44
審議会（等）　41, 43, 44, 49, 133, 134
　——への委員派遣　146
新興団体　34, 45, 111
新自由主義　34
　——的な構造改革　65
　——的な政策選好　70
スコチポル（Theda Skocpol）　55
政官関係　129
政権移行期　6
政権交代　25, 29, 34, 41, 48-50, 65, 94, 95, 102, 103, 105, 113, 114, 118, 123, 128, 133, 134, 137, 139-141, 152, 163, 174, 178, 185, 190-192, 194, 195, 199, 205, 206, 213-215, 223
政権党　142, 194
　——志向　223
　——への応答　129

政策アクター調査　39
政策一致の程度　118
政策過程　117
政策距離　105
政策実施／阻止（の）経験　105, 199, 200
政策受益団体　21, 80, 185, 186, 191
政策選好（政策争点態度）　88, 146, 148, 187-190
　——類型　189
政策調査会（民主党）　117
政策領域　56, 186, 189
　——における対立　65
生産セクター　20, 34, 46
　——団体　57
政治過程　25
　——における集団現象　14
　——における団体　1
政治資金　108
政治主導　25, 26
政治団体　20, 21
政治的活性化　14
政治的起業家　59
政治変動（期）　2, 29, 34, 211, 214, 215
正社員　87
税制改正　41, 44, 139-142
政党　101, 140, 142
　——支持　92, 143, 144, 148
　——助成法　109
　——政治　109, 123, 140-142, 152
政党（との）接触　26, 92, 194
　——パターンの変化　29
制度改革期以降　2
制度化された働きかけの場　40, 41
青年会　18
青年団　16
政府税制調査会（政府税調）　41
政務三役　134
セクター団体　21, 80, 185, 186, 191
接触対象のパターン　106
接触度　92
選挙過程　117, 215
選好伝達経路　97
全国社会福祉協議会（全社協）　73
全国農業協同組合中央会（JA全中）　44, 49, 73
選択的誘因　59
全日本自治団体労働組合（自治労）　71

229

専門家団体　18, 20, 26, 68, 69, 71, 83, 114, 163, 168, 170
総務省　131, 134, 135, 148
組織化　14-16, 34, 57
　脱——　16, 17
組織の統合度　47
ソーシャル・キャピタル論　59
ソールズベリー（Robert H. Salisbury）　16, 59

◆ た 行

大企業労使連合　64, 69
代議士　87
　自民党——　87, 90
　社民党——　88, 91
　民主党——　88, 91
代議制民主主義　101, 142
対象団体　43, 44, 46
代表性のバイアス　47
多元主義　2, 63, 64
多元主義型　105-107, 115, 116, 120, 123
谷垣禎一　10
団体　101
　会員の代表としての——　63
　議員に助力を頼めない——　113
　「個人の——」　61
　事業を経営する主体としての——　63
　社会過程における——　55
　戦後直後に設立された——　20
　「団体の——」　61
　領域外の——　70
　領域内の——　70
団体加入（率）　16, 18
団体間関係　64
団体間の協力と対立　66
団体 - 行政関係　26, 27, 127, 129
団体財政　6
団体事業所数・従業者数　6
団体推薦　110
団体政治　1, 6
　——研究　3
団体 - 政党関係　102-105, 123
団体設立年　20, 57
団体と国との関係　26
団体と自治体との関係　26
団体の行動様式　104, 106, 107, 123
団体の情報源　26

団体の政党接触パターン　113
団体のリソース　60
団体分類　20, 45, 47, 67, 83, 114-116, 130, 186, 187, 189, 190
団体への非加入率　110
団体立候補者の擁立　110
地方政府・政策受益団体連合　64, 68, 69
地方レベル　117, 118, 120
中位政党　88, 91, 97
中道（化）　91, 222
中道化 = 脱イデオロギー化　82
中立化　152
中立性　159, 168
頂上団体　63, 64, 70, 71
頂上レベル　29, 30, 34, 214
町内会　18
直接民主主義　102
電気事業連合会（電事連）　44
同業者団体加入者　85
東京大学谷口研究室・朝日新聞社共同調査　87, 88
同好会　16
統合空間ダイナミクスモデル　60
統治機構改革　103
特殊法人　135
独立行政法人　135
土木建設政策　66
トルーマン（David B. Truman）　16

◆ な 行

内閣　91
内閣府　134, 135, 137, 150
中曽根康弘　202, 220-223
21世紀臨調 →新しい日本をつくる国民会議
2大政党制化　80, 103, 115, 120
2大政党への接触　121
日本医師会（日医）　44, 71
日本会議　43
日本経済団体連合会（経団連）　44, 49, 50
日本建設業連合会（日建連）　50
日本公認会計士協会　44
日本財団　43
日本生活協同組合連合会（日本生協連）　73
日本生産性本部　43, 71
日本弁護士連合会（日弁連）　44, 49, 71
日本労働組合総連合会（連合）　44, 49, 50, 70, 71

索引

認可法人　135
「ねじれ国会」　7
農協加入者　85
農業団体　56, 57, 70, 102, 114
農林水産業団体　20, 26, 45, 47, 68, 69, 84, 85, 163, 165, 167, 168, 170, 175
　　――リーダー　85
農林水産省　134, 135, 150
野田佳彦　5, 6, 10, 75, 137, 139, 143, 202, 202, 219-224

◆ は 行

橋本龍太郎　202, 220, 222, 223
羽田孜　6
働きかけの有効性　169, 192, 193
パットナム（Robert D. Putnam）　55
鳩山由紀夫　6, 10, 201, 202, 219-224
非営利セクター　46
非営利団体（NPO）　24, 111
東日本大震災　7, 50
非自民党政権期　2
非政府組織（NGO）　45
評判法　40
福祉国家　58
福祉団体　18, 20, 21, 23, 29, 46, 47, 68, 69, 71, 83, 102, 114, 116, 163, 168, 170, 191
福島第一原子力発電所事故　7, 50
婦人会　16, 18
フリーライダー　59
変化の漸次性　215
ベントリー（Arthur F. Bentley）　16
防衛省　134
法務省　131
保革イデオロギー　176
保守‐革新　82
保守系団体（保守的な団体）　92, 94, 188, 189, 198, 190, 195, 197, 200-202, 205
　　穏健な――　67, 188
保守的なリーダー　168
保守（右寄り）‐リベラル（左寄り）　82
保守連合　80
補助金　131, 144
細川護熙　6, 220, 222, 223
ポピュリズム　97, 102, 123

◆ ま 行

マスメディア　198, 214

――との接触　196
――の影響力　159, 161, 162
――への感情温度　176
民営化　129
民自公三党合意路線　7
民主党　97, 110, 113, 114, 116-118, 120, 121, 137, 163, 194
　　――支持者　88, 91
　　――支持団体のリーダー　88, 90, 148
　　――（連立）政権　6, 25, 26, 80, 103, 123, 128, 133, 134, 174, 178, 186, 190, 191, 215, 217-220, 222-224
村松岐夫　2, 3, 10, 21, 64, 186, 194
村山富市　6, 220, 222, 223
メア（Peter Mair）　102
メディア多元主義　9, 159, 160, 171, 178, 196, 213
メンバーシップ　102
メンバーの加入動機　59
文部科学省　134-136, 148

◆ や 行

野党　106, 142
山口那津男　10
山口定　2, 10
優位政党　105, 106, 118
有権者　110
　　――調査　18, 110
　　――に対する世論調査　16
有効性認知　185
　　行政の――　192, 193
幽霊会員　18
予算編成　138-142
与党効果　119
与党ネットワーク　128

◆ ら 行

利益集団　10, 13, 15, 56
利益集約　56
利益代表　137, 152
　　――議員　110
利益団体　4, 10, 13-15
　　――調査　5
　　――の選挙活動　110
　　――レベル　29, 30
利益媒介　199
利益表出　34, 153, 183, 184, 196, 197

231

利益誘導政治　66
リコール（記憶）調査　92, 163
リーダーの世代交代　24
リベラル　69, 168, 222
リベラル系　67, 195, 198, 200, 203, 205
　──団体（リベラルな団体）　92, 94, 187, 190, 191, 195, 197, 200, 201, 202, 205
連合　→日本労働組合総連合会
ロウィ（Theodore J. Lowi）　16
老人クラブ　18

労働組合　16, 56, 70, 87, 222, 223
　──加入者　87
労働政策　65
労働団体　20, 21, 26, 28, 29, 45, 68-71, 83, 102, 105, 115, 116, 120, 163, 165, 168, 175, 187, 190
　──リーダー　87
ロビイング（lobbying）　183-185, 205, 212, 214

● 編者紹介

辻中　豊（つじなか　ゆたか）

　筑波大学人文社会系教授

政治変動期の圧力団体
（せいじへんどうき　あつりょくだんたい）
Japanese Pressure Group Politics in Flux: Evidence from 4 Systematic Surveys

2016年12月15日　初版第1刷発行

編　者　辻中　豊
発行者　江草貞治
発行所　株式会社　有斐閣
　　郵便番号 101-0051　東京都千代田区神田神保町2-17
　　電　話　(03)3264-1315［編集］(03)3265-6811［営業］　http://www.yuhikaku.co.jp/
印　刷　株式会社精興社
製　本　大口製本印刷株式会社
Ⓒ 2016, Yutaka Tsujinaka. Printed in Japan.

★定価はカバーに表示してあります。　　　　　落丁・乱丁本はお取り替えいたします。

ISBN 978-4-641-14918-2

JCOPY　本書の無断複写（コピー）は、著作権法上での例外を除き、禁じられています。複写される場合は、そのつど事前に、(社)出版者著作権管理機構（電話03-3513-6969、FAX03-3513-6979, e-mail:info@jcopy.or.jp）の許諾を得てください。